アジアでどんな戦争があったのか

戦跡をたどる旅

別府三奈子 Beppu Minako
杜多洋一＝写真 Toda Yōichi

めこん

中国

日中戦争勃発の地、盧溝橋東側の宛平城に残る砲弾の跡(北京)。

家族連れでごったがえす9月18日の中国人民抗日戦争紀念館(北京)。

韓国

ナムヌの家のモニュメント(京畿道広州郡)。

台湾

金門島八二三戦史館の前に展示された戦車。

金門島馬山観測站から2km先の中国本土を見る。

フィリピン

「バターン死の行進」を描いたレリーフ(バターン半島の記念館)。

日本軍とアメリカ・フィリピン連合軍との激戦の地、コレヒドール島。

シンガポール

東南アジアで最大規模と言われる日本人墓地。

タイ

泰緬鉄道建設工事の最大の難所、ヘルファイア・パス（カンチャナブリーの西）。

北マリアナ諸島

テニアン島西南部のビーチの夕陽。ここから数キロ北側に米軍が上陸した。

玉砕したテニアン島の日本軍司令部跡。この脇の滑走路から日本へ向かって原爆搭載機が離陸した。

ベトナム

抗仏戦争勝利50周年記念でにぎわう軍事博物館（ハノイ）。

カンボジア

ツールスレーン虐殺博物館。校舎全体が鉄条網で覆われ、収容棟として使用された。

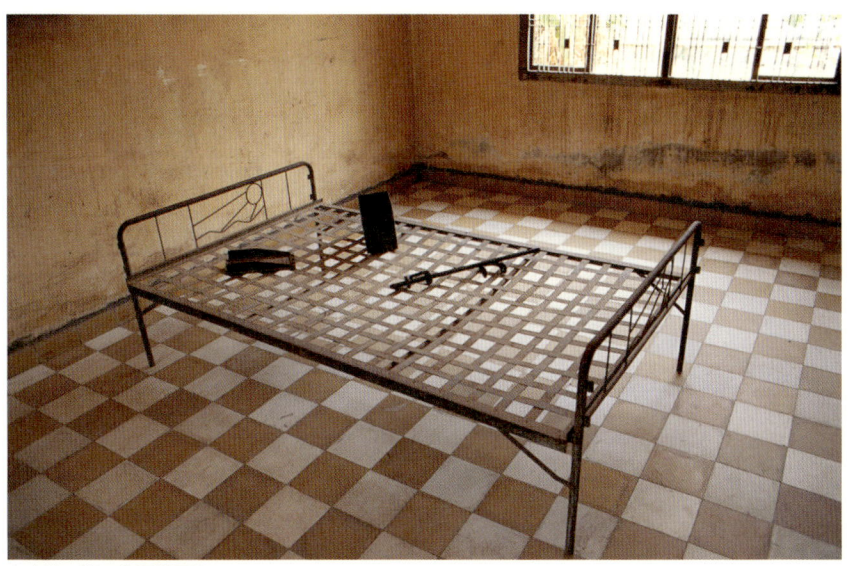
収容棟1階の拷問部屋跡。

日本

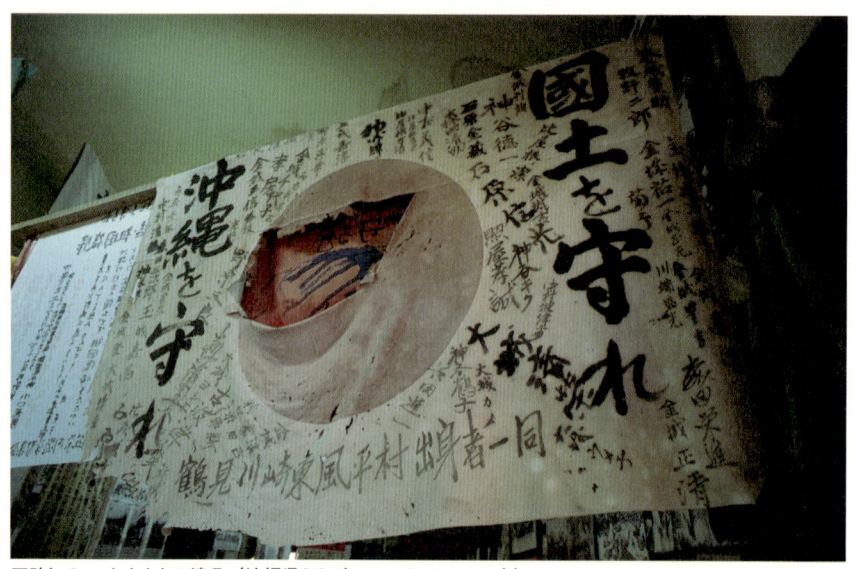
玉砕していった人たちの遺品（沖縄県伊江島のヌチドゥタカラの家）。

無名戦没者の遺骨35万柱を慰霊する東京千鳥ヶ淵戦没者墓苑。

アジアでどんな戦争があったのか ── 戦跡をたどる旅・目次

まえがき ... 19

中　国

南京 ... 32
南京の戦跡 ... 33
侵華日軍南京大屠殺遇難同胞紀念館 ... 39
中華門 ... 46
長江大橋 ... 46

北京 ... 48
北京の戦跡 ... 50
盧溝橋、中国人民抗日戦争紀念館 ... 56
中国人民抗日戦争紀念彫造園（中国国防教育紀念館） ... 65
天安門広場、人民英雄紀念碑 ... 67
中国人民革命軍事博物館 ... 68

ハルピン ... 69
侵華日軍第七三一部隊遺址 ... 71

香港 ... 75
中国の概要、祝祭日、近・現代略史 ... 78

韓　国

ソウル ... 84
韓国の戦跡 ... 85
安重根義士紀念館 ... 94

パゴダ公園	98
西大門刑務所歴史館	99
ナムヌの家	100
独立記念館	104
統一展望台	107
戦争記念館	109
韓国の概要、祝祭日、近・現代略史	**112**

台湾

台湾の戦跡	**118**
## 金門島	**124**
金門島の旧日本人街「模範街」	127
古寧頭戦史館、八二三戦史館	129
翟山坑道、慈湖、馬山観測站	132
国民革命軍陣亡将士紀念碑	134
台湾の概要、祝祭日、近・現代略史	**136**

フィリピン

フィリピンの戦跡	**143**
## マニラ	**149**
サンチャゴ要塞	151
モンテンルパ世界平和祈念公園	153
アメリカ記念墓地	157
コレヒドール島	159
バターン半島	163
フィリピンの概要、祝祭日、近・現代略史	**168**

シンガポール

シンガポールの戦跡	174
シンガポール	181
チャンギ刑務所博物館	183
日本占領時期死難人民紀念碑、シティホール	186
ジョホール水道、タンジョン・パガー駅	187
クランジ戦没者墓苑	189
日本人墓地公園	190
セントーサ島	193
シンガポールの概要、祝祭日、近・現代略史	195

タ イ

タイの戦跡	201
カンチャナブリー	207
クウェー川鉄橋	209
JEATH戦争博物館、第二次世界大戦博物館、泰緬鉄道博物館	211
日本軍慰霊塔	213
連合軍共同墓地、チュンカイ共同墓地	215
ヘルファイア・パス記念博物館	217
サンクラブリー、スリー・パゴダ・パス	218
タイの概要、祝祭日、近・現代略史	221

北マリアナ諸島（サイパン島・テニアン島）

サイパン島 226
サイパン島の戦跡 227
- チャラン・カノア・ビーチ、米軍上陸記念碑、日本人招魂碑 232
- バンザイ・クリフ、スーサイド・クリフ 233
- 平和公園、日本軍最後の司令部跡 234

テニアン島 239
テニアン島の戦跡 241
- チュル・ビーチ 245
- スーサイド・クリフ 247
- エーブル滑走路、原爆搭載機発進記念碑 248
- 日本人村跡 252
- 日の出神社跡 253

北マリアナ諸島（サイパン島・テニアン島）の概要、近・現代略史、年表 255

ベトナム

ホーチミン 261
ホーチミンの戦跡 265
- 統一会堂（旧大統領官邸） 271
- ホーチミン作戦博物館 272
- 戦争証跡博物館 277
- クチの地下トンネル 283

ハノイ 288
ハノイの戦跡 290
- ホーチミン廟 295
- 軍事博物館 295
- ロンビエン橋 297

ホアロー収容所	298
カム・ティエン慰霊碑	299

メコン・デルタ ... 301
メコン・クルーズ	301
ベトナムの概要、祝祭日、近・現代略史	305

カンボジア

プノンペン ... 309
プノンペンの戦跡	311
ツールスレーン虐殺博物館	314
キリング・フィールド（プノンペン）	318

シェムリアップ ... 321
シェムリアップの戦跡	322
アンコール・ワット	327
キリング・フィールド（シェムリアップ）	328
戦争博物館	329
アキ・ラー地雷博物館	330
カンボジアの概要、祝祭日、近・現代略史	334

日 本

沖縄 ... 339
沖縄の戦跡	342
糸数アブチラガマ（玉城村糸数壕）	347
沖縄県平和祈念資料館、摩文仁の丘、平和の礎	348
首里城、第32軍司令部壕	350
奉安殿、忠魂碑	351

- ひめゆりの塔、ひめゆり平和祈念資料館 ……………………………… 352
- 伊江島の戦跡 ……………………………………………………………… 354

東京 ……356

- **東京の戦跡** …………………………………………………………… 358
- 東京大空襲・戦災資料センター ………………………………………… 363
- 言問橋 ……………………………………………………………………… 363
- 靖国神社（遊就館）、千鳥ヶ淵戦没者墓苑 …………………………… 365

広島、長崎 ……371

- **広島と長崎の戦跡** …………………………………………………… 371
- 原爆ドームと広島平和祈念資料館、長崎原爆資料館 ………………… 374

日本の概要、祝祭日、近・現代略史 ………………………………… 379

あとがき ……381

- 主な参考文献リスト …………………………………………………… 386

まえがき

「なにっ？　いまのっ？」
　いきなり、バリバリバリバリッと物凄い爆音が轟いた。ほぼ同時に家のガラス窓がどれも、ビリビリ、ビシビシと揺れた。余波が北から南へ流れ、振動が夕暮れの空いっぱいに渦巻いてしばらく残った。小さな庭で、早めの夕食中だった。ろうそくの火が風にゆられて踊る光の輪をにこにこと見ていた幼い子供たちの顔がこわばった。子供たちにとって、初めて聞く戦闘爆撃機の飛行音だった。
　2001年9月12日、「同時多発テロ」という言い方でニュースが日本国内を駆け抜けた惨事の翌日だった。それから数日間、大地まで揺さぶる飛行音が、昼夜問わず東京都下の空に、断続的に続いた。
　そのころ私たちは、米軍の横田基地（厚木）と横須賀基地を結んだ線上に位置する、比較的静かな東京都の住宅地に住んでいた。翌日の新聞に、米軍の夜間飛行は事前通達が約束なのに守られていない、という住民からのクレームが記事になっていた。
　私は、1990年前後の数年間、米国でマスコミの仕事をしていた。ロサンゼルス勤務だった頃、時折、週末に車を飛ばして、サンディエゴの米軍基地近くに住んでいるメキシコ人の友人宅で行なわれたバーベキューパーティに顔を出していた。そこで、耳をつんざく超音速爆撃機の飛行音をよく聞いた。あの音を、まさか日本で聞くとは…。緊急事態から米軍が極東に配備している軍事力の編成変えを行なっていると直感した。数日後、米軍横須賀基地から戦闘機を積んだ軍用艦が出航していった。
「おうち、はいる」
　子供たちは2人とも、青くなっていた。下の娘は耳を押さえて、半泣きになって、怖がっていた。米国の戦闘が日本に直結していることを初めて実感した夕暮れだった。

一瞬で入れ替わる日常と非日常

　湾岸戦争が始まった1991年1月の夜、私は1ヵ月に及ぶ雑誌制作のための全米取材ツアーの真っ最中で、偶然ホワイトハウスから数ブロックのところにあるホテルにいた。深夜零時のテレビが、米国が事前通告した日に入ったことを告げ、ホワイトハウスの前で湾岸戦争に反対する人々の集会が開かれている様子が映し出されていた。

　窓を開けて外の音に耳を澄ます。しんしん冷え込む、とても静かな夜だった。ホワイトハウス前へ行って見てみたかったが、営業のジンさんが「何かあったら困りますからね」と眠そうに言った。

　翌日は朝早くから経済関係の取材で郊外へ出かけていた。日系大手メーカー幹部たちは「日本大使館からしばらく飛行機に乗らないように言ってきた」と呑気そうだった。夕方、隣町のリッチモンドのホテルに入った。忙しくて、戦争のことを正直なところ忘れていた。チェックインしようとして、ホテル内の異様な雰囲気にようやく気づいた。街でも有数の高級ホテルだ。普段なら笑顔が絶えないロビー全体を覆う重たい空気。張りつめた緊張感。ロビーの映像パネルを、客に混じって従業員たちが、仕事をほったらかして立ち見している。めずらしいな、と思いながら、カウンターへ行くと、

　「戦争が始まった」

　フロントマンが、悲壮な顔でいきなり私に言った。正確には「戦闘」が始まっていた。リッチモンドは、陸軍士官学校の名門ウエストポイントにも比較的近い。南部は、兵士のいる家族も多い。米国が常に戦争を準備している国であることは、頭でわかっていた。しかし、ここは、身内が戦闘によって今日にも命を失うかもしれない国なのだった。

　ニューヨークに転勤していたので、ツアーを終えてマンハッタンのスタジオへ帰った。街には、黄色いリボンがあふれていた。「湾岸戦争を支援する」という意思表示を形にしたリボンだった。中近東系の外見の人々は、特に目立つように黄色いリボンを玄関に付けたり、デスクに飾ったりした。戦争だから、戦闘が長引けば、敵国の出身者は強制収容所へ行かされかねない。現に、第二次世界大戦中に日系人はそういう経験をしている。黄色いリボンは、痛くもない腹を探られないためのパフォーマンスだった。

一見、自由を謳歌し、経済的な豊かさを享受しているように見える米国は、地下に含んだ伏流水のように、戦争を抱えている。戦争が始まれば、それまで続いていた常識も日常も、あっという間に非日常の戦時下のルールに入れ替わる。それは、ジャーナリズムの作法にも当てはまる。どちらが日常なのかわからないほどのリアリティをもって、米国社会は戦争とともにある。
　戦争をしないことを憲法で決めた国と、世界第１位の軍事大国の、拠って立つ社会の根本的な土台の違いを見た気がして、私はある意味でホッとしていた。

　2001年、9月12日の夜、日本で子供たちと戦闘機の飛行音を聞きながら、私は、このリッチモンドのホテルとニューヨークの出来事を思い出していた。もうホッとしてはいられないのかもしれない、と思った。アメリカではからずも垣間見たあの伏流水が、既に日本にも流れ込んでいるのだ。
　日本が戦後60年の間に積み上げてきた常識など、ひとたび戦争になれば、今は非日常なのだという理由で、一瞬に消し飛んでしまう。そのことを思い知らされた夜だった。

宿題

　2004年の早春のことだった。「２分の１成人式」に向け、少し大きくなった息子は学校の宿題で将来の夢を考えさせられていた。10歳になる子供たちの健やかな成長を願う学校行事だった。へぇ、面白い行事があるんだね、と、そんな体験のない私はあまり気にも留めず、それでもどんな夢を持っているのか聞いてみたいような気がした。
　ある朝、食事中に、ふと思い出したように、ひとりごとのように、息子がいった。
　「大きくなりたくないな。僕も…。兵隊に行って死ぬのかな…？」
　朝の光がきれいだなぁ、と思ってぼんやりしていた私を、息子のやわらかな視線が包む。震え上がるような、驚きだった。
　「どうしたの？　どうしてそう思うの？」
　たたみかける私に、隣の部屋から朝のニュースを繰り返す衛星放送が聞こえてきた。イラクへ派遣される自衛隊に関連したニュースだった。既に言った当

の本人すらも忘れている、ぼんやりとした不安。しかし、その時私はすぐに、「そんなことないよ、大丈夫だよ」と答えてやることができなかった。

あれから2年、私はその質問の答えをずっと探し続けてきた。

ケーテのピエタ

　日本のイラクへの自衛隊派遣は、前年暮れに決まっていた。そのニュースを私はワルシャワ（ポーランド）のホテルで聞いた。負の遺産の継承方法や、ジャーナリズムの記録と記憶のねじれについての現地調査で、東欧へ来ていた。前日はベルリンで、ドイツ連邦共和国中央慰霊館（ノイエ・バッヘ）に行った。ノイエ・バッヘは、日本の首相の靖国神社参拝がアジアの外交問題に発展している折、解決の1つのモデルとして引き合いに出されるドイツの国家慰霊の空間で、ベルリンの街の中心部にある。

　入口を1人の衛兵が守っており、壁には、「ここは生きる権利を否定され殺害されたすべての人の死を悼むためにある」といった慰霊の趣旨が記された多言語のプレートが掲げられている。内部は、吹き抜けの大広間のような1つの空間になっており、そこに陰影と造形物を配した、芸術性の高いものだった。建物は、1816年にプロイセン国王の護衛兵の詰め所として建設され、1931年に世界大戦戦没者慰霊館となった。当時は、銀色の柏葉の冠をいただく花崗岩が中央に置いてあったと記されている。今日の様式になったのは東西ドイツ統合後の1993年。中央に、ドイツの女性芸術家ケーテ・コルヴィッツ（1867～1945年）の「死んだ息子を抱く母親像」（ピエタ）の拡大レプリカが据えられている。

　青年となった息子の裸の亡骸を自分の衣服に包むように、膝枕のようにして抱きかかえたまま、口を押さえてじっとうずくまる母。広い広い空間の真ん中に、等身大以上の大きさの2人だけがいて、大きな花輪が1つ。高い天井に空いている小さな天窓から、太陽の光が差し込む。高過ぎて、けっして手の届かない窓。入口の鉄格子にも自然光が当たり、格子の影が親子を閉じ込める。ピエタとは、聖母マリアが処刑されたキリストの遺骸を膝に抱いて嘆く構図の絵画や彫刻などの芸術表象の総称である。

　ピエタの息子の顔が、鼻筋のきりっと通ったゲルマン族の顔に見えて、私は

少し引っかかった。前日にザクセンハウゼン強制収容所を訪れ、人種に敏感になっていたせいもある。国家としての慰霊の場なのに、加害者も被害者も同列に悼む表現方法に、反対する人もいる。しかし、次々と人が訪れ、皆、黙ってしばらくそこに佇み、静かに立ち去っていく。

　2006年の冬、東京で開かれていた展示会で、ケーテのピエタのオリジナルを初めて見た。オリジナルは、両手で持てそうな小さなブロンズ像だった。大きさの違いからくる印象かもしれないが、ノイエ・バッヘでの感じと少し異なる。オリジナル・ピエタの息子の顔は、額にのせられた母親の右手の下に半分隠れ、母子ともに国籍を感じさせない。像の中心にあってひときわ印象的なのは、死んだ息子の右手を母親が左手にのせて、ゆるくにぎっている部分である。母親と息子の大きさのバランスも、オリジナルの方が、息子の比率が小さい気がする。ケーテのピエタは、あらゆる母親と息子の永遠の別れに寄り添い続ける。

　ケーテは、第一次世界大戦に兵士として志願し、1914年にフランドルで戦死した次男ペーターを偲び、長く試行錯誤した後の1938年にこれを完成させた。既に国家的芸術家だったケーテは、ナチスドイツから迫害を受けながらも、反戦の意思を芸術活動の中で表し続けた伝説の芸術家である。1942年には、戦死したペーターの名を継いだ孫のペーターも、ロシア戦線で戦死している。ケーテ自身はドイツが無条件降服する直前に、77歳の生涯を閉じた。ノイエ・バッヘはケーテの生き様と苦しみによって、ある意味で贖罪されている統一ドイツの慰霊の場だった。

アウシュビッツでの教訓

　ワルシャワのホテルに戻って、衛星放送をつけた。めずらしく日本人が画面に出ているので、何だろうと注目してみた。公明党の神崎代表がイラクの自衛隊派遣予定地を査察し、「心配ない」とコメントしていた。防具を身につけた神崎代表の映像の下に、英語のテロップが流れる。

　「日本の軍隊（troops）が、第二次世界大戦後初めて国外へ出る」

　日本国内では「世界中が要請しているから」と報道される派遣は、外国にとって、こういう文脈のニュースであり、そのニュースに併用される映像に、首

相の姿はなかった。

　数日後、ポーランドへ移動し、アウシュビッツ絶滅収容所跡を訪ねた。今は、研究所を併設した国立の博物館になっている。日本人研究員の中谷氏にもお話を伺えた。2日かけたが、全部をきちんとは歩ききれない程の広さと、寒さだった。閉館間際に走り回って汗をかき、それが服の中で急激に冷えて体温が下がり、バスの中で気絶しそうになった。

　「アウシュビッツと南京を、同列の虐殺だと欧米が指摘することがありますよね」と中谷さんに訊ねてみた。中谷さんは、体験者への広範囲の聞き取り調査、文献収集や遺跡保存などに体系的に取り組んでいるアウシュビッツと、日本国内で語ることそのものが議論を引き起こし続けている南京の状況の違いを、話してくださった。

　「私も南京にあの時いたけれど言われているようなことはなかった、とおっしゃる方もおられます。一方で、酷い目にあったという体験を主張する人がいます。個人の体験だけで語ろうとすると、そこで対話が止まってしまいます」

　数多くの対話を重ねてきた中谷さんの実感だった。

　過去の出来事に関して、体験のない者同士の間の溝を、どうやって埋めていけばいいだろう。武力で決着をつける以外に方法がなさそうな対立を、どうやって解決すればいいだろう。もしそれらを乗り越えられるなら、息子と息子につながる世界中の子供たちが、兵隊となって戦場に倒れることはないだろう。

100年間の足もとを見つめ直す

　戦後の東京生まれの私にとって、体に染みついているような戦争の記憶が、1つだけある。

　二の腕から先、あるいは腿から下のない傷痍軍人が、地べたにすわって頭を下げている。時折、寄付の小銭を置いていく人がいる。人ごみの多い路上だったから、たぶん新宿や池袋だったと思う。そういう人を見かけると、包帯の中を想像して怖くなり、怪我した理由を考えた。まだ母の手にしがみついていた小さな頃の記憶である。夜、寝る時に目をつぶると、昼間の光景が思い出されて、あの人は今ごろどうしているだろうと、また心配になった感覚が残っている。

私の父は、ずっと単身赴任で日本にいなかった。日本とまだ国交のなかった中東の地に赴任していた。中東情勢は物騒で、飛行機乗っ取り事件や空港爆破事件などが起きていた。父の乗った飛行機が離陸する時、「二度と会えないかもしれない」と泣きそうになるのを、母を想ってこらえた。今でも、夜の飛行場の赤い点滅ライトを見るのは苦手だ。

　そんな不安定さが、いつも自分の中にあったからだろうか。傷痍軍人やその家族のことが、他人事に思えなかった。しかし、次第にそういう人たちに街で出会うことがなくなり、戦争は自分のいないところで起きる惨事となっていた。平和学習を比較的きちんと受けたが、やはりそれは、歴史の中や外国での出来事だった。

　長いこと忘れていた不安が、9.11を経て、また急に温度を伴って自分に近づいてきた。その感触にさらに切迫感を持たせたのが、大分への赴任だった。

　2002年の春のことだった。大分には、西日本最大の自衛隊日出生台(ひじゅうだい)演習場がある。四季折々の変化が譬えようもなく美しい猪瀬戸(いのせと)から、湯布院(ゆふいん)盆地を抜けた向こう側一帯に、広大な演習場がある。

　重量のある戦車が通っても沈まないように鋲を敷いて舗装した道路。日常的に行なわれている実弾演習。演習中は、電光掲示板に赤い字で注意が促される。演習のある日には、近隣にもパスン、パスン、ババババ、と、銃の音が聞こえる。米軍との合同演習も行なわれている。米軍は朝鮮半島有事に備え、気候と地形の似た日出生台で厳寒時に実践さながらの演習を繰り返してきた。

　米国が終わりなきテロとの戦いを始め、日本の自衛隊も、より実践的な訓練を展開している。自衛隊内の自殺者が増加し、演習の激しさによって精神的なバランスを崩す人も出ているという。武器・弾薬の輸送には、民間の輸送会社も従事し、街中を爆弾を載せた車が走っていく。

　こういった日常の光景を、生まれ育った東京では見たことがなかった。仕事で横須賀基地内に入ったことはある。ベース入口の検問を通って敷地内に入った途端、まさに米国だった。人も、ルールも、マナーも、食事も、住まいも、そっくり米国だった。基地とはこういうことだったのか、と、いまさらのように驚いたが、それはフェンスで仕切られていたから、まだわかりやすかった。しかし、日出生台での光景は、車で30分と離れていない大分市内にいても、

想像できないものだった。同じ日本にいても、同じ大分にいても、足を運ばねば気づかないことだらけだった。

　その気になってまわりを見回せば、旧満州生まれの人や残留孤児、特攻隊や沖縄地上戦、さかのぼればキリシタン大名たちのアジアとの深い文化交流など、驚くほどアジアと九州は近かった。日出生台と軍隊の関わりは日露戦争から既に100年以上続いている。100年。まさに、戦争の世紀と言われたこの100年間、同じ日本やすぐそこのアジアで、戦争と向き合い続けている多くの人たちがいた。

　私は、息子からもらった宿題の答え探しを、この100年間のアジアと戦争の関わりについて、広く自分の肌で体感するところから始めようと考えた。戦争の問題は、自国の視点から見つめると、感情が偏って全体像がつかみにくい。特に、ここのところのアジア諸国と日本の関係は、個人の記憶や信念と政治がからみついて、傷ついているかのようだ。

　戦争は人々に何をもたらすのか。戦争の20世紀とは、どのような世紀だったのか。何もわかっていない自分の中に、まずは将来を開く対話を生む土壌を作りたかった。そこで、難しいことだが、日本という国のよろいを身に着けず、無意識に不安を感じ取った子供たちの心を杖として、アジア各地に残るさまざまな戦いの記憶を探して旅を続けた。

ひとりひとりの一歩へ

　本書は、こうして出かけた先々で私が触れた、それぞれの戦争の記憶を書き留めたものである。2年間に訪れた戦跡は200ヵ所をこえた。本書では、これらの訪問地の中で、比較的アクセスが容易で、短時間で安全に訪ねられるところ、という条件を前提とし、考えさせられた約100ヵ所について書いた。カンボジアの戦跡のように日本軍と無関係なところもある。

　とりあげた国は、日本や台湾を含めアジア10ヵ国。写真や、アクセスのしかたなどの情報は、2年間の体験に基づく新しいものである。ただし、時間、体力、金銭の都合で、是非行きたかったがまだ行けていない場所もたくさんある。だから、アジアの戦跡をすべて網羅したものではない。

　戦争の記憶の場は、国家の立場、小集団の信条、個人の追慕など、空間ごと

に表されているものが異なる。その場で何を感じるかは、千差万別である。正しい感じ方、というのはないのだろうと思う。なにより大切なことは、そういった空間を共有しながら、ひとりひとりが自分の目と心で、戦争と向きあう時間を持つことだと思う。相手のところへ出向き、そこにある言葉にならない想いや、そこにあえて描かれていないものに気づいた時、対話の糸口が思いがけず、湧き出してくる。対話の糸口を、たくさんの人が、いくつもいくつも持てるなら、そこから無限の新たな可能性が広がることだろう。

　本書を手にとってくださった方にも、現地に足を運んでいただきたいと思う。そこできっと、私とはまた違う発見をされることだろう。対話の糸口が、1つでも多く増えていくことを願いつつ、本書を書きつないできた。

　戦争が終わって60年の節目を過ぎた。これから10年の間に、戦争を体験した方々の高齢化がさらに進む。話を直接聞けるというのは、とても大事なことのように思う。戦後世代の1人として、もっと教わっておきたいことがたくさんある。宿題の答えを探す旅に、また出かけようと思う。

別府三奈子

中国

中国の戦争

　中国における19世紀後半〜20世紀前半の戦争は、日清戦争（1894年）、日本による満州国建国宣言（1932年）、日中戦争（1937〜45年）、中華人民共和国建国（1949年）という歴史的経緯からも明らかなように、「抗日の戦い」そのものであった。

　20世紀後半は、中国共産党と国民党の間で長く内戦が続いた。1960年代まで死闘が繰り広げられて戦死者は100万と言われる。戒厳令が解除されたのは1987年のことである。

　他方、中国と周辺諸国との間では国境紛争が絶えなかった。ソ連との間では、1969年にアムール川（黒龍江）流域の領有をめぐって、その支流の中洲で大規模な戦闘が起きた。インドとの間では、カシミール周辺の所属をめぐって1959〜62年に戦闘が起きている。

　1951年には、人民解放軍が進駐して広大なチベットを併合した。1956年にチベット人による大規模な反乱が起こったが、中国政府はこれを徹底的に弾圧した。さらに、新疆ウィグル地区でも、独立をめざすイスラームの人びととの間にいまだに軍事衝突が頻発している。

　1979年には、ベトナム戦争時から関係がぎくしゃくしていたベトナムに南下して、国境付近で約2週間、中越戦争が戦われた。

　もちろん、1950年の朝鮮戦争の時に中国の軍隊が人民義勇軍の名目で参戦し、米韓軍と激しい戦いを繰り広げたことも忘れるわけにはいかない。

　中国共産党との戦いに敗れた国民党政府が台湾に逃れたあとには、台湾海峡の金門・馬祖島で2度大きな軍事衝突が起き、1995〜96年には米軍もからんで一触即発の危機が生じたのは記憶に新しい。

　このように、20世紀後半になっても、中国は周辺諸国と何度も軍事衝突を起こしている。しかし、共産党一党支配による厳しい社会統制の下では、体制批判にもつながるこうした戦争の実態が国民に正しく知らされることは少ない。中国現代史を理解するために戦争の記憶の場を探していくと、行き着くところは各地に作られた抗日戦争紀念館となる。

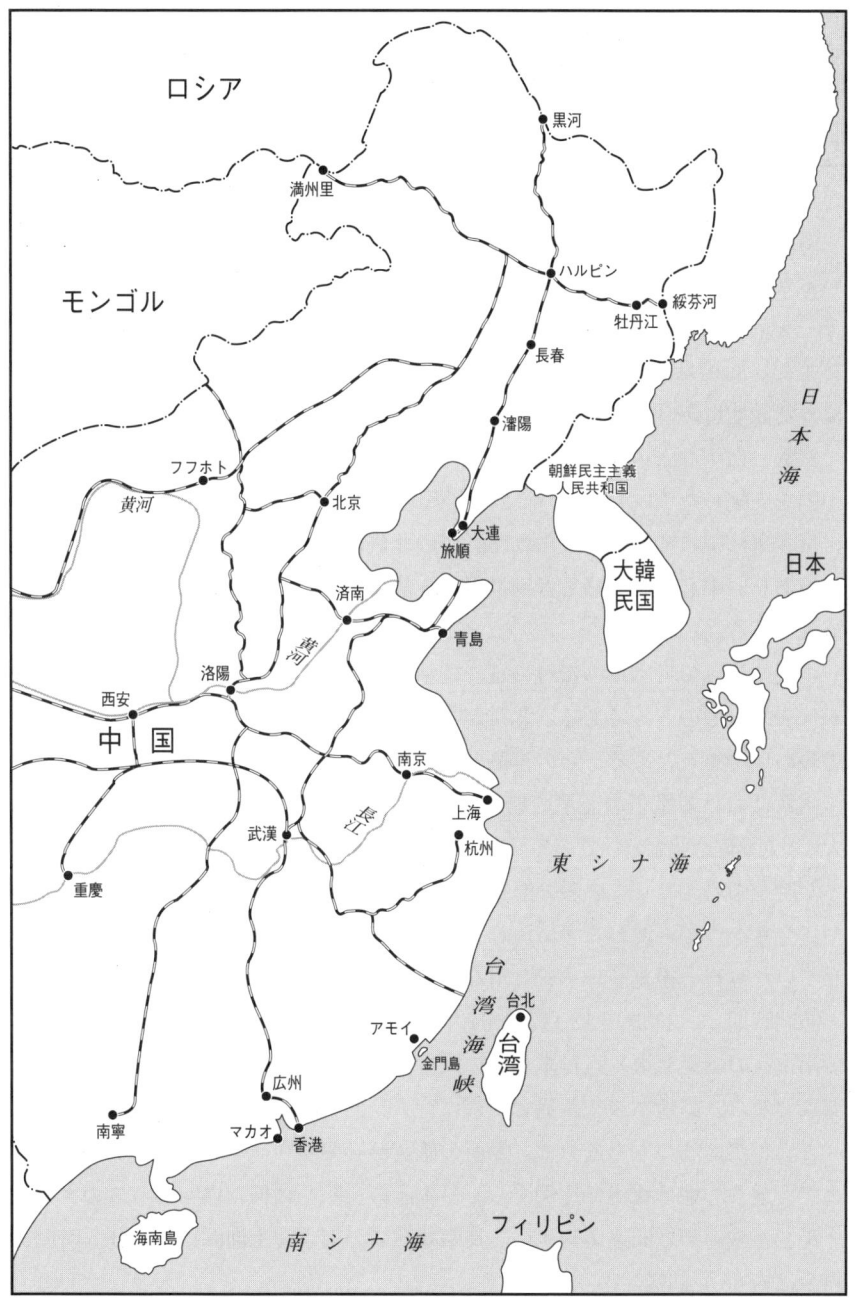

南京

　南京は江蘇省の省都で、今は江南エリアの政治・経済活動の中心地となっている大都市である。ピッタリしたブーツカットパンツに、さらさらのロングヘアーを束ねた若い女性たちが市内にあふれ、市の中心街はとてもファッショナブルだ。面積は6598km²、人口は約520万人。長江の河口から60kmさかのぼった盆地にあり、夏は猛暑となる。冬は長江からの風が強い。

　玄武、白下などの10区と、江浦、六合などの5県からなる。3世紀以降に中国を支配した10の王朝の都で、中華民国臨時政府の首都だったが、1937年に日本軍によって陥落させられた。市の北側に、孫文の墓陵である広大な中山陵があり、中心街の喧騒とは別世界の、静かで明るい、ゆったりとした時間が流れている。

　中国における日本軍の蛮行の証(あかし)を継承する場としては、南京と北京の紀念館が代表的なものとしてある。北京が中国全土の惨状を網羅し、南京がかつての虐殺の現場をとどめる、との役割分担に見える。

　南京における戦争の記憶の場の中心は、水西門近くの紀念館(侵華日軍南京大屠殺遇難同胞紀念館)である。ここでは、日本軍が1937年に南京市へ攻め入った時を中心軸として虐殺の歴史が語られる。当時のままの城門(中華門など)や、今もかつてと変わらずに流れつづける長江などの風景が、紀念館に展示されていた写真の視覚イメージと重なる。

・訪問時期　　2003年12月、2004年3月。
・南京へのアクセス　　日本からの直行便はない。日本と直行便でつながる上海などから、高速バスや鉄道で南京に行く。列車の本数は多い。長距離バスターミナルがいくつもあるので、場所の確認が必要だ。バスのグレードはさまざまで、乗り心地は費用に比例する。日本語の「駅」に似た漢字がバスのターミナルで、鉄道駅と間違えやすい。長距離バスの南京―上海間は、約3.5時間、料金は約88元前後。

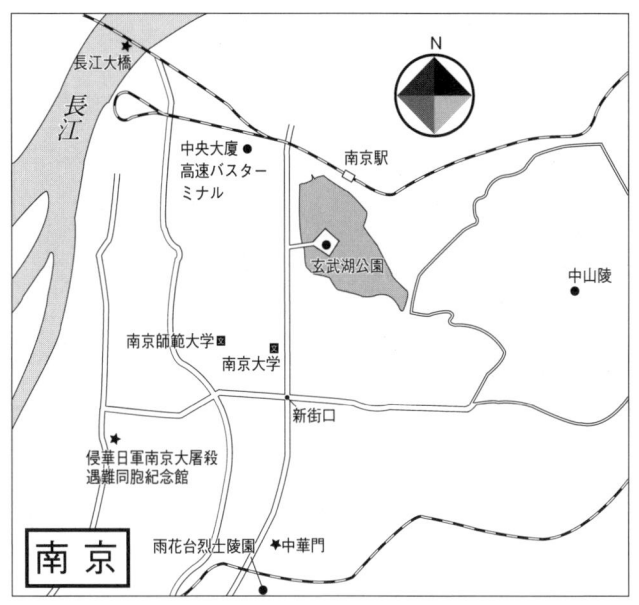

南京の戦跡

侵華日軍南京大屠殺遇難同胞紀念館

住所　南京市水西門街 418 号

開館時間　8：00～17：00

休館日　なし

入場料　14 元

連絡先　025-8661-2230

中華門

住所　南京市中華路

連絡先　025-8662-5752

開館時間　8：00～18：00

休館日　なし

入場料　15 元

長江大橋　南京市北側の長江に架かる二層構造の橋

中国

侵華日軍大屠殺遇難同胞紀念館の側壁。

同館入口にそびえる十字型のモニュメント。大虐殺があったとされる日にちが刻まれている。

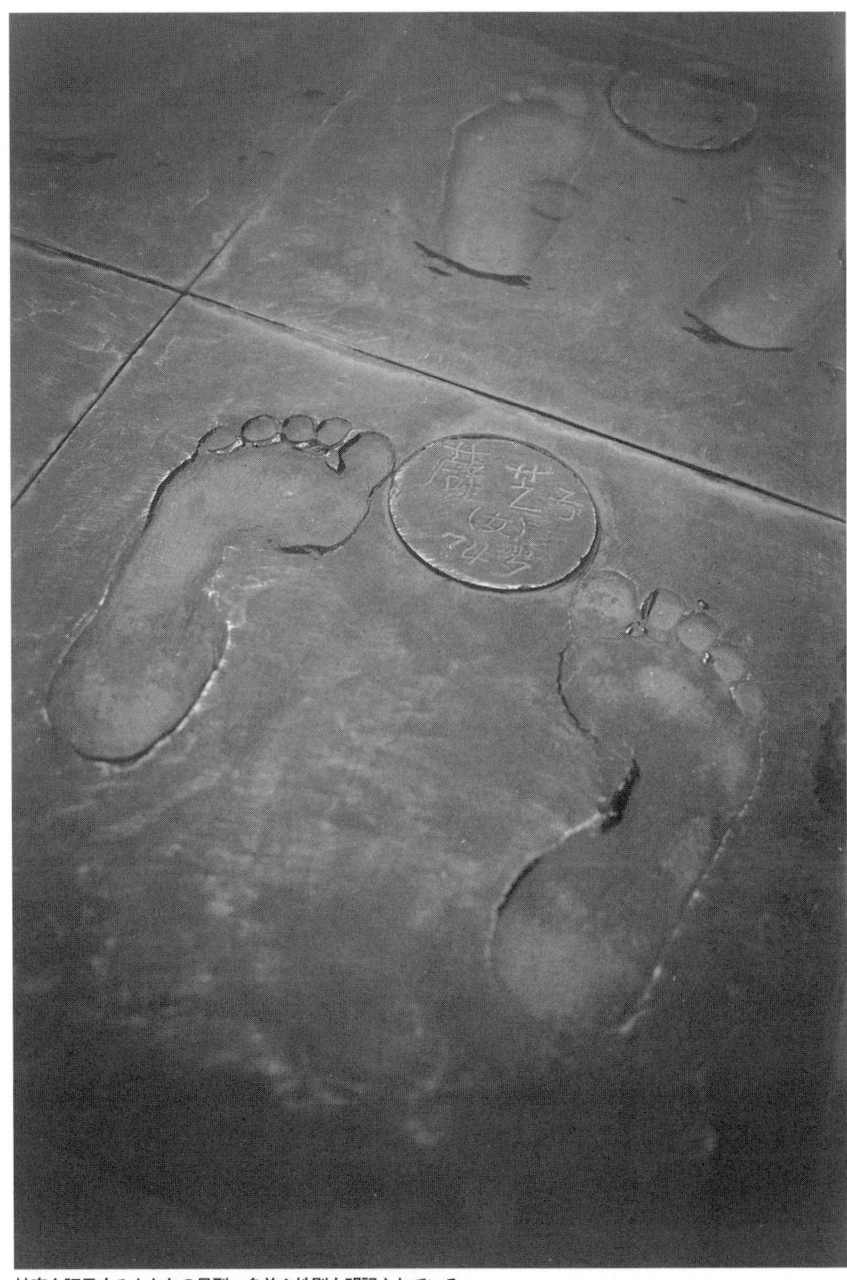

被害を証言する人たちの足型。名前や性別も明記されている。

中国

紀念館の中庭。我が子を探す母の像。

万人抗の遺骨。206体目を意味する数字がつけられている。

侵華日軍南京大屠殺
難同胞東郊叢葬地紀念碑

我一九三七年十二月，侵華日軍瘋狂屠殺南京難胞，東郊一帶，原野荒丘，屍骨遍地。荒郊野外，因久無人收殮，慘遭殺害之同胞，由崇善堂等慈善機構同仁在荒丘地域、馬群鎮、高橋門、中和橋一帶及時收葬。

中庭に立てられた石碑。たくさんの花が供えられていた。

中華門。日本軍がここから進攻してくる様子が写真に残されている。

侵華日軍南京大屠殺遇難同胞紀念館

死者の冬、生者の春

　2003年12月20日、最初の訪問は、年末に近い真冬の金曜日だった。「本当にちゃんと、目的地に向かって走っているんだろうか…」不安がつのってくる。中年に見える小柄なドライバーは全くの無表情で、気のせいか、怒っているようですらある。目を細めて行き先を書いた紙をながめた後、にこりともせず、わかったというようなそぶりもなく、走り出していた。高層ビルが林立する大都会南京の市街中心地にある上級ホテル（中心大酒店）から、タクシーに乗ってもう15分も走っただろうか。車は、たくさんの庶民がごちゃっとたむろする狭い路地へ入りこみ、屋台すれすれをボコボコと結構な勢いで飛ばしていく。
　急に、2車線ずつの流れの速い広い舗装道路に出た。乱暴にその流れに乗ったと思ったとたん、ドライバーが車を右わきに停めて、右前方を指差した。刑務所のようなコンクリートの壁がただ続いているように見えて、目で周囲を探った。広い車道の左側前方に、新しい大きな白い横断幕が見え、文字の一部に日華という文字が読めた。
　みぞれが混じる重たい小雨が降っていた。コンクリートの壁沿いに行くと、鉄格子のような壁の上に「侵華日軍南京大屠殺遇難同胞紀念館」の文字が見え、壁が切れて車止めがあり、その先に小さなガラス窓があった。そこが紀念館の入口だった。
　1937年12月に、日本軍は南京に侵攻し、南京城を占領した。高い城壁で囲まれた南京市内ではその時、住民に対して無差別大虐殺が行なわれ、30万人が犠牲になった、というのが中国での一般認識である。
　同館は、1985年に建てられた。英語名は、The Memorial Hall of the Victims in Nanjing Massacre by Japanese Invaders（直訳すれば、日本の侵略による南京大虐殺における犠牲者を追悼する公会堂）という。

演出効果の高い野外空間

　14元でチケットを買う。小さな手荷物以外は持ち込み不可で、入口で預け

る。チケット売りの女性も警備員も無表情だ。外の寒さのせいもあるのだろうか。

　壁の中の敷地に入る。人が全くいない。入口に近いところに3本の柱を上部で5本の輪でまとめた、背の高いモニュメントがある。1本の柱がそれぞれ10万を表している。見上げると、近くにコンクリート製のような十字架のモニュメントがある。1937.12.13—1938.1 という、当時の日付が刻まれている。左側に建物の壁が続く敷地内を、奥へと進む。

　正門から入って右手の塀には「祈祷和平」の文字。奥の壁には、周恩来の「前事不忘　后事之師」（以前の出来事を忘れないことが後の出来事の師となる）、江沢民の「以史為鑑　開創未来」（歴史を鏡として未来を切り拓く）という言葉が、大きく刻まれている。

　入口正面奥には、身体を地中に埋められて苦しみの形相を示す巨大な顔と、その横の地面からもがくようにはみ出す1本の腕のモニュメント。1人の人間をモチーフにしていると気づかないほど大きい。モニュメントの近くに立って左を見上げると、シンプルなコンクリートの壁に、算用数字で300000と刻まれた文字。思わずゼロを数えて、30万という単位に気づく。

　入口正面から左に折れると、壁沿いにレリーフが続く。レリーフのモチーフは、いずれも、日本の軍人によって追われ、捕らわれ、暴行を受け、亡くなった中国庶民の当時の姿として描かれたもので、形相が険しい。

　通路となる地面には、素足の足型をとったプレートがいくつもはめ込まれている。生き証人たちの足型で、名前と、戦禍を体験した時の年齢がプレートに刻まれている。自分より大きな足、小さな足…。とっさに、足型の主の生きざまを想う。

　階段を上って中庭へ入る。一面に敷きつめた石ころのところどころに、焼け残った樹の幹や、我が子を探し回る母親などをモチーフにしたモニュメントが配置されている。中庭の奥に、殉難者の一部の名前を彫り込んだ慰霊碑がある。白と黄色。真冬だというのに、菊のような花鉢が無数に置かれていた。花が雨に打たれ、揺れる。1週間前にこの紀念館で殉難65周年の記念イベントがあり、その時の献花のなごりだった。

　さらにその奥にようやく展示室の入口が見えた。正面入口から展示室入口ま

で、ずっと歩いてくる間、13のモチーフによって、無言の強烈なメッセージが込められた野外空間が続く。同館のグランドデザインは、著名な芸術家である南京市東南大学の斉康教授（訪問当時）による。

遺骨

　展示館は、2つに分かれている。1つは、何層にも重なって埋まった人骨層を掘りおこした、ガラス張りでコの字型の展示館（万人坑）である。コンテナ車を2つ組み合わせた位のスペースに、幼児の骨、折り重なった骨、人体の形をほぼ完全にとどめる大きな骨、部分が欠損した骨。骨の塊ごとに小さな番号がふってあり、200体を超える。貝塚の断層面を斜めに切って、見やすくしたような展示方法だった。

　「中国では亡くなったら高いところに埋める。ここから出てきた骨は、このように5層になって低いところで掘り出されている。（長江に）流されて積み重なったものとしか、考えられないのです」

　2度目の訪問時には、館内案内を担当する若い女性が、ガラスの向こうの遺骨群を指さし、厳しい声音で説明してくれた。長江の川岸に折り重なって延々と続く死体の山の写真は、何枚も残っている。

　お骨になる前の光景を想像してみる。息たえるまでの様子。折り重なったまま肉が腐り、白骨化し、泥に埋もれていく様子。どれほどの時間がかかるのだろう。地面の一部となり、人々から忘れられ、発掘されて骨を陳列される人たち。誰だろう。

　…記憶の継承に利用されるお骨。骨になってまで、政治に翻弄される人たち。自分の子供の骨がケースの向こうにあったら、引き取りたいと必死で思うだろう。そういう親族のいない、判別しようもない状況ということか。ひとつひとつが釈然としないまま、その数に圧倒される。その人にとっては、2度、3度と災難のような気がして、もう埋葬してあげたらいいのに、と心の中で掌を合わせながら、日本人の風習で勝手に思う。

　展示ケースの手前には、慰霊のための小空間があり、日本から来館した人たちの持参と見られる千羽鶴などがいくつも飾られていた。

命がけで残した写真で再構成されるイメージ

　もうひとつの展示空間は、半分地下になっている本館である。展示室入口に、幼児の亡骸を抱いて呆然と立ち尽くす等身大の母親の蠟人形。館内は薄暗い。

　館内展示物の主だったものは、多数の説明の文字パネルと、写真パネルである。中国各地へ進撃する20世紀前半の日本軍の足跡を時系列で整理してある。

　パネルは中国語と英語で書かれており、日本語が付記されているパネルも多い。パネル内容を補足する資料として、日本軍の組織図や指揮担当者図、当時の新聞、生存者の証言や公文書などが展示されている。

　館内の主要部分に、日本軍による拷問の様子を種類別に細かく解説したパネルと写真が展示され、それに続いて強姦直後の写真数点、日本の新聞に掲載された百人切りの自慢記事などが展開されている。展示の終わりの方は、体験者の証言集、当時の酷さを回想した元日本軍人の証言、当時の赤十字関係者の証言などが大きく取り上げられている。

　歩きながら、写真のイメージが目の裏に流れて、1つの物語となる。空襲、崩壊した家々、地上戦、死体の山、転がる首、拷問、強姦、笑う兵隊、泣き叫ぶ農婦や子供たち、生き証人たちの怒りの顔、顔。資料集で見慣れた写真が多いが、パネルで大きくなるとまた違ったインパクトがある。先に展示されていた遺骨群が、写真にリアリティーを加え、あまり大きくない展示館全体に、阿鼻叫喚があふれだす。

　検閲の厳しい前線で、虐殺や強姦の写真が撮影を許可されるはずがないから、それらの写真は合成の偽物だ、という説がある。プロパガンダ用に作られた偽写真も確かにあるだろう。しかし、切り落とした敵の頭部をつかみ、カメラ目線でにんまりしている兵士の表情や、陰部がよく写るように強姦した女性の太ももをひっつかんでいる手の位置、あるいは、撮影者の影まで写っている写真などから見て、写真を撮っているのが加害者と親しい兵隊と察せられる。そういった、おびただしい数の写真が残っている。

　つい最近、イラク兵捕虜を裸にして喜ぶ米兵の記念写真が世界中の非難を浴びた。アブグレイブ刑務所での出来事で、デジタルカメラで仲間の兵士が写したものが流出して発覚した。中国戦線では、日本の将校や下士官で、カメラを持っていたものが多数いたという。報道記者のフィルムは検閲が厳しかったが、

軍関係者が個人的に撮影したものは別扱いである。戦闘の合間に撮影された記念写真のフィルムは、休暇で戦線から街に戻る仲間などに預けられ、現像が託される。現像の職人に中国人も多数いる。あまりに酷い写真を、彼らが２枚焼き付け、１枚は現像せずに黒い紙に包んで持ち帰る。軍の検問にあっても、黒い紙をはずせば白い印画紙は感光してしまうから、証拠は残らない。こうして、兵士が撮り合った前線の記念写真が外国メディアに持ち込まれ、世界に知れるところとなった例がいくつもある。イラク戦争における米兵が特例ではなく、戦争は常に、平時の人間社会の倫理観を抹殺してきた。

　この日はダウンコートを着ていたが、半地下にある展示室は暖房がなく、足元から寒さが這い上がってきて体が震えた。年の瀬が近い平日だからか、あまり多くない来館者が、ゆっくりと展示を観て歩いている。主に中国人の中年や老年に見える男女で、日常的に大声の中国人にしては小さめの声で、時折、展示写真などを指差しては何か言っている。

　内容はわからないが、明らかに憤っている。ひとりで展示を見ている私が日本人だとわかったら、この人たちは私に何と言うだろうか。戦争という関係性や時間の幅を忘れ、いきなり強烈に、日本軍という稀有の極悪非道人集団に遭遇したようだった。静かで厳しく、とにかく寒くて、鼻水がとまらなかった。女子供が家々を追われて逃げまどったはずの日々が、まさにこの時期だった。

学生でごったがえす春

　学術交流で訪れた２度目の訪問は、翌年３月下旬の晴れた日だった。最初の訪問からほんの数ヵ月後のことだったが、この日は課外授業中と見られる数校の学生集団が訪れており、若い人たちであふれかえっていた。皆、学校ごとに異なる揃いのジャージを着ている。課外活動が大好きな、学習意欲のある元気な若者集団と見受けられた。

　屋外展示では、冬にはなかったBGMが不気味だった。スピーカーからの重低音で晴天には不似合いな旋律が流れ続ける。地元テレビの取材クルーも来ていて、ごいっしょしていた中日外交史を専門とされる教授が、取材に対応された。私のところにもノートを抱えた学生たちが５人やってきて、「ここに来て、どう思いますか」と、流暢な英語で聞いてくる。「かなり認識にギャップがあ

るので、もっと勉強しようと思います」といったような返事をしたら、うんうんとうなずいていた。展示内容学習と、訪問者へのインタビューの両方が授業課題だそうで、16歳と言っていた。

閑散とした雨の12月と、人でごったがえす3月では、同じ紀念館だが受ける印象は全く違う。いずれにせよ「日本軍はものすごく酷かった」というメッセージが全体からあふれだしている空間構成である。

来館していた学生たちは、日本でよく見かける中学生・高校生の修学旅行風景のようなにぎやかさだった。一生懸命ノートをとっている学生たちの若さや勤勉さによって、彼ら彼女らの脳裏に刻み込まれた「過去」が、音を立てて再構築されていく…。

県レベルで50以上あるという抗日紀念館

日本と中国の間で数年来の懸案となっている教科書問題では、日本軍が中国に「進出」したのか、「侵略」したのか、その認識の違いから来る記述が大きな争点である。戦争、特に戦争責任をめぐる教科書の記述に関しては、たとえばドイツとポーランドの間などでも、長期間にわたる話し合いによって、歴史認識をすり合わせる努力がなされている。

1982年から表面化してきた日本国内での歴史認識の揺れに対し、中国政府は歴史教育の拠点となる抗日紀念館の設立事業を広く展開してきた。1985年にできた南京の同館は、1987年にできた北京の「中国人民抗日戦争紀念館」と双璧をなす。

お会いした朱館長によると、中国全土には50から60の抗日紀念館があるという。南京と北京以外の主要な場としては、瀋陽にある九一八紀念館の名があがった。展示点数では、北京の抗日紀念館が一番多いとのことだった。日本から南京の紀念館へは、年間5万人くらいが来館するとのことだったが、私自身は2回とも、入館時に国籍を確認される手続きはなかった。単純計算すれば1日135人の邦人来館者があるということになるが、そうした印象はなかった。

侵華日軍南京大屠殺遇難同胞紀念館は、アウシュビッツ国立博物館（ポーランド）やツールスレーン虐殺博物館（カンボジア）に比べると、遺骨と記録写真を除けば、遺品などの具体的な展示物の点数が少なく、強烈なメッセージ性

を放つ造形物が多数配置されている点に特色がある。開館の背景と紀念館内の構成や演出方法から、非常に政治色の強い空間であると察せられた。

西のアウシュビッツ、東の南京、という英文

　紀念館の購買部で、何冊かの資料本を購入した。展示館内の主なパネルは、中国語、英語、日本語の3ヵ国語で書かれており、英語のニュアンスと日本語のニュアンスが微妙に違うところが散見された。

　訪問時に紀念館で購入した英文資料に、「西洋最悪の虐殺がナチのホロコーストで、東洋最悪の虐殺が南京」という記述があった。この記述者にとって、1晩で銃後の民を10万人も焼き殺した東京大空襲や、1発で10数万人を殺傷した原子爆弾は、どのような位置づけにあるのだろう…。事の本質は数字と関係ないと頭でわかっていても、記述に素直になれない自分の中に日本人を見つけて少し驚く。

　国という単位ではなく、皆同じ人間、という視点でアジアの近現代史を振り返れば、カンボジアの内戦も、アフガニスタンも同類だろう。アウシュビッツは当時600万人と言われた虐殺犠牲者について、戦後の調査などからその数が150万人から300万人くらいではというように下方修正されつつある。数の問題ではないにせよ、数字が利用される以上、政治学や映像イメージではなく、本格的な歴史的学術調査の積み重ねがアジア各地でも必要だと痛感する。

　戦跡空間を地元の人々と共有する時、争いによって亡くなっていった人、ひとりひとりに思いが向く。紀念館の空間表現や外交上の背景事情といった表層を外した後に残るものは、いつの時代のどこの国でも、武器を持って戦うことの無残さである。

　2004年夏、重慶や北京で開催されたサッカーのアジアカップで、日本人サポーターと一部の中国人サポーターの間に摩擦があった。中国の若者は「怒る理由がある」と言い、日本の若者は「何を怒っているのかな？」と思う。2005年4月、小泉首相の靖国神社参拝問題、歴史教科書問題、国連安保理事会入りほか、数々の政治・外交上の懸案がからまって、反日デモが中国各地で起こった。戦後60年を経て、既に直接経験者が少数になってきた時代に、過去をひとつの拠り所として子孫たちが衝突する現在。未来が心配になる。

認識ギャップを理解するためには、双方の観察が必要である。自分の国と、ロシアやアジアなど、近隣のまさに足元の人間関係の、何を知り、何を知らないのか。戦跡から垣間見れば、日本と中国の言い分が相当に隔たっていることを肌で理解できる。
　侵華日軍南京大屠殺遇難同胞紀念館は、未来に向けて付き合いたい相手が培っているイメージや認識の様相や所在を広く学ぶ素材に満ちた場所だった。

中華門

　南京市にはいくつかの門がある。「中華門」は明代初期に南京城の正門として造られたもので、中国に現在する最大の城門と言われる。幅118m、奥行き128m。日本軍の南京市への攻防でも名高い場所の1つで、現在は城壁の上まで上がれる。多層構造で、繰り広げられたであろう歴代の死闘を上から見下ろす造りとなっている。城壁の最上部から南京市が一望できる。城壁のそばの家並みは昔のままで、入り組んだ細い路地で洗濯する女性が見えた。上に登ると、城壁の石の表面に落書きのように多数の文字が彫られている。日本語らしきものもあり、意味を探してしばらく寒風の中にいた。表札や看板文字のようなものが多かった。

長江大橋

　南京市の西北が長江に接しており、そこに「長江大橋」がかかっている。長江は、青海省から四川盆地と華中の平野を経て東シナ海に注ぐ中国最長の川で、全長6300km。揚子江とも呼ばれている。完成は1968年。
　長江大橋は、上段が道路、下段が線路の二層構造になっている。東岸にある大橋公園内から高さ70mのエレベーターがあるが、訪問時は動いていなかった。
　階段で橋の上段へ出る。橋には歩道があるが、歩いて渡るにはかなりの距離

がある。

　12月の夕暮れ。市内は穏やかだったが大橋の上はすさまじい突風が吹き、欄干につかまらないと、吹き飛ばされそうだった。ピアスをした方の耳たぶが痛くなる。道路は帰宅ラッシュで大渋滞し、車のわきを、犬や鳥など生きた食材を荷台に山盛りにくくりつけた自転車がすり抜けていく。

　侵華日軍南京大屠殺遇難同胞紀念館に、1937年末当時の川面に多数の遺体が浮いている写真、溺れながらもなお日本軍の差し出す棒を拒絶する人の写真などが展示されていた。皮膚を刺すような寒さが、記録映像の中の人たちの皮膚感覚につながり、現実の喧騒が遠のく。

北京

　北京は現在の中国の首都。市の総面積は1万6808km²で、人口は1100万人を超える。予想をはるかに越える広さで、飛行場から車で市街地に入ってから、延々と同じような都市の風景が続く。

　三方を山に囲まれ、山地が総面積の62％を占める。温帯大陸性気候で、四季がある。北京原人の名の通り、70万年前には人が住み始めていた。約600年にわたり中国の首都として栄え、政治や文化交流の中心地である。

　最初に北京を訪れたのは2004年、厳寒の2月だった。氷点下5度以下が続き、乾燥した突風のせいで、余計に寒い気がした。日が暮れると気温がググッと下がった。

　抗日戦争勝利60周年のこの年、反日デモが数多く起こり、鎮圧されたものの、戦跡関連施設では反日メッセージがさらに増強されていた。各国の戦跡を見慣れた目には、展示方法も展示規模も極端で、日中間には、現物を見ないと実感しづらい大きな認識の隔たりがあると思った。

・訪問時期　　2004年2月、2005年9月。
・北京へのアクセス　　飛行機は、成田から北京までは約4時間。北京新首都国際空港は、北京市東北の順義区に位置し、市内までは27km。空港から市へはリムジンバス（16元）やタクシー（100元前後＋高速料金15元）で移動する。日本―北京間の直行便は本数が多く、東京からのほか、関西、名古屋、福岡、仙台、広島などからも直行便が出ている。

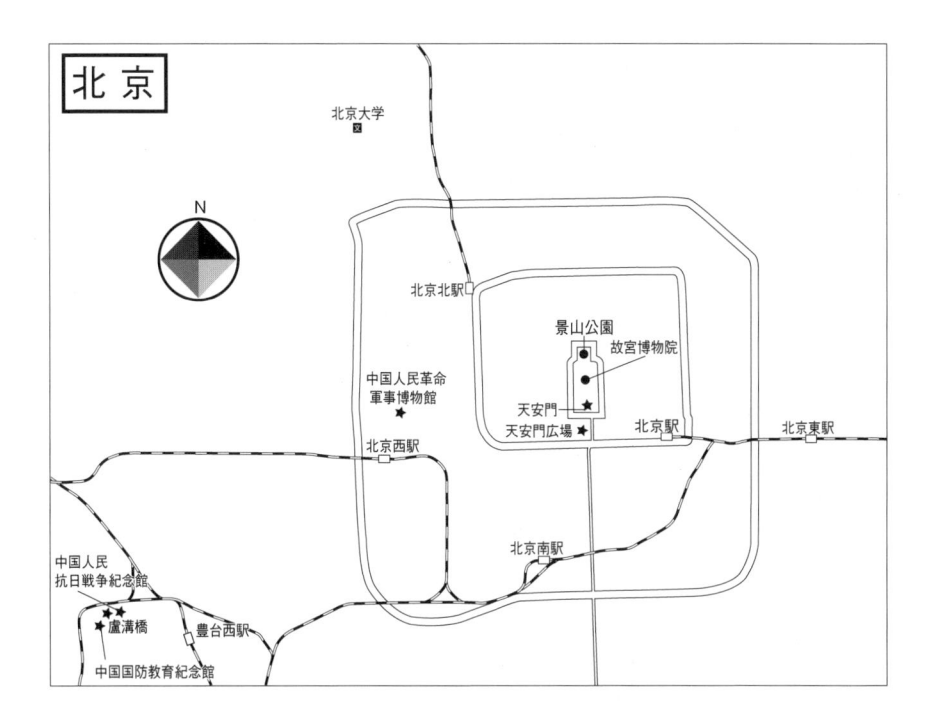

北京

北京の戦跡

盧溝橋（マルコポーロ・ブリッジ）
住所　北京市丰台区宛平城
開館時間　8：00～18：00
休館日　なし
入場料　10元
連絡先　010-8389-4614

中国人民抗日戦争紀念館
住所　北京市丰台区宛平城内街101号
開館時間　8：00～17：00
休館日　なし
入場料　15元
連絡先　010-8389-2355

中国人民抗日戦争紀念彫造園（中国国防教育紀念館）
住所　北京市丰台区宛平城城南街77号
開館時間　8：00～17：00
入場料　15元
連絡先　010-8389-4614

天安門広場・人民英雄紀念碑
住所　北京市京城区
開館時間　24時間
休館日　なし
入場料　無料

中国人民革命軍事博物館
住所　北京市海淀区复光路9号
開館時間　8：30～16：30
休館日　なし
入場料　10元
連絡先　010-6681-7166

盧溝橋の東側にある宛平城の城壁。当時の砲弾の跡。北京市の西のはずれにある。

盧溝橋。1937年7月7日、ここから日中戦争が始まった。

中国人民抗日戦争紀念館。リニューアルされて正面が広くなった。

宛平城の城壁へ移される前のストーンドラム。日本の文字が見える。

中国人民抗日戦争紀念彫造園。巨大な柱にたくさんの人々が彫りこまれている。

抗日戦争紀念館の「上海ベイビー」の展示写真。

54　　　　　　　　　　　　　　　　中国

人民英雄紀念碑。天安門広場の南側にそびえ立つ。

中国人民革命軍事博物館の屋外に据えられた兵士と家族の像。

軍事博物館の館内。巨大な展示スペースを埋める兵器の数々。

盧溝橋、中国人民抗日戦争紀念館

強化される中国抗日教育の最大拠点

　北京市南西部、北京市内を円形につなぐ環状道路の最も外側よりさらに外側に、盧溝橋がある。1937年、ここで起きた発砲事件が発端となって日本軍と中国軍が衝突し、日中戦争が始まったのである。盧溝橋は当時のままに現存している。この地は、過去をとどめる戦跡であると同時に、今日の中国抗日思想の一大発信源として再利用されており、その徹底ぶりが目をひいた。

世界で最も美しい石橋

　「盧溝橋」は思ったより細くて長い石橋だった。1192年の完成当時からある丸みを帯びた石橋の一部が、橋の中央にそのまま残っている。この橋をはさんで、日中両軍が戦闘を繰り広げる様が、映像資料にいくつも残されている。
　橋の両側の欄干ごとに、しゃがんだ幼児くらいの獅子の彫刻がずっと並んでいる。石の獅子の表情はすべて異なり、彫りの深い顔立ちのそれぞれに感情が読み取れる。約800年前の彫り師たちの表現技術と構図のアイデアが面白い。現在は保存のため触れることはできないが、すぐ近くで見ることができる。元代に訪れたマルコ・ポーロはここを世界で最も美しい橋と絶賛したという。
　2004年2月訪問時の入場券裏には、次のような説明文が中国語で印刷されている。
　「この橋は、1189年に着工し、1192年に完成した、北京市に現存する最古の石造アーチ橋である。全長は266.5m、幅は7.5m。橋脚部に11のアーチを持ち、欄干の柱には、石を彫って作った獅子が501体ある。1937年7月7日にここを銃撃された『盧溝橋事件』が、中国人民の抗日戦争の幕開けとなった」
　この盧溝橋と抗日戦争紀念館の間に、「宛平城」の城壁もほぼ当時のままの姿で残されており、砲弾の跡がところどころにある。

中国の歴史教育の発信基地

　盧溝橋から歩いて数分のところに、「中国人民抗日戦争紀念館」がある。こ

こは南京の虐殺記念館と異なり、入口の守衛の兵士や受付の人たちの対応が、明るい。見学後に書籍コーナーで資料を買おうとして現金が足らなかった。試しに、「銀行に行って戻ってきてもいいでしょうか」と尋ねたら、購買部の人も守衛の兵士も実に親切で、あれこれ手を尽くしてくれた。この仕事への朗らかな誇りとサービス精神が感じられた。

　南京の虐殺記念館が、惨事の当事者たちの「日本軍は酷い」という恨みや憎しみを主観的に伝える展示空間であるとするなら、北京の中国人民抗日戦争紀念館は、国防教育のために日禍を客観的に整理したような、ある意味で出来事に対する距離感がある。もちろん館内には多くのモニュメント、ジオラマ展示、音声効果や映像展示があり、日本軍の残虐さと抗日中国人民の勝利に照準を合わせた展示構成は同じである。首を打ち落とされてなお前進しようとする胴体を再現した巨大な「無名の抗日烈士」の像、広い室内空間の壁を天井まで埋め尽くす数々の抗日烈士のレリーフ、壁一面の抗日烈士の名簿碑、大きな油絵の数々。遺品や写真、説明パネルの他に、芸術作品を駆使して、当時を再現しようとしている。

　中国人民抗日戦争紀念館は1987年に第1期、1997年に第2期工事を終えた比較的新しい記念館である。戦勝60周年のこの年、さらに3ヵ月かけて改築され、視覚展示が増強された。

　改築前に入口においてあった無料の小さな日本語のパンフレットには、以下のような説明が記されている（中国語版と英語版もあった）。

「中国人民抗日戦争記念館ご紹介」（無料配布パンフレット／日本語版より）

　中国人民抗日戦争記念館は中国の青少年の歴史教育基地であり、同時に中日友好の教育基地でもあります。古くから百聞は一見にしかずといいます。ここ慮溝橋の抗日戦争記念館に一歩、足を踏み入れれば①二度と戦争を起こしてはならない。②永遠の日中友好との思いを共有することが出来るはずです。歴史こそが鏡なのです。過去を学ぶことが、現在と未来を平和な国際社会に約束させられるからです。

　この中国人民抗日戦争記念館は1987年に第一期工事を終了、1997年に江沢

民主席の指示で第二期工事が始まりました。場所は北京の南西部にある有名な盧溝橋のほとりの宛平城内です。橋は、かのマルコ・ポーロの「東方見聞録」にも記述された名橋です。同時に不幸な日中戦争発端の場所として知られています。

総面積3万m²の中に、1万7600m²の記念館が建設されています。記念館は①資料センター、②本館、③南北2ヵ所の四合院、の3つの部分で構成されています。

展示場総面積は約5000m²で、日中戦争発端の盧溝橋事変を再現した中国初のパノラマ館は本館にあります。日本軍と中国軍の戦闘場面を生々しく映し出しています。

このほか抗日戦争館、日本軍暴行館、人民戦争館があり、それぞれ貴重な資料、展示物によって悲惨な過去を直視することが出来ます。

日本軍暴行館をのぞいていただきますと、日本軍国主義の蛮行がどのようなものであったかが理解できるでしょう。

日本軍は中国侵略の14年間、実に中国の20省に襲いかかり、900に及ぶ都市を占領しました。その間に無数の血なまぐさい惨事、虐殺を行いました。たとえば国際法に背いて生きた人間を細菌実験に使い、罪のない婦女子ら民衆を化学兵器で殺害しました。女性に暴行を加え児童を惨殺したのです。

また、中国人労働者を強制的に連行し日本国内の炭坑で劣悪な環境下で酷使し、沢山の犠牲者を出しました。秋田県の花岡事件もその1つです。中国の国内では数百、数千の犠牲者による白骨化した万人坑が見つかっております。日本軍は都市を無差別に爆撃し、廃墟と化し、略奪の限りを尽くしたのです。中国の調査では死者3500万人、財産の損失は6000億ドルに及んだのです。

以上の真実は、当時日本軍が撮影した写真資料などによって証明されます。

南京大虐殺では日本軍が南京の青年を日本刀で惨殺する場面もその1つです。また、市民を生き埋めにしたり、中国青年を的にして銃剣の練習をしています。揚子江のほとりが南京市民の死体で山のようになっている写真もあります。当時の日本の「東京日々新聞」が南京の紫金山で、日本軍将校が殺人競争をしている、と報じています。

平頂山事件は村民3000人を集団虐殺したものですが、その一部の遺骨の写

真が展示してあります。

　日本軍の略奪行為も写真資料によって判明しています。食料や石炭などです。

　家々を焼き払うことも日本侵略軍の蛮行の特徴です。焼き尽くし、殺し尽くし、略奪し尽くすという三光作戦です。これによって河北省では村人1230人が殺害されました。

　無差別空爆は、天津の南開大学にも加えられました。上海南駅、西安、重慶などもです。

　女性と幼児の虐待もすさまじく、河北省では殺害した女性の肉で餃子を作っています。中国人を動物扱いしていた許し難い行為です。日本軍は女性を暴行したあと、証拠隠しのため殺してしまうのです。この中には少女も含まれていたのです。年寄りの女性を強姦して楽しんでいる写真もあります。遼寧省では日本軍が児童を銃剣で刺し殺し、死体を焼こうとしている場面も写っています。

　従軍慰安婦をご存知でしょうか。日本軍が中国に設けた慰安所の分布図があります。慰安所設立を通告する日本陸軍省の文書も資料として展示されています。慰安婦として中国の前線に送り出された朝鮮の女性たちの姿、そして慰安所前に行列をつくっている日本軍兵士たちの証拠写真もあります。

　強制労働者の虐殺も悲惨なものでした。おかゆで重労働をさせるわけですから、疾病で亡くなる者も少なくありませんでした。日本軍は軍事施設をつくらせた中国人労働者を殺害し、海河に投棄しました。山西省の炭坑夫を生き埋めにした万人坑は14ヵ所もあります。

　ハルビンの731部隊（石井四郎部隊長）も悲劇の象徴でした。生体実験後の死体を焼却した焼却炉は現存しています。細菌の培養器や石井式の細菌爆弾は実物を展示してあります。太平洋戦争で捕虜となった米英軍人に対しても細菌実験を行っています。細菌実験後、山のような死体写真もあります。

　731部隊は、関東軍516毒ガス部隊と提携して罪のない中国民衆を毒ガス実験に使ったのです。日本軍毒ガス部隊の戦闘場面も証拠写真として展示してあります。

　抗日戦争館は、中国がアヘン戦争以来、中国人民による抵抗戦争で初めて完全勝利を収めた民族解放戦争を活写した記念館です。抗日戦は中国共産党が積極的に唱えた民族統一戦線で、この旗の下で国民党と共産党の提携を基礎に各

界、各民族、各民主党派、各抗日団体、各階層愛国人士、華僑が結集したものです。それによって日本侵略者に大きな打撃を加えて、最後の勝利を手にすることが出来ました。

　この中国人民の抗日戦争は世界的な反ファシズム戦争の重要な一部でもありました。中国戦線は日本ファシズムに抵抗した主要戦場としてソ連、米国、英国などの援助と支持を得たものです。巨大な犠牲を払い不滅の貢献をした抗日戦は、世界史にその名を長くとどめるでしょう。

　このコーナーでは、真っ先に1874年から1931年にかけての日本軍の中国侵略図を展示、続いて1927年6月末から7月上旬にかけての田中義一内閣の主催した東方会議を取り上げ、そこで中国侵略政策が策定され、田中首相が天皇に上奏した秘事を写真と図で公開しています。

　その上で1931年9月18日、関東軍自作自演の柳条湖事件が発生、日本軍が瀋陽駐屯の中国軍に攻撃を加える場面を図と写真で説明しています。これが契機となって、まず東北の抗日ゲリラが自然発生、侵略軍に対抗していきます。抗日運動は東北から全国規模に発展し、遂には西安事件を経て国共合作による抗日統一戦線へと成長していきました。

　他方、侵略日本軍は盧溝橋事変（1937年7月7日）を発生させて中日全面戦争を強行します。5ヵ月後に南京で地獄さながらの虐殺を引き起こしました。そのころの米国新聞記者のエドガー・スノーと周恩来夫婦の記念写真があります。スノーを通しても世界は日本軍の蛮行を知らされたのです。抗日戦を終始リードしたのは毛沢東率いる共産党でした。

　繰り返しますが、抗日戦争記念館は、中国青年の教育基地です。二度と戦争を起こしてはならないという歴史の教訓を学ぶ場です。このことは中日友好、永遠の日中平和の礎（いしずえ）となる場として、中日両国人民の歴史の鏡として大事にしていきたいものです。1人でも多くの人たちの参観を願っております。

中国人民抗日戦争記念館

町並みごとリニューアルする政府の力

　抗日戦争勝利60周年を祝う節目の2005年に、3ヵ月かけてリニューアルされた紀念館を訪ねた。約1年半ぶりの再訪だった。訪問日がちょうど9月18日になった。9月18日は、中国にとっては、日本の侵略戦争が始まったとされる記念の日である。

　1931年に日本軍が柳条湖で南満州鉄道を爆破（九・一八事変）し、中国軍と衝突、東北3省を占領した。続いて、中国東北部に清朝最後の皇帝である溥儀を擁して、1932年に満州国を建てた（満州事変）。

　1933年、国際連盟が日本の満州国からの撤退を要求してきたことから、日本は国連を脱退している。その後も中国との関係は悪化し、1937年7月に北京郊外の盧溝橋で日本軍と中国軍の武力衝突が起こり、日中戦争（抗日戦争）が始まった。

　こういった背景から、9月18日は、国中に9・18イベントが繰り広げられる。テレビでは1週間、必ずと言っていいほど、どこかのチャンネルで抗日に関するミュージカルや、地方の記念行事が放映されていた。黒龍江省のテレビ局が放映していた記念イベントでは、数々の出し物に加え、ロシアの劇団による抗日劇などもやっており、観客から大受けしている様子が放映されていた。白人、金髪の劇団員扮するロシア兵が、中国軍兵士役と力を合わせて日本軍を撤退させるというストーリーだった。

　新聞も、新華社による全国配信記事で、あるいは地方でも特集を組んで、「勿忘"九・一八"」関連記事を展開していた。「七三一部隊遺址」を見に行ったハルピンでは、街頭新聞掲示コーナーで多くの人が新聞を立ち読みしていた。

　この日、歴史教育の源としての役割を果たしている北京の抗日紀念館はどんな様子か見に行くと、ものすごい人出だった。もっとも、この日は中秋の名月にあたり、夜は盧溝橋で月見のイベントがあるとのことで、人々の目的がどちらかは定かでない。しかし、お昼前後に紀念館にいたのだが、館内も場外も、座るところがないくらいの人出なのである。若者も、軍人集団も、家族連れもいる。観光バスもどんどん来て、近隣の道路は大渋滞である。

　もうひとつ、驚いたことに、たった1年半で、抗日紀念館のまわりがすっかり変わっていた。この前来た時は、庶民が暮らす古びた郊外の一区画の細い道

路沿いに、ひっそりした感じで紀念館が建っていた。紀念館の向こうに城壁があり、その向こうに盧溝橋があった。

ところが今回行ってみると、城壁が手前に１つ増えているのである。城壁があり、沿道わきに紀念館がある。さらにその先に元の城壁があり、橋がある。この１年半の間に、古い家を取り壊し、道を広げて、建てたものだ。中秋の名月のためか、日曜日の恒例なのかはわからないが、沿道は日本の大きなお寺の縁日さながらで、駄菓子や紙芝居、おもちゃ売りなどが、所狭しと店を出している。

ふるっているのは、その屋台である。地方民族の伝統的な屋台を再現しているようで、かつての民族衣装を着ている人たちが多く、伝統的な昔の中国を擬似体験するような感じで作られている。小さな子供たちのお楽しみと、中国の伝統的な雰囲気、その中に紀念館、その向こうは本物の戦跡、という不思議な空間である。アミューズメントパークのオブラートに、抗日戦争紀念館が包まれている。

ストーリー構成もリニューアル

紀念館自体の展示も、大幅に変わっている。もっとも大きな変化に感じたことは、中国共産党の存在感が前面に打ち出されている点である。前に来た時の印象は、中国人民が力を合わせて抗日運動を展開し、散々な目にあいながらも勝利を勝ち取った、というストーリー展開だった。

今回は、中国共産党が民衆を支援し、台湾の抗日勢力とも力を合わせ（第２部　国共合作　共赴国入難）、世界中から支援されて侵略日本に打ち勝った（第６部　得道多助　国際支援）、といった、７部構成のメリハリあるストーリー展開になっている。前回見落としている可能性もあるが、展示の最初の方に周恩来などの肖像画が幾つも展示され、最後には和平のために必要な５原則などを掲げて、寛容と国際協調を強調している。日本の暴行に対する展示内容は以前と変わらず、幼児虐殺や老婆強姦などの写真パネルの前で携帯電話の写真機能で写真を撮る人が大勢いた。

もうひとつ目立つ違いは、入口のすぐ右にあった、抗日烈士を描いた巨大なモニュメントがなくなっていたことだ。抗日の戦いのために多大な犠牲を払っ

たというメッセージが薄まり、日本軍の恐ろしさと共産党や国際支援の重要さが強調されていると感じた。

　1年半前に訪れていなければ、何も気づかなかったと思う。展示空間が展開するストーリー性によって自分の中に認識される歴史がいかようにもできることを、実験室で見せてもらったような感触だった。

　最新式の展示方法はきれいで本格的だった。紀念館の外側の大工事と、紀念館内部の高度なリニューアル。そこを訪れる縁日のような人出。ほんの1年半前、ゆったりと静かなたたずまいだっただけに、私はこの劇的な変化を自分の中で消化しきれずにいた。たまたま中秋の名月と重なったからかもしれないとも思うし、博物館内の鈴なりの熱心な人々の反応のどこまでが自然の発露かもはかりかねる。固定空間で歴史を記憶に留めると一般には捉えられやすい紀念館が、実はファッションショーのスーパーモデルのような見事な早業で、歴史を着替えて見せてくれたような、大変貴重な体験となった。

上海ベイビーがまた泣いている

　リニューアル後の北京抗日戦争紀念館は、以前よりも展示されている写真のインパクトが強くなったように感じる。以前も同じものがあったのだろうが、大きく引き伸ばしたり、まわりに空間を作ったり、紙のパネルではなく、電光掲示板にするなどの手を加え、強調したい部分が目につくようになっていた。

　その1つが、「上海ベイビー」の写真展示である。空爆直後の上海駅近くの廃墟の中に、たったひとり取り残された中国人の赤子が、地べたにぺたんと座ったまま、大泣きしている。「上海ベイビー」と名づけられたその写真は、日本軍による1937年8月の上海空爆直後に撮影された、といった説明書きが添えられている。

　この写真は、やらせだったとも言われている。しかし、各国の人びとにとって馴染みのある数少ない東洋の地名だっただけに、日本軍による上海空爆の惨事は、欧米の一般市民の怒りを買った。それが打倒日帝の世界的世論を生み、世界大戦の1つの素地を作ったとも言われている。

　展示を見ている人の多く、いや、ほとんどの人が、そこに足を止め、説明に見入る。若い女性が、思わず携帯写真でその写真を複写している。友人たちへ

転送するのだろうか、次々に同じような格好でベイビーを携帯で撮っていく人たち。それほどに「上海ベイビー」は、人目を引く写真である。

また、各国の租借地で当時最高級と言われていた上海の和平飯店前に、国籍のさまざまな人びとの死体が山積みになっている有名な写真もある。上海は、アヘン戦争の結果として締結された1842年の南京条約によって、1845年よりイギリスの租界となった。租界とは、外国人が居留地区の行政や警察を管理する特別地域のことである。その後、列強数ヵ国の租界として、上海は独自の発展を遂げてきた。各国が滞在する租借地だったので、そこで起こったことが世界に伝わるのも速かった。この爆撃によって、日本軍は、中国のみならず、中国進出を狙う欧米各国を敵に回すことになったのである。

善意が引き起こす地獄

映像イメージは、ヒューマニティに厚い人びとを、戦争参加へと走らせる。上海ベイビーへの同情の果てにあるのは、日本各地の空襲後の焼け野原に転がる母親と乳児の黒焦げ遺体や、原爆投下による重度火傷で虫の息となった幼児の無残な姿である。

善意の同情を駆り立てて、戦争へ突き進む。このパターンは、湾岸戦争でも見られた。湾岸戦争前年、米国内世論では、戦争反対ムードが強かった。そこで、戦争開始数ヵ月前に、大手広告代理店によって「少女ナイーダの証言」が演出された。クウェートの少女が病院で、イラク兵たちが未熟児を保育器から引きずり出して床に捨てたのを目撃したというでっちあげである。米国の連邦議会でも、大統領演説でも、この証言が繰り返し利用された。この証言は、米国一般市民、特に戦争反対意識の強かった中年女性層の厭戦ムードを覆した。

戦後の検証によって、証言したのはクウェートの米国大使館関係者だったことがわかった。世論は、でっちあげられたかわいそうなお話によって動き、そのからくりは戦争が終わってから明らかになった。

今も混乱が続くイラク戦争では、いまだに爆撃開始の口実となった大量破壊兵器は見つかっていない。爆弾を落とす米国の自称「正義の味方」の位置づけは変わらず、その爆撃の下で、市民が殺傷されている。繰り返されるこのパターンは、万国共通の戦争方程式だ。

戦禍に国籍はないことを、歴史はいつもこんなにはっきり伝えているのに、「上海ベイビー」が果たした役割の大きさは、当の日本人さえあまり知らない。この写真が、リニューアルされた北京の抗日紀念館に大きく飾られ、大きな声で泣き叫び、初めて見る学生たちの目を奪う。そこでまた、善意の憎しみと抗日意識が再生産されている。

この写真を撮ったカメラマンは、何を思っていたのだろうか。この写真が、戦後60年たった抗日紀念館で、直接体験のない中国の若い人びとに日本憎しの感情を植えつける役割を果たしているのを見て、どう思うのだろうか。

中国人民抗日戦争紀念彫造園（中国国防教育紀念館）

写真をモチーフにしたモニュメント

最初にここを訪れた時、盧溝橋から続く城壁沿いに、砲弾の跡を辿って右へ行くと、左側の地面に、銅製の釣り鐘のような、大きな腰掛けくらいの造形物が点々と置いてあった。ストーンドラム（石でできた太鼓）だった。

手前からずっと目で追っていくと、かなり向こうまで続いており、みな同じような大きさで、全体が黒いものと金色のものがある。いずれのドラムにも、楷書や叢書などの達筆で、文字が書かれている。何だろうなあと思ってよくよく眺めていたら、日本軍にこんな酷いことをされたというさまざまな文字の配列なのである。しかも、ひとつひとつにそれぞれ別々のことが別々の書体で丁寧に彫り込まれている。ぎょっとした。人影のない地面に立つ自分が文字の怨念に取り囲まれているようで、ストーンドラムの数の多さにたじろいだ。

心もち蒼白になりながら延々と続くストーンドラムを辿っていったら、今度は新しそうな平べったいコンクリートの建物が出てきた。その奥にまた、広大な敷地があり、巨大な柱がにょきにょきと大地から空に向かってそびえるモニュメント群が見えた。

中に入れるのか半信半疑で受付で尋ねる。中年の女性が、愛想よく、しかしおつりの小銭はないと言いながら「中国国防教育紀念館」と書かれたチケットを売る。チケットと一緒にくれた記念葉書に刷られた短い説明によると、敷地

面積は 2万 2500m²、1本の柱の大きさが、直径 2m、高さ 4.3m、花崗岩製で一部が青銅製、といったことが書いてある。

今ひとつよくわからないまま、とにかく中に入って、1本の柱のようなものに近づいてみる。四角柱の 4側面のおのおのに、10体以上はありそうな人間が組み込まれている。そこで青銅の像となった人々は、空に向かってさまざまなメッセージを伝える。彼ら彼女らの一部は、日中戦争時の有名な暴行写真やプロパガンダ写真などがモチーフとなっている。見覚えのある苦しみの形相の写真が、そっくりそのまま銅像のコラージュとなって復元されているのに気づいて、再びぎょっとした。

過去を水に流そうとする日本とは対極の、断固としたこだわりの姿勢がある。アウシュビッツ国立博物館のような、真実の解明やありのままの保存に対するこだわりとは異なる。強いて言えば、国防教育のために、日本軍による過去の侵略を永遠に風化させないぞ、という中国政府の強烈な執念か。相当にお金のかかった造園と察せられた。

柱のモニュメント群は 4つに分類されており、プレートには日本語も併記されている。1群：日本軍の侵略と虐殺。2群：奮起して国を救おう。3群：抗日戦争の烽火（ほうか）。4群：正義は必勝。

たとえば、2群の「奮起して国を救おう」の柱は、以下の 7本からなる。「怒号する中華民族」「大衆が心をひとつにして」「慈善公演に寄付」「恩に報いる人民」「夫を戦場に送る」「生産に励んで前線を支援」「はがねのような大きな流れ」。日本の戦時中と同じような標語が続く。戦争は、誰がどこでしても同じように、庶民の参加を鼓舞する。

そびえたつ何本もの巨大なモニュメントとなって、未来永劫に造形物となった中国の人びとを、全人類の象徴と捉えれば、ここは戦争の展開を物語る普遍の野外空間となる。日本と中国の関係性ではなく、人間と戦争の関係性と捉えて、武力に頼ることを踏みとどまるための庭園とならないものかと思うが、雰囲気はほど遠い。

私は 1時間近くかけて、各々のコーナーのストーリー展開を書き写した。広大な敷地内で出会ったのは、地べたに座って杖に寄りかかったままの老人ひとりだけだった。私が立ち去るのを待っていたのだろうか。

1年半後、ここも劇的な変化を遂げていた。庭園の中は変わっていないが、外側のストーンドラムの用途が判明した。無数に無造作に置かれていたストーンドラムは、盧溝橋に続く城壁の下にずらっと一列に並んで配置されていた。閑散としていた1年半前、既にこのあたり一帯のリニューアル計画が着実に進んでいたのである。歴史を重視する国の横顔を、垣間見せてもらった気がした。

天安門広場・人民英雄紀念碑

大きな人だかりができる毎夕のイベント

　天安門広場は、面積40万m²。世界で最も広い広場の1つである。北京市中央に位置し、なんと50万人を収容できるという。明清時代には皇室行事用の広場だったが、1911年の辛亥革命後は一般利用されており、五・四運動、第一次天安門事件、第二次天安門事件など、中国の歴史的出来事の舞台となった。

　特に1989年の天安門事件では、広場に集まっていた市民に人民解放軍が発砲して大惨事となった。戦跡と呼ぶには時間が浅いが、市民と政府の衝突から軍が出動し、その結果として多数の死傷者が出た現場である。その模様は国外には報道されたが、出来事の詳細については、いまだに中国国内にはあまり伝わっていない。

　天安門広場は、テレビで見る感じより、はるかに広い。日本の感覚では、これほど広いと広場とは呼ばないだろう。正面に建国の父・毛沢東の肖像が掲げられており、その向こう側一帯は故宮である。広場のまわりは、政府関係の主要な建物が建ち並ぶ。広場のそここに、凧揚げに興じる人たちや、観光記念の写真を撮る人たちが大勢いて、楽しそうな光景と和やかな空気が意外だった。多くは中国の人と見受けられた。

　夕方、日が斜めになってくると、2月はさすがに寒い。防寒着でフル装備していたが、風が強いと肌を射し、寒さで顔が痛くてじっと立っていられない。

　広場の毛沢東の写真と逆側の一角に、「人民英雄紀念碑」がそびえ立ち、三々五々、人が集まってきては見上げている。新中国設立のために犠牲となった人々を追悼するために、1958年に建てられている。いわば、国家慰霊碑で

ある。高さは約 40m。表側には、『人民英雄永垂不朽』（人民の英雄は永久に不滅）という金文字の碑文が、毛沢東の自筆文字で彫られている。裏には周恩来の書いた題詞がある。

夕方5時過ぎあたりから、天安門広場に掲揚されている国旗を降ろす儀式を見ようと、見物人たちが何重にもなって待っていた。定刻になると、一見してエリートクラスの兵士とわかる、ひときわ背の高い一団が整列して広場を横切って入ってきた。閲兵式のような形式美を見せつつ国旗を降ろし、立ち去っていった。イギリスの近衛兵のような雰囲気だった。観客たちは嬉しそうだった。その場で見る限り、今日の中国庶民は、この兵士の一団に親しみとあこがれのまじったようなまなざしを送っていた。

天安門事件による流血の惨事は、ほんの 16 年前のことである。国民が揃いの人民服を着て厳しい管理社会にあった時代と、今はずいぶん違うことがわかる。人間味を感じさせる庶民と中国兵士たちで、ほっとした。

中国人民革命軍事博物館

歴代の軍事力称揚の場としては、北京市内の「中国人民革命軍事博物館」が中国最大の施設である。広大な敷地内に、古代中国からの兵法や、多くの戦車や戦闘機を展示している軍事史博物館である。「抗日」という特定の相手を前面に出すことなく、古来の軍事力を歴史的に辿る空間構成になっている。

館内は比較的明るく、家族連れが行きかう。小さな子供たちは、喜んで兵器の前でポーズを撮り、親子ともども記念写真に納まる。屋外展示された銅像の老いた母が、脇に妻子が寄りそう立派な兵士となった息子を笑顔で見上げている。その笑顔が、天安門で幾重にもなって、背伸びしてエリートの衛兵たちを見送っていた人々の顔とだぶる。

ハルピン

　ハルピン市の総面積は5万3663.65 km²、人口は920万人に達する大都市である。その郊外に「侵華日軍第七三一部隊遺址」がある。七三一部隊の生体実験や生物化学兵器開発は、中国では南京大虐殺と同じように、日本軍の非人道性を訴える具体例として語りつづけられる。

　抗日記念の日が近づくたびに、この部隊のことがテレビなどでも伝えられる。12月中旬の夜、上海でたまたまつけたテレビで、七三一部隊のドキュメンタリー番組をやっていて、驚いたことがある。体験者や関係者が出てきて、証言が続く。こういった番組によって、南京、ハルピン、平頂山での出来事（1932年9月、撫順炭鉱が抗日義勇軍に襲撃された。日本軍は平頂山の村人が義勇軍に通じていたとして、住民全員を殺害し、遺体を焼いた）や、牡丹江での八女投江（1938年10月、東北の抗日ゲリラの女性8名が、弾が尽きるまで戦い、捕虜になることを拒否して全員が牡丹江に身を投げた）の逸話などが、記念日になると繰り返し取り上げられる。紀念館や教科書の中だけでなく、事あるごとにテレビや新聞を通じて、展示館の中での語りが、史実として、中国全土に伝えられていく。

　日本とハルピンの関係は深い。ハルピンに日本人が増えたのは日露戦争が始まった1904年頃で、1909年にはハルピン駅で、伊藤博文が暗殺されている。柳条湖事件（九・一八事変）の翌年の1932年には、日本軍がハルピンを武装占拠し、1945年まで事実上日本の支配下に置いた。

　ハルピン駅前には、1901年に建設され、1937年から1946年まで日本の満州鉄道鉄道公社が経営していた、旧大和ホテル（龍門大廈）がある。外見はよくあるホテルだが、中に入ると、シンメトリーのデザイン空間に、柔らかな光が降りてきて、実に美しい。シャンデリアのせいである。高い天井、ダークブラウンと白を貴重とした配色、大理石の階段、広い廊下。明らかに、これまでの中国ホテルとは異なる。日本の進軍以前から、中国東北部はロシアと深く交流していたことが、とても良く実感できる。

中国

ハルピンに残る七三一部隊が使用していた建物。

細菌媒介用の黄鼠飼育棟。

侵華日軍第七三一部隊遺址

　「侵華日軍第七三一部隊遺址」は、ハルピン市街区から南へ約20km離れた平房区にある。道が悪いので、車で1時間弱かかった。この時は、当時の本部棟と、野外の戦跡数ヵ所が公開されていた。

　日本陸軍本部の直属部隊であった満州七三一部隊（通称石井部隊）は、1936年から1945年まで、殺菌兵器の研究開発を行なった。平房区には1938年に移転し、本格的な細菌兵器開発基地となったと記されている。それらの建物のうち、旧本部棟の1階と2階で、13パーツからなるパネル展示が行なわれている。入口で購入したチケットの裏に全体見取り図があり、広大な敷地を使っていたことがわかる。数々の医療器具や、陶磁器製の細菌爆弾などが展示されている。

　外には、ボイラー室跡、吉村班が担当した凍傷実験室、細菌を媒介させるための黄鼠（日本語ではハタリスと説明されている）の飼育室、地下の小動物飼育室（入口のみ）、特設監獄の跡などが見学用に保存されている。

　黄鼠の飼育室は、2000年に復元したもので、大きな木造平屋の小屋だった。中を覗くと、床に96個の深い四角い穴が掘られていた。その穴の中で、黄鼠を飼っていたという。寒くて乾燥しているはずなのに、かびたような匂いがかすかにする。まだ、菌がここに残っているような気がして、無意識に吸う息を減らしていたようで、苦しくなった。

　屋内展示の中には、将来医学博士になれると言われて、全国の職安を通じて入隊してきた少年兵の証言や、責任者だった石井四郎の家族写真や業績などもあった。細菌兵器が実際に使われた村の様子を、蠟人形などを使って再現した展示コーナーもある。中に詰めた細菌が爆発時の熱で死滅しないように、陶器で作った細菌爆弾も展示されていた。パネルによれば、日本軍による細菌兵器の使用は4回あったとされ、それぞれの被害状況が書かれていた。

　人体実験のために地元の人約3000人が殺されていったと言われている。生きたまま解剖された人、凍傷実験や気圧実験、毒ガス実験や細菌兵器の効力を確かめるための野外人体実験など、数々の人体実験の様子が展示されている。

凍傷実験に使われた温度計の木製の箱には、日本語だろうか、「感凍計」と墨汁で書かれている。屋外には凍傷実験室があり、担当していたのは吉村寿人率いる吉村班だった、との記述がある。

施設は、証拠隠滅のため、敗走時に爆破された。それぞれの戦跡を、今、中国側が調査・復元しつつある。2005年5月に出版された資料集は、中国語と日本語で書かれていて読みやすい。数多くの写真や公文書が掲載され、さらには、人体の輸送に関わった中国人や、実験に関わった日本兵の証言などもあり、体系的な掘りおこしが行なわれているようだった。

消えた満州からの伝言

戦後生まれの日本人にとって、ハルピンは、あまり馴染みのない地名である。満州生まれ、中国残留孤児、といった言葉も、時折耳にする程度である。しかし、ほんの70年前、120万とも150万とも言われる日本人が、現在の中国東北部一帯に移住し、生活を営んでいた。今も現地では、日本軍が放置した化学兵器や爆弾による被害が散発しており、残留孤児や残留邦人、地元の戦災への戦後補償など、問題は続いている。

1932年、日本は中国東北部一帯に、溥儀を皇帝として傀儡国家を建設した。この国策は、地元中国の人々の生活を翻弄する。同時に、国策によって、日本から移住していった日本人移植者たちの人生もまた、結果から見れば実に悲惨なものとなった。夢と大志をもって祖国を離れ、敗戦によって引き揚げざるをえなくなった満蒙開拓団の人たちを、日本はどのくらい見つめてこられたのだろうか。

満州事変以降、軍事や鉄道関係者のほかに、国策の奨励によって開拓団として海を渡った多くの若者は、長男以外の農村の息子たちだった。聞き取り調査で一番意外で気になるのは、まさに移住が奨励されたものだったということである。さらに、その人たちの花嫁になるために、集団移住した農村の娘たちもいた。見も知らぬ遠い土地へ、会ったこともない夫の元へ、お国のために嫁いだ人たちだ。やがて開拓団家族に子供が生まれ、成長するのと反比例するかのように、戦況が悪化し、男性は根こそぎ軍に招集されていく。

先鋭部隊と言われた関東軍のあらかたは、既にアジア戦線に移動して次々と

玉砕していった。残された女子供の日本への引き揚げは、奥地ほど遅れ、かつて土地を奪われた中国の人びとやロシア軍に襲われ、犠牲が大きかった。足手まといになるのを避けるために、後で行くからと居残って、餓死したり殺されたりした老人たち。年老いた父や母と、今生の別れとなることが、お互いにわかっていた。

　集団で引き揚げる途中でロシア兵に追いつかれ、同郷の人びとを守るためにと村のまとめ役たちから言われてロシア軍に身を預けざるをえず、解放されたものの戻る場所がなくなった女性たち。命からがら引き揚げる途中で、人間の醜さが噴出する。襲われて惨殺された女子供。捕虜になって、飢えと寒さに死の苦しみを味わった日本軍兵士。食べるものがなく、収容所で少しずつ餓死していく幼子を、抱くしかなかった母親。遺体を埋めようにも、土が凍っていて埋めることもできず、亡骸すらも野犬に食われて守れなかったと己を生涯責め続ける母親。

　置き去りになった子供や女性たちは、さまざまな人生を歩む。言葉のわかるロバとして、石臼を四つんばいになって引き続けた子供。祝い金を持参できず結婚できない中国貧農の息子のために、労働力兼性交相手として引き取られた子供。自分の幼子を養うために中国男性と結婚し、家事の合間に立ったままモンペの中に出産し、また働き、また妊娠を繰り返した女性。これでもか、これでもかというほど、哀しい体験が出てくる。もちろん、親切な養父に恵まれた人もいるのだが、既に頼る身内のいない幼児や子供たちに、これまで大人がやった仕打ちに対する憎しみが倍増されてのしかかったのだ。

　日本軍が中国の人たちにしたことの酷さは想像を絶する。乳児を連れていて抵抗できない中国人の若い母親たちを、靴だけ履かせてあとは全裸で軍に同行させた、という日本軍の性奴隷の話は、中国でも日本でも証言談として時折耳にする。そうしたことに比べれば、日本人引き揚げ者の体験は取るに足らないという風に受け止められやすい。

　戦争の末端・最先端で起きたことは、いずれも比べようもなく人間を傷つけている。それは、日本人、中国人、という国籍よりも、戦争に巻き込まれた人間がそれぞれの立場で人間性を傷つけられてしまう、ということのようにも思う。戦争が人間にどのような思いを刻み込んだのかは、語られなければ想像す

らできない。それだけに、負け戦での出来事は墓場に自分が持っていく、戦争体験は水に流して語らないことが美徳という日本の戦後処理の姿勢は、戦禍を繰り返してはいけない、という思いからはかけ離れているように思う。

　戦争初期に自国の誰かが他国の人びとに対してやった行為は、戦争末期にすべて自国の別の誰かに跳ね返ってくる。科学兵器がこれだけ大規模になれば、その誰かに自分の子供や孫が含まれることを避けられる人はいなくなる。これは、日本の戦争に限らない、戦争の普遍的かつ根本的な本質のようにも思う。

　今、中国東北部で満州国の面影を残すと言われているのは、満州国の都として日本が開拓した長春（当時の新京）の建物などである。大変立派な建物だけがたくさん残り、無数の女子供の涙や絶叫は既に跡形もない。それでも、私はその姿を探し、その思いを受けとめたいと思う。

香港

　中国における戦跡調査の最終目的地は香港だった。身につまされるような南京。歴史教育のパワーについて考えさせられた北京。中国がロシアと地続きであることを実感したハルピン。他にも、台湾や蘇州、上海、長春、大連と、あしかけ2年半に駆け抜けて、ようやく辿り着いた香港だった。

　香港は、予想をはるかに上回る国際都市だった。空港から都市部へ向かう構造と運用の合理性は、世界でもトップクラスだった。香港の街のど真ん中、日本で言えば銀座の中央通りにあたるところに、2ヵ月前にあった反日デモを呼びかける真っ赤な横断幕がまだかかっていた。それでも、歴史観や抗日の感触は中国本土と異なることにある種の安堵感を持ちながら、帰路の飛行機が到着するのを国際空港で待っていた。

　待ち時間がある時にいつもそうするように、空港内のブックストアに立ち寄ってみた。入口近くに、日本関係書籍が集めておいてあった。香港なので、英語の本が主流だったが、小さな本屋なのに日本文化論や、観光ガイドなど十数冊もあった。その中に、似たようなオレンジと赤を混ぜたような色の、表紙が目につく2冊があった。

　1冊は、表紙の真ん中に金色の型押しの大きな菊の御紋がデザインされている。『大和王朝──知られざる日本の天皇一家の歴史』というタイトルで、スターリング・シーグレイブとペギー・シーグレイブの共著だった。明治天皇以降の歴代天皇と皇室の歩みが描かれている。605頁と、ハンディーだが厚みのあるペーパーバックで、128ドルする。

　もう1冊は、表紙に日の丸の旗とひとりの日本兵が映っている。表紙の幅いっぱいの大きな英語でかかれた「RAPE」（レイプ）の文字にぎょっとした。アイリス・チャンの著名な書籍『南京略奪…第2次世界大戦における忘れられたホロコースト』で、290頁と薄めだが130ドル。天皇一家の先ほどの書籍よりも高い。ちょうど飛行機で読みきれそうな大きさだった。

手にとって本を開いた途端、うわっという感じだった。南京陥落時の日本の悪行として中国で語られていることが一通り、本の中ほどのグラビア24頁に収められている。兵士たちの首切りの様子。一列に並べられた、たくさんの頭部。揚子江に浮かぶ無数の遺体と日本兵。百人斬り自慢の報道。地元の若い女性の上着をたくし上げさせて、日本兵が手でその女性のズボンを膝までズリ下げ露出させ、一緒に撮った強姦後の記念写真。竹製の椅子に座らされ、広げた足の左右のふくらはぎを左右の肘掛けにそれぞれ縛られた全裸の少女を、真っ正面から撮った写真。さらにその下には、膣に小枝か何かの棒を突き刺されたまま地べたに転がる女性の遺体。これらのうちの2点は、日本軍の強姦の酷さを伝える時に最もよく使われる写真で、日本軍の俘虜の持ち物だったと言われている。竹の椅子のものは、撮影している日本兵の影が一緒に映りこんでいる構図のものも見たことがある。

　その他、南京陥落時に国際安全特別区を守った欧州赤十字の人びとや、大火傷を負ったり、暴行で顔のふくれ上がった中国の人びとの写真。戦後に掘りおこされた骨の山と中国共産党幹部の記念写真…。忘れることは、もう一度強姦することになってしまうから、けっして忘れてはいけないのだ、との著者の強烈なメッセージで締めくくられている最終章。被害者の苦しみの深さを思えば、このメッセージはまさに正論だが、証拠写真の出自には不明点も多い。

　香港歴史博物館は、抗日の記述が比較的おだやかだった。香港をめぐって日本軍と英国軍が戦った、という事情もあるだろう。同じ中国でも、場所によって抗日意識に温度差があるのだと感じ、少しほっとしていた。それだけに、日本との戦争の記憶を固定化するための抗日記念館などではなく、世界に開かれた公の国際空港で、特に探した訳でもなく目についた書籍によって、再び南京の侵華日軍南京大屠殺遇難同胞紀念館で聞いた、あの阿鼻叫喚を聞かされて、血の気が引いた。我々は決して忘れないぞ、という中国の強烈な意志をまた見せつけられたようだった。

　日本語の書籍の中には、これら南京の虐殺に関する写真を検証して、本物であるとの確証が得られるものはひとつもない、と結論づけるものなども市販されている。しかし、チャンの英語版は、ペンギンブックスから出版されている。同社は、英国、米国、オーストラリア、カナダ、インド、ニュージーランド、

南アフリカにグループの本社があり、世界に広く販売経路を持っている。日本語は読めなくても、英語は読める人は圧倒的に多い。

　本当のところはどうだったのだろう。何が政治的プロパガンダであり、どれが庶民の本当の声なのだろう。全く食い違う史実の解釈に対して、我々には我々の歴史がある、と双方が言い合っている現実の溝は大きい。日本の戦争体験者の多くは、戦地での自らの体験を語ってこなかっただけに、不明確な部分が大きい。当事者が沈黙したつけは、戦争を知らない日本の若い世代に、何倍にもなって跳ね返ってきている。双方の認識の溝は、日本国内にいるだけでは理解できそうにないほどに深く、この溝を放置しておくのは良くない、ということだけに確信を持てた一連の旅だった。

中国の概要

正式国名　中華人民共和国
英語名　People's Republic of China
面積　約960万km²。日本の約26倍（台湾を除く）。
人口　13億1583万人。日本の約12倍（台湾を除く）。
首都　北京
政体　人民民主共和制（憲法人は人民民主主義独裁の社会主義国家）
民族構成　全人口92%は漢族。他は60近い少数民族から構成される。
宗教　宗教活動は制限されている。イスラム教徒1%、少数の仏教徒、キリスト教など。
言語　公用語は漢語。他に民族ごとの言語も多数ある。
通貨　通貨単位は人民元。補助通貨単位は角と分。1元＝10角＝100分＝約16円（2004年1月現在）。
気候　国土が広いので、寒帯から熱帯まである。
日本からのフライト時間　成田から北京まで約4時間。
時差　日本との時差は、－1時間。エリアによる時差やサマータイムはない。
出入国　15日間以内であればビザは不要。それ以上の観光の場合は、一次観光ビザ。

中国の祝祭日

1月1日　元旦
2月上旬　春節（旧暦の1月1日）
3月8日　三八国際婦女節
5月1日　五一国際労働節
5月4日　五四中国青年節
6月1日　六一国際児童節（小学生の休日）
8月1日　八一中国人民解放軍建軍節（軍人の休日）
10月1日　国慶節

中国の近・現代略史

1871年　日清修好条規締結。
1894年　朝鮮で甲午農民戦争が起こる／日清戦争勃発。
1895年　下関条約／ドイツ・フランス・ロシアによる三国干渉。
1900年　義和団の乱が起こる。
1911年　辛亥革命により清朝崩壊。
1912年　中華民国の成立。
1915年　中国に対し対華21ヵ条の要求。
1921年　中国共産党の創立。
1927年　田中内閣、対中国政策決定のため東方会議を開く。蒋介石が南京政府を樹立。
1928年　日本軍、軍閥の張作霖を列車ごと爆破。
1931年　日本軍、柳条湖にて南満州鉄道爆破（満州事変）。
1932年　「満州国」建国宣言。溥儀、満州国執政に就任。
1933年　日本、国際連盟脱退を通告。
1937年7月　盧溝橋にて日中両軍が衝突（日中戦争始まる）。
1937年8月　第二次上海事変が起こる。
1937年9月　抗日民族統一戦線ができる。
1937年12月　日本軍、南京占領。
1941年　日本軍、マレーに上陸、ハワイ真珠湾を攻撃。太平洋戦争開始。
1945年　ポツダム宣言受諾、日本敗戦。第二次世界大戦終結。
1949年　中華人民共和国（主席：毛沢東）の成立。
1950年　中ソ友好同盟相互援助条約、締結／朝鮮争勃発。
1957年　岸信介内閣の成立。「中共非難」「長崎国旗事件」などの問題発生。
1960年　池田勇人内閣の成立。日中間の貿易などの増加。
1964年　佐藤栄作内閣の成立。対中国強硬路線。
1972年　ニクソン米大統領、日本との事前協議なしに中国を訪問、共同声明発表。同年、田中角栄首相、外相とともに中国を訪問。共同声明を発表し、日中国交が正常化する。
1976年　第一次天安門事件。周恩来の追悼集会に端を発し、北京市当局と市民が衝突。
1978年　日中平和友好条約の締結。
1979年　中国と米国の国交正常化。
1982年　新憲法制定。
1989年　第二次天安門事件。
1992年　中国と韓国の国交樹立。
1997年　香港のイギリスから中国への復帰。
2005年　反日デモ（日本の国際連合常任理事国入り問題、日本の歴史教科書問題、首相の靖国神社参拝問題などに対する抗議行動が各地で起きる）。

韓国

韓国の戦争

　20世紀の韓国（大韓民国）の戦争体験は、1910年の日韓併合以降の日本による統治期と、1948年以降の南北2ヵ国分断状態に分けられる。

　19世紀後半以降、日本は、日清戦争と日露戦争によって、朝鮮半島の支配権を得た。半島の人びとは理不尽な日本支配に対して根強い抗日運動を展開した。今日、韓国の人びとに残る抗日の戦いの記憶は、1895年の閔妃殺害事件前後からの日本の武力支配への抵抗、1919年の3.1独立運動以降の文化支配への抵抗、1944年の徴兵制以降の極端な軍事支配への抵抗として区分されているようだ。

　閔妃事件は、朝鮮王朝の明成皇后（閔妃）を、反日的であるとして、日本公使らが宮殿内に武力突入して殺害したもので、韓国の人びとにとって屈辱的な大事件である。3.1独立運動は、日本からの独立宣言文を死刑覚悟で33人の韓国人が読み上げ、それが各地に伝わり、非暴力抵抗運動が全土に広がった出来事である。参加者は全土で200万人以上、関係者7500人以上が殺害されたと記録されている。そして、太平洋戦争末期には、朝鮮半島からも多数の朝鮮人が軍人、軍属、慰安婦として駆り出され、今も戦後問題として残っている。

　1950年からの朝鮮戦争では、当初、北朝鮮（朝鮮民主主義人民共和国）軍の奇襲により、一時、ソウルが占領された。韓国軍は米軍および国連軍の支援により反撃、北朝鮮軍にはソ連が全面的に支援し、さらに中国も義勇軍の名目で参戦した。こうして、約3年間、同じ民族どうしの争いで朝鮮半島におびただしい血が流れた。この朝鮮戦争（韓国では韓国戦争、北朝鮮では祖国解放戦争と呼ばれる）による死者は兵士と一般市民あわせて400万人。北緯38度戦で同じ民族が2つの国家に分断されるという悲劇がその後も長く続くことになる。

　一方、米軍の後方基地だった日本はこの時の戦争特需によって、敗戦の経済的打撃から脱出することができた。また、今日の米国と韓国との軍事協力関係の基礎が形成され、ベトナム戦争やイラク戦争に、韓国は米軍支援部隊を派遣している。日本に併合された20世紀前半、韓国では、それまで使っていた言語も、文化も、仕事も、名前すらも変えねばならなかった。この「日帝」下の屈辱の記録は、教育の中で細かく伝えられており、風化させないという強い意志を感じる。

朝鮮民主主義人民共和国

N

板門店
臨津江
統一展望台
春川
江華島
ソウル特別市
江陵
仁川国際空港
広州　ナヌムの家
天安　独立紀念館
大韓民国
大田広域市
慶州
大邱広域市
光州広域市
釜山広域市
巨済島

ソウル

　真冬のソウルは、路面が凍るほど寒い。慣れているのか、地元の人たちはずんずん歩いているが、耳の中も足の先も冷たさを通り越して痛い。
　真っ白な息を弾ませ、おしゃれな若者たちが週末の繁華街に繰り出している。仕事帰りの男女が集うトップフロアのラウンジは、夜中まで空席待ちが続く。
　大都会ソウル。1394年に李氏朝鮮を建てた李成桂が遷都して以来600年以上にわたり、この都市は、漢陽、漢城、京城、ソウルと名前を変えつつ、朝鮮半島最大の都市として威容を誇ってきた。現在の人口は1000万人強。面積は約6000 km²。周辺の市をあわせた首都圏に、韓国の人口の4分の1が集中している。市内は大きなハングル語の看板が林立し、読めないと何の店か想像しにくい。市内は地下鉄網が充実しており、タクシーも電車も使いやすかった。物価もホテル代も東京並みに高く、活気にあふれている。その街の中に今も、日本による統治と抗日運動にまつわる痛みの記憶の場が、いくつもある。
　ここ数年、日本国内では韓国がもてはやされている。2002年のワールドカップでは、日本と韓国両国が開催地となり、サポーター間で親近感の湧くような出来事があった。北朝鮮に拉致された親同士、日本と韓国の家族が慰めあい、支えあおうとする場面もある。
　しかし外交上では、小泉首相の靖国神社参拝問題、竹島の領有権問題、教科書における歴史認識の問題などで、ぎくしゃくとした衝突の溝が深まりつつある。韓国から示される抗議の意思表示の理由が理解できないまま、それを過剰反応や内政干渉と受け止める日本人も多い。
　九州と釜山は今、高速艇ビートルで1時間の距離だ。最も近い国なのに、最も遠い国とも言われる。なぜ、こんなに知らないのか。なぜ、こんなにも現代史の語られ方に違いが出るのだろう。日本にいると、今ひとつ実感の湧かない韓国の反応の由来を、自分なりに見つけたい。そう思って、真冬の韓国を2年続けて訪ねてみた。

訪問は、仕事の都合で2回とも滞在日数があまりとれなかった。そこで、韓国の学友たちにも、行くべき場を推薦してもらった。訪問先は市内数ヵ所と、性奴隷問題の被害を訴えるハルモニたちが暮らす「ナムヌの家」、「日本軍'慰安婦'歴史館」、韓国最大の「独立記念館」、38度線を臨む「統一展望台」など、ソウル市近郊の数ヵ所となった。

　韓国で戦争の跡を辿る旅は、20世紀を見渡す旅となった。向こう側から見える風景が、こちらから見えるものと全く違うことに気づき、その距離の大きさに慄然とする。

- 訪問時期　　2004年3月上旬、および2005年1月上旬。
- ソウルへのアクセス　　飛行機は、日韓線の直行便の増便が続いている。成田から週150便以上、関西から週100便近く出ており、名古屋や福岡からの便数も多い。他の地方都市の多くからも直行便が出ている。成田—ソウル間で、2時間半。仁川国際空港から市内へは、専用の高速道路で1時間から2時間前後。ソウル市街は、時間帯によって道路が大渋滞する。早朝便の帰国には、主要ホテルを回るリムジンバスが使いやすかった。

ソウル市内

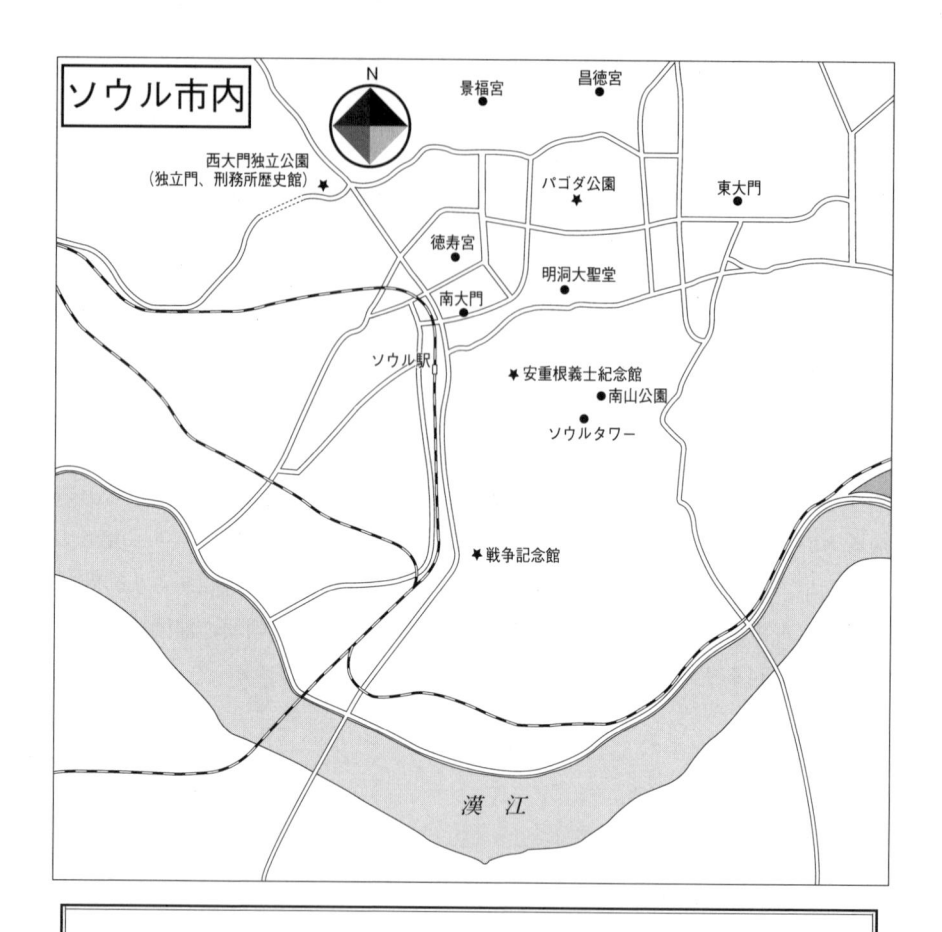

地図中の地名:
- 景福宮
- 昌徳宮
- 西大門独立公園（独立門、刑務所歴史館）
- パゴダ公園
- 東大門
- 徳寿宮
- 明洞大聖堂
- 南大門
- ソウル駅
- 安重根義士紀念館
- 南山公園
- ソウルタワー
- 戦争記念館
- 漢江

韓国の戦跡

安重根義士紀念館
住所　ソウル特別市中区南大門路
開館時間　9：00～18：00（4月から10月）、9：00～17：00（11月から3月）
休館日　月曜日
入館料　700ウォン
連絡先　02-771-4195

パゴダ公園
開館時間　8：00～18：00

休館日　なし
入場料　無料
連絡先　02-742-0534
行き方　地下鉄1号線「鐘閣」駅から徒歩3分

西大門刑務所跡
住所　ソウル市西大門区
開館時間　9：30～18：00（3月から10月）、9：30～17：00（11月から2月）
休館日　祝祭日、毎週月曜日（公休日の場合はその翌日）
入場料　19～64歳1100ウォン、13～18歳500ウォン、7～12歳220ウォン
連絡先　02-363-9750

戦争記念館
住所　ソウル特別市竜山区
開館時間　9：30～18：00（11月から2月は15：00まで）
休館日　月曜日
入場料　3000ウォン（子供2000ウォン）
連絡先　02-709-3114
行き方　地下鉄6号線628「三角地」駅12番出口徒歩3分

独立記念館
住所　忠清南道天安市木川邑南化里230
開館時間　9：30～17：00（11月から2月は16時）
入場料　2000ウォン
休館日　月曜日
連絡先　041-560-0114

ナムヌの家・日本軍「慰安婦」歴史館
住所　京畿道広州郡退村面元堂里65
連絡先　031-768-0064

統一展望台
住所　京畿道坡州市炭県面城東里659番地
開館時間　9：00～18：00（3月から10月）、9：00～17：00（11月から2月）
入場料　2000ウォン
連絡先　031-945-3171/3173/2390

88　　　　　　　　　　　　　　　韓国

安重根義士紀念館の正面入口。安重根はハルピン駅で伊藤博文を射殺し、処刑された。（別府三奈子撮影）

パゴダ公園にあるレリーフの１枚。独立運動を武力で鎮圧する日本憲兵の姿が描かれている。

3.1 独立宣言が行なわれたパコダ公園の入口。ソウル市の中心街にある。

ソウル市内にある西大門刑務所跡の外壁。

ソウル郊外にあるナムヌの家。隣に性奴隷に関する歴史資料館を併設している。

ナムヌの家にて。スタッフが年老いたハルモニの歩みを支える。

韓国

朝鮮戦争時に韓国軍に従軍して亡くなった世界各国の記者を慰霊する追悼碑。板門店から 20 km ほど南下した所にある。

広大な戦争記念館の屋外にある兄弟像。

安重根義士紀念館

日韓の意識ギャップを象徴する空間

　ついこの間まで、千円札の顔だった伊藤博文。日本の近現代史では、明治維新を推進し、憲法制定や議院内閣制の導入に尽力して初代内閣総理大臣をつとめ、今日に至る日本の政治基盤を作った重要人物と記述される。その伊藤博文を韓国侵略の張本人として1909年にハルピンで狙撃したのが、韓国の青年安重根である。私は安重根という名前をはっきり覚えていなかったので、この義士紀念館の持つ意味の重要さが最初はわからなかった。

　なぜ、韓国青年が、わざわざハルピンにまで行って、伊藤博文を射殺したのか。その人がなぜ、義士として称えられているのか…。実は、現在の日韓関係の1つの根が、19世紀後半から暗殺事件前後までに作られたのである。そして、「征韓論」（韓国を征服すべきという論）は、当事者である日本と韓国にとって、その評価が180度異なるという、もっとも基本的なことを私は忘れていた。

　「ソウル」は韓国語で「みやこ」を意味する。日本統治下では、京城と呼ばれ、朝鮮総督府をはじめ数々の関連施設があった。街の南側を占める南山公園のソウルタワーは観光名所だが、その一帯はかつての日本人街でもあり、「日帝」に関する数多くの足跡が残されている。安重根義士紀念館は、その南山公園のソウル駅側に近い山の中腹にあり、南山公園植物園の駐車場に面している。植物園は、日本からの観光ツアーの定番スポットの1つともなっている。

スーパーグラフィックまである最新式の展示館

　紀念館訪問は2005年正月の午後だった。冷え込んでおり、急な坂道を登る顔の表面が寒風に当たって痛かった。広い駐車場の向こう側に、大型の観光バスが数台と停まっていた。植物園へ向かう観光客と思われる東洋人が、ぞろぞろと歩いている。遠目には、日本人、韓国人、中国人の見分けがつかない。駐車場のこちら側に、大きな安重根義士の像が立っている。

　紀念館は閑散としていた。建物は宮殿のようなデザインで、壁が真っ白だ。1970年に建てられ、2002年に全面改装されたという。温度調整もされており

韓国人と見受けられる10数人がゆっくり見学していた。

　館内は、仕切りのない広いワンフロアで、重厚なショウケースが並び、遺品が展示されている。壁には大きな当時のモノクロ写真のコラージュや、引き伸ばした手型なども展示されている。1つのコーナーでは映像上映をしており、館内に小さめに音声が流れていく。日本語版もあるようだった。

　スーパーグラフィックのコーナーでは、伊藤博文を射殺するシーンが再現される。写真を読み込んで処理したコンピュータ・グラフィックスを3D表現したような立体映像展示だった。手の平に乗るくらいのサイズの人びとが立体空間に浮かび上がる。韓国のいくつかの記念館でも見受けられた展示方法で、よくできている。

　なぜ、「伊藤博文は射殺されるに足る罪がある」と安重根は言ったのか。その根拠について、安重根は15点を挙げていたと展示されていた。主だったところは以下のようだった。

・韓国の王妃殺害を指揮した罪
・韓国の皇帝を廃位させた罪
・第二次日韓協約締結の罪
・第三次日韓協約締結の罪
・義士たち殺害の罪
・韓国の政治や権利を奪った罪
・韓国軍を解体した罪
・韓国の教科書を焼いた罪
・世界に韓国について嘘の状況を伝えた罪
・東洋平和を壊した罪
・韓国人の新聞購読を禁止した罪

　結果から見れば、安重根の行動によって、日韓併合という強硬策に日本政府が出たので、無謀な暗殺だったと指摘する人もいる。しかし、大方の見方は、反日義兵闘争の英雄、ということになろう。韓国の現代史には、抗日に活躍した義士が何人も登場する。

韓国における伊藤博文暗殺の意味

　安重根の足跡を韓国史の中で簡単に辿ってみる。
　1894年の日清戦争に負けた清は、朝鮮の独立を認める。反日・親清だった朝鮮王朝の明成皇后（閔妃）は、反日・親清から親露の姿勢に転じた。ロシアは朝鮮半島における日本を牽制するため、ドイツ・フランスと共に遼東半島の清への返還などを日本に要求した（三国干渉）。日本はこれを受け入れ、賠償金の追加と引きかえに遼東半島を返還した。日本国内では、朝鮮に対する強硬論が強まり、明成皇后は日本公使の指示により、1895年10月、景福宮内で惨殺された。
　その模様は有名な絵画となって、韓国の人びとの記憶に焼きついている。その絵の複写されたものを、独立記念館で見た。実際には暗殺された当時、44歳くらいだった明成皇后だが、絵画の中では、眼差しの強い、華奢で美しい女性に描かれている。チョゴリのような服に、長い髪がかかる。刀を振り回す討ち入り姿の男たちに、肩を斬られながらも素手で凛と立ち向かう姿が印象的である。まわりに血だらけで転がっている女官たちも描かれ、日本人の暴虐ぶりを強く印象づける絵である。
　描かれていることが、どのくらい実際にあったことかは、今の私にはわからない。しかし、韓国の人びとがその絵の出来事を信じ、惨殺された皇后に共感を寄せていることは、その絵の前に立ち止まっている人びとの雰囲気からわかる。強姦・殺害説も耳にした。今は観光名所となっている景福宮の中にも、同じものが展示されているという。
　「宮廷女官　チャングム」は、韓国で爆発的な高視聴率をマークしたドラマで、日本でも人気がある。その舞台となる朝鮮王朝の王宮で、時の皇后が日本人公使の指示によって暗殺されたという出来事を、いったい日本人の何人が知っているのだろうか。
　戦争状態でもないのに、王宮に直接押し入って、裁判などの手続きも経ずに、その国の最高位の正室をいきなり殺し、遺体が焼けていくのを皆で見ていた、という話は、朝鮮半島の人びとの誇りを傷つけ、深い怒りを買うとともに、稀有の蛮行として世界に伝えられたという。その後、伊藤博文は朝鮮王朝の後継者を日本に連れてきて、日本の皇族と政略結婚させている。

明成皇后暗殺事件は日本政府の指示ではなく、出先機関の暴走とも言われているが、この時の内閣総理大臣は伊藤博文である。日本では伊藤博文の偉業が語られ、紙幣にまで刷り込まれる一方、朝鮮王朝の衰退に深く関わっていた事の詳細は、一般的な歴史の知識としては、ほとんど日本に浸透していない。逆に、韓国の人びとにとっては、閔妃暗殺は対日イメージを形成する要素の１つである。ドラマなどのテーマとしても、たびたび扱われるという。
　朝鮮半島の権益をめぐり、1904年に日露戦争が勃発する。戦争に勝った日本は、第二次日韓協約を結んで韓国を保護国化した。1905年には韓国統監府が設置され、伊藤博文が初代統監に就任した。
　朝鮮王朝皇帝の高宗は1907年に、ハーグでの万国平和会議に密使を送って、日本支配の不当性を訴えた。高宗は伊藤によって退位させられ、半島内では抗日闘争が広がり、1909年に初代韓国統監の伊藤博文がハルビン駅で安重根に狙撃される。日本で明治維新を断行し、開国した日本の自立のために朝鮮半島の権益掌握を推進していた伊藤は、ここで亡くなった。安重根はその場で捕らえられ、翌年処刑される。

義士か犯罪者か

　獄中で安重根は、自分の行為は単なる殺人ではなく、国を守る闘い（義兵闘争）だから、殺人者としてではなく、戦闘行為に従事する責任ある兵士として扱うよう訴えつづけた。しかし、圧倒的な力を持つ日本はその主張を認めず、安重根は犯罪者として死刑にされる。
　大きな武力を持ったものが戦えば戦争と呼ばれ、手続きさえ踏めば公然と集団殺戮が行なわれ、戦闘中に個人が個人を殺しても殺人罪を問われない。しかし、国際社会で公認された発言権の強い国家という後ろ盾を持たずに武力を使えば、自由のための戦いであってもテロと呼ばれる。現在のイラクやパレスチナでも同じことが起きている。
　紀念館で語られる安重根像は、民族自尊と自立のために戦った英雄である。2002年にこの紀念館が改装されたということは、韓国の国内政治において安重根の存在を広める必要性が増してきたということを意味するのであろう。
　安重根という人物の足跡を訪ねることによって、１世紀前の日清・日露戦争

と、明成皇后暗殺から伊藤博文暗殺に至る日本と朝鮮半島の関係がようやく、立体的に捉えられるようになった。「征韓論」という日本語の向こう側に生きる人々の思いに触れることのできる空間だった。

パゴダ公園

抗日運動の原点

　パゴダ公園（タプゴル公園）は、ソウル中心部の、さらに中心部に近い鍾路区内にある。周辺は路上に食べ物や衣料品の屋台が並び、昼間から人出も多い。よくある公園の風景のような感じだが、ここが、国の祝日にもなっている3.1独立運動の、発祥の地である。

　園内には、数人のお年よりが、何をするわけでもなく、のんびりと腰掛けている。カップルが、ゆっくりと横切る。

　園内奥に続く歩道沿いには、大人の背丈より高い壁画のようなレリーフが10枚並んでいる。そのモチーフがいずれも、「独立万歳」と唱えてバンザイしている韓国の人たちとその人々を銃剣などで突き倒している日本人なのである。すべて、1919年の3月から4月にかけて韓国各地で繰り広げられた独立・抗日運動の様子を描いている。園内には他にも独立宣言の中心者である孫の銅像や、33人の起草者たちによって作られた独立宣言書の石碑などもある。

3.1運動が変えた武力統治

　公園の由来は、文献などで補足すると、およそ以下のようになる。

　日本は1910年に韓国を併合し、ソウルに朝鮮総督府を置いて、武力による政治を行なった。強硬な日本語や日本文化の強要に対する反発から、抗日・独立運動が朝鮮半島全土に広がった。

　独立運動は、1919年2月8日の東京での留学生たちによる独立宣言が発端となり、同年3月1日には数万人がソウル市内の「パゴダ公園」に集った。数万人が収容できるような大きな公園ではないので、周辺一帯ということになろうか。

そこで、独立宣言が読み上げられ、日本政府に対する主権回復要求がなされた。日本の憲兵は、全土に広がったこの無抵抗・非暴力運動を武力で鎮圧した。その時の様子が、パゴダ公園の10枚の大きなレリーフとなっているのである。
　石版の色のレリーフで、遠めには公園の一角にある壁のような感じであまり気にならない。ところが、歩みを止めて眺めていると、その絵の描かれている情景の意味がわかってきて、沈黙してしまう。日本の憲兵だろうか、銃剣を朝鮮の少年の口の中に突き刺している。騎馬隊の馬の尾に、朝鮮人女性の髪を括りつけて、引きずり回している。万歳の姿勢で前進してくる人びとに、日本人が銃を乱射し、あるいは、銃剣で刺しまくっている。屍を乗り越えて、武器を持たない庶民が怯むことなく前進していく。息子が刺され、母親も妻も出ていって刺されている。後から後からまるで、殺されることが見えていないかのように、人びとが前進していく構図が続く。いずれも、場所と年月日が記され、そこでの出来事をレリーフにするという意図で作成されている。
　のんびりとした、静かな公園だが、日本人としてこれを見つけ、ひとつひとつ見入って意味を悟ると、どういう顔をして、何と言ったらいいのかわからなくなってしまう。
　今も韓国では、3月1日が三一節という祝日になっており、毎年、この日が抗日運動の原点であったことが確認される。ただし、この公園内で目に付くのはレリーフや銅像などだけで、資料収集館などは見当たらなかった。レリーフの説明文に関しては、『旅行ガイドにないアジアを歩く　韓国』（君島和彦他著、梨の木舎、2003年）に、1枚ごとの説明文があり、大変参考になる。
　この3.1運動の中から、当時16歳の抗日運動のシンボルが生まれた。

西大門刑務所歴史館

「朝鮮のジャンヌダルク」殉国の地

　日本では、自由のための闘士というと、百年戦争時にフランスを勝利に導いたと言われるジャンヌダルクが有名である。韓国の場合は、同じような存在として小学校の国語の教科書に出てくるのが、「柳寛順姉さん」だという。親が

殺され、自らも地下の独房に押し込められ、焼きごてを身体に当てられるなどの激しい拷問を受け続けたが、自分の信念を貫いて、日帝に屈せず、殉国した英雄と位置づけられている。

日本の小学校の校庭によく見られるのが二宮金次郎の銅像ならば、韓国の校庭に建てられるのがこの柳寛順の像だ。韓国にはこういった殉国の有名な義士が他に何人もいる。

その柳寛順が獄死したのが、西大門刑務所である。3.1運動の推進者の1人として最終的には7年の刑を宣告され、受刑中の拷問による衰弱で亡くなった。1920年10月12日のことである。

西大門独立公園は、ソウル中心部の西のはずれに位置する。タクシーで郊外へ出る途中で立ち寄った。中年の地元ハイヤーのドライバーは、場所の名前はよく知っていたが、入口までは知らず、近くで降りて一緒に歩いて入口を探してくれた。ちょうど月曜日で休館日だったが、入口に鍵がかかっていなかったので、中庭に入ってみた。積もった雪が残る、冬の晴れた日だった。

建物はレンガ作りで古い。日本の文献によると、1908年に京城監獄として建設され、約500人を収容できる大規模刑務所だった。1989年に移転し、1992年に刑務所の跡地が独立公園として再整備され、1995年に歴史館が開館した。歴史資料のほか、柳寛順が収容されていたという地下の独房や蠟人形、ここで亡くなった人びとの名前を刻んだ記念碑などがある。韓国の歴史教育のために改装・再整備されたと書く解説書もある。

第二次世界大戦以前は抗日政治犯などが拘留され、その後30余年続いた軍事政権下でも民主主義や自由を求める思想犯が収容されてきたという。

ナムヌの家

生きて訴える人びと

ナムヌの家は1992年に、従軍慰安婦（性奴隷）問題の記録、真相解明、解決、被害者支援などを目的として、寄付金によってソウル市内に開設され、95年に現在地へ移った。敷地内には、1887年に開館した歴史資料館と、従軍さ

せられていたハルモニたちの住まいがある。急な訪問だったが、快く受け入れてくださって恐縮した。ナムヌは、韓国語で「分かち合い」を意味するという。

　性奴隷や戦中の労務者に対する国家補償問題は、今なお続いている。国家間の政治的な補償は既に終わっている、という立場と、何も解決していない、という立場は、平行線を辿る。戦後60年たった節目の年にも、戦後処理に関する当時の書類などが新たに出てきた。従軍慰安婦という立場についても、性奴隷問題と捉える国際基準から、軍に従って自らついていったとの見解、金銭対価の成立していた商売と捉える一部日本の見方まで、言い分も解釈にも幅がある。では、当事者はその出来事をどのように捉えているのだろう。

「可」

　ソウル市内からタクシーで約1時間、雪に覆われた平原の中に、「ナムヌの家」はあった。訪問したのは3月、景色はソウル市内とは全く異なり、一軒屋が田畑の中にぽつぽつとたたずむ。寒村という感じで、にぎやかなソウルからはよけい遠い気がする。ハルモニたちは毎週ソウルの日本大使館の前で抗議運動を続けている、と聞いていたので、遠さが意外だった。

　入口で局長の安信權（アンシンクウェオン）氏がお茶を出してくださった。まずは日本軍「慰安婦」歴史館を見学する。「証言の場」「体験の場」「記録の場」「告発の場」「整理と誓い」「野外広場」という6つの展示場に分かれて構成されている。遺品、パネル説明、模擬空間、作品などを使い、立体的な展示となっている。日本の政治家たちの妄言集展示などもあり、継続的な調査・研究を窺わせる。

　説明を受けながら歩いていくと、戦争における性奴隷の様子が多角的に浮かび上がってくる。調査資料や記録写真が多く、説得力がある。日本語版の展示説明パンフレットがわかりやすい。同じ敷地内に体験者が暮らしていることから、体験者の視線が織り込まれた構成となっている。

　朝鮮半島は当時日本の植民地で、国際法の適用外だったこと、植民地化によってさらに貧困にみまわれた農村の人々が職を求めていたことなど、いくつかの要因が重なって、農村女性たちの中に被害者が多く、その数は推定20万人（およそ5万人から30万人）と言われている。

　展示の中に、慰安所の入口の掲示板があった。女性は番号で表示されており、

その下に木の札がかけられている。札は3種類。「可」「月経」「不淋病」。「可」から選べということである。当時の破れたコンドーム（サック）の展示品もある。「突撃一番」と呼ばれていたという。その状況で、そういう名の避妊具を使って、決められた短時間に事を済ませる人たち…。片や、トイレに行く暇もなく、下腹部を圧迫されつづけて意識が薄れ、自分の尿が漏れているのか、誰かの精液なのかもわからなくなる、という体験談。

　きわどい話を淡々と聞き、資料を読み、数々の遺品を見て、再現された空間に入り、体験を追おうとする。しかし、あまりにかけ離れていて想像し難く、本当のところは少しも共有できていない。

「私には言えない…」

　訪ねた時間が昼どきにかかったこともあり、ハルモニたちの昼食に、初対面のこちらまで誘ってくださった。数種類のキムチやナムル、お魚、ご飯、スープなど。給食のように自分でプレートに取って、いただく。簡素だがおいしい。ハルモニたちと、その生活を支援する人々の暮らしにいきなり割り込んでしまったような気がして恐縮した。

　食事が終わった8人くらいは共有リビングに休んでおられ、6人くらいが食事中だった。みな80歳前後とのことで、お年を召している。おかずもスープももっとあるからね、とおかわりを真剣に勧めてくださる。韓国流の厚情のもてなし。

　食事の後、そのまま食卓でハルモニたちのお話を伺う。日本語が上手な人も、全く日本語を口にしない人もいる。韓国語は学友に通訳してもらいながら、少しずつお話を伺った。

　今、ハルモニたちは、主に以下の6点を要望しているという。
1. 日本政府が朝鮮人女性たちを「従軍慰安婦」として強制連行した事実を認めること
2. これに対して公式的に謝罪すること
3. 蛮行の全貌を自ら明らかにすること
4. 犠牲者たちのために慰霊碑を建てること
5. 生存者と遺族らに賠償すること

6. このような過ちが繰り返されないために歴史教育においてこの事実を教えること

賠償してほしい、という話の時に、私は思わず「いくら位だと妥当なんでしょう？」と訊ねてしまった。通訳をしてくれていた韓国人の学友が、ちょっと考えた後、「それは、私には言えない…」と私に小さい声で、きっぱりと言った。はっとした。彼女は、ずっと深くハルモニたちの心情をわかっている。愚かなことに私は、あなたの歩んだ人生に値段をつけてみろ、とハルモニたちに言うところだったのだ。

連れていかれてさせられたことだけでなく、敗戦時、および、その後の処遇についても、目を向けねばならない。若い独身女性の時のことであり、しかも内容が内容だけに、祖国で受け入れてもらえない、祖国に帰ろうにも金がない。さまざまな理由で、戦中の出来事が一生に関わっている。原爆被害もそうだが、戦争が人間につける傷は深く長く、最も傷ついた人は、戦後の帰属社会でさらに傷つく。

「みんな、きっと死んでしまったよ」

ハルモニたちのお話を直接伺う機会をいただくことで、ハルモニたちが何に憤り、何を願っているかがまっすぐに伝わってくる。最も意外だったことは、ハルモニたちが、当時の末端兵士たちのことを、むしろ自分たちと同じような戦争の犠牲者であると受け止め、その部分に対して責める気持ちが見えないことだった。

たとえば、あるハルモニ。運搬船に乗せられて移動中、船への爆撃が激しくなって、沈没の恐怖を共に味わった日本の末端兵士たちのことを述懐する。

「あんたらも、こんなところへ連れてこられてと、言われたよ」「お互いかばいあって逃げた。最初46名いたんだけどね、最後には4名になっていた」「あの戦争で、みんな、きっと死んでしまったよ…」

ラバウルに6年いた、という人。17歳の時、看護婦になる教育を受けに行く、と言われて行ったところが上海だった、という人。しわくちゃになった手を、つながせてもらう。細い、小さな手。二度と繰り返してはいけない、とい

う年老いたハルモニたちの一念が、伝わってくる。
　数人のハルモニにお話を伺わせていただいたが、いずれも、戦争に対する国としての責任の解明に焦点があった。同じことを、あらためて自らに問いながら、ハルモニたちの終の住みかを後にした。言葉にならない思いをこめてハルモニたちが創作する絵画や作品の数々に、心の中の惨禍は風化しないことを改めて悟る。

独立記念館

天安門広場の10倍の敷地を使った記憶の場
　「生きている歴史！　豊かな自然！　感動と楽しみが溢れる」
　「足が届くところごとに特別な出会いが一杯！　観覧と休息とイベントの楽しみが絶え間なく広がります」
　「国内最大規模を誇る室内展示館。選択してお見回りになると、観覧の楽しみがもっと大きくなります」
　これらは、「独立記念館」で無料配布されている日本語パンフレットのコピーである。確かに驚きはするが、楽しみからは程遠いのが、天安市にある独立記念館だ。韓国観光公社の日本語ガイドブックには、次のような紹介がある。
　「1987年8月15日に開館し、漢民族の国難克服と国家発展に関する資料が展示されています。400万m²の敷地に民族伝統館を始め7つの展示館と円形劇場、特別展示室、キョレ（同胞）の島、キョレの家などが建っています」
　独立記念館は、ソウルから電車やバスを乗り継いで約1時間半の郊外にある。高速鉄道（KTX）を使うと、アクセスの便がいい。天安駅から循環バスに乗って約30分で着く。天安は、くるみが1つ入った小さなまんじゅうが有名だそうで、駅で蒸しながら売っており、おいしい。なんとなく遠足気分で記念館に到着。大きな塔のようなモニュメントがシンボルとなっており、それを探すが見当たらない。バスの昇降場から道なりに回りこんでしばらく歩き、階段をのぼる。
　上に出ると、いきなり広大な平坦地が広がり、高さ51mの「民族の塔」が

目に入る。飛び立つ鳥の翼と祈禱する両手をイメージして作られたという。ゲートでチケットを買って入る。塔の横を歩いていくと、向こうに高さが45mの記念ホール「民族の家」があり、さらにその向こうに7つの展示館がある。

展示館は左から順番に、「民族伝統館」「近代民族運動館」「日帝侵略館」「3.1運動館」「独立戦争館」「社会・文化運動館」「大韓民国臨時政府館」「円形劇場」となっており、年代順に展示が展開する。すべての展示を、パネルなどを全部読みながら見学すると、1日では時間が足りないだろう。館内には遺物やパネルのほかに、造作物も多数展示されている。他にも慰霊碑や記念遺物などがあり、敷地全体を単純計算すると、中国の天安門広場の約10倍という、日本では考えられないような広さの記念館である。

第2展示館である「近代民族運動館」に、明成皇后殺害事件の模様を描いた、あの絵画の複写が展示されており、見学者が足を止めていく。第4展示館には、高くした天井に届きそうな大きな像がある。たくさんの人間が、苦しみながら手をあげて、それぞれに歯を食いしばっている。独立運動の精神を表した像で、それぞれの人間からほとばしるような決意の表現が脳裏に焼きつく。この館が、この広大な独立記念館の主題となっている。

パンフレットによると、毎年数百万人の観光客があるとのことで、学生の学外研修先としてもよく活用され、小学生のうちに1度は来るという。

解放60周年のTVニュース

2005年8月15日の各地の様子が韓国KBSニュースで放映され、それを私も翌日の日本の衛星放送で見ていた。独立記念館の内部も報道で触れられ、日本軍による拷問の展示コーナーが映った。隣で一緒にテレビを見ていた小学生の娘が急に、「あれ何？」と画面を指差した。

身体を折り曲げて入るくらいの箱の内側いっぱいに、長い針がびっしりと飛び出している。赤色ライトに浮かび上がる拷問箱と、拷問を受けて苦しむ蝋人形。「日帝侵略館」の展示の一部だが、残酷すぎるからということで、展示館内では小さな子供の背丈より高いところにある覗き穴から見るように作られている。

実際には、テレビに映った箱攻めだけでなく、水攻め、火攻め、棒ひねりな

ど、さまざまな拷問の復元展示がある。このコーナーは照明が落としてあり、薄暗い照明や呻き声の音響効果とあいまって、強烈な印象を残す構成になっている。蠟人形などで再現された展示は何度も見たことがあったが、ここの拷問場面は、等身大の展示構成になっており、拷問を受ける雰囲気が多少なりとも共有され、拷問する側だった国の子孫としては、いたたまれない気持ちになる。

まだ世界史を全く知らない子供が、8秒くらいのニュース映像から作った印象は、「何か、とても酷いこと」だった。「しているのが日本人、されているのが韓国人、戦争だったからね」と、手短に答えた。娘は「日本って、韓国の人に酷いことしたんだね…」と言って、小さなため息をついた。

映像が作る歴史の記憶について研究している私にとって、娘のひとことは大きかった。娘が日本人ではなく、韓国人だったら…。簡単な説明ではなく、韓国側の立場からの詳細な説明を聞いたら…。実際に独立記念館に行って、展示の数々を見たら…。韓国の子供たちの中に育つ感覚的な負のイメージがもたらす価値観は、ずっと大きいはずである。

20世紀初頭、日本は韓国を武力支配するが、根強い抗日運動に手を焼いて、文化・教育政策重視へと統治政策を変えた、というふうに韓国では認識されている。日本語の教科書を作り、学校で日本語の授業を行なう。朝鮮語の使用を禁止し、名前を日本名に変える「創氏改名」を断行する。朝鮮の各地に神社を作り、参拝を強要する。それらは、朝鮮独自の文化や歴史を否定して推し進められた。

統治政策は約10年単位で変化し、それぞれの時期に著名な英雄やヒロインがいて、具体的で細かく韓国の人々に記憶されている。韓国の近・現代史のイメージは、中国の南京虐殺など個別の出来事をクローズアップさせるやり方とは違って、知識とイメージの体系的な重装備によって形成されている。

なぜ、ここまでギャップが広がっているのか。なぜ、アジア各国が培っている日本とは異なる知的土壌について、日本人はあまり知らなかったり、無頓着だったりするのか。この意識ギャップを伝えることを、国策の一部となっている義務教育に期待してもだめだろう。

義務教育の中で歴史として学んできている勤勉な韓国の学生たちの憤りに対して、「怒る理由がわからない」と傍観者を決めこんだり、「水に流して忘れよ

う」と都合のいいことを一方的に言っているだけでは、関係は改善できないだろう。

　まず、両国での専門研究を深め、比較考察と対話による調整が必要だ。さらには、記録と記憶装置としてのジャーナリズムが、自らの報道姿勢を検証することで、自らが無意識に抱え込み、醸しだしてきたナショナリズムを克服していくことも非常に重要なことだと思う。

統一展望台

朝鮮半島分断の軍事分界線を望む

　朝鮮半島の軍事分界線は、北緯38度線をはさむ板門店である。ここには、外国人は観光ツアーで行けるが、一般の韓国人たちは行けない。韓国の人たちも普通に行ける最も北朝鮮に近い展望台が、ソウルから車で約1時間の距離にある「統一展望台」である。

　展望台下に統一安保公園の広い駐車場があり、そこと山の上の展望台の間を無料のシャトルバスが運行している。展望台へはシャトルバスが便利なようで、ソウルから乗ったハイヤーのドライバーも、下の駐車場に車を置き、シャトルバスで一緒に上まで来てくれた。

　シャトルバスを待つ間、駐車場の売店で缶入りのお茶を飲む。韓国で飲むお茶は、緑色も茶色も赤色もみな甘い。バスは何分かおきに出ているようだった。同乗したのは、韓国語を話す中年男性3人、親子2組だけだった。バスは普通の大型観光バス。武装した兵士のいる検問所のようなところを通り、急な坂道をぐっと上がっていくと、ほどなく展望台へ到着する。チケットは下の駐車場で買ってあり、チェックだけ入口ですませる。展望台の中には、平日の昼間だから少ないだろうとの予想に反して、人でごったがえしている。韓国の団体ツアー客が大勢いるようだった。

　展望台の中は、一方通行の順路があり、イルカショーを見る階段式のスタジオのようなところで一通りの説明を受け、あとは各自のペースで見て回る。第二次世界大戦後の展示が主力になっているが、その背景説明はおおよそ次の

とおりである。

　1945年8月15日、第二次世界大戦が終わり、35年にも及ぶ日本の植民地支配から韓国は解放された。しかし、1948年、今度はアメリカとロシアの東西冷戦のあおりを受けて、南の「大韓民国」、北の「朝鮮民主主義人民共和国」（北朝鮮）に分断された。1950年には北からの侵攻があり、53年までは朝鮮戦争が続くことになる。1965年から1974年には、朝鮮戦争で支援を受けた米軍へのつきあいから、大韓民国はベトナム戦争へ出兵した。大韓民国と朝鮮民主主義人民共和国はその後も38度線をはさんで対立を続けている。

　こうして見ていくと、第二次世界大戦後、軍備を放棄して経済再建に専念した日本と、出兵を立て続けに経験した韓国ではまったく違う歩みをたどっていることがよくわかる。

　この十数年、韓国は太陽政策によって、同じ民族である北朝鮮との関係改善に努めてきたが、北朝鮮の核開発などをめぐり、近年また緊張が高まっている。米国との友好関係を前面に出す政策は日本と同様で、国内には米軍の基地がある。基地のある地域の住民が抱える諸問題は日本の沖縄に通じるものがあるが、場所柄そういったことには一切触れられていない。

　統一展望台は、2つになった国が、臨津江をはさんで対峙する場である。2階の屋外展望台に登ると、向こう側に北朝鮮がよく見える。望遠鏡を使えば、建物や動く人影まで見える。こちらの展望台は、人が鈴なりになって北朝鮮を思い思いに見ている。行楽のような明るさはないが、見ている人たちは暗い感じでもなく、熱心に川の向こうを指差しては、何か言い合っている。

　水際に立つこちら側の監視所のスピーカーから向こうに向けて、ニュースのような口調でなにごとかがガンガン語られている。内容はわからなかったが、音声に緊張感がただよう。スピーカーの大音量によって、ここが過去を閉じ込めた場所ではないことがわかる。

　展望台の1階は、38度線をめぐる変遷のパネル展示になっている。同じ民族でありながら、東西冷戦の国際情勢の中で分断されたのは、ドイツも同じだった。しかし、ベルリンの壁は既に崩壊している。

　人間が作った断絶を、取り除くことができるのもまた、人間だけである。経済格差や、文化交流がきっかけとなることもある。国策によって、親族や家族

が互いに会えない状況のつらさは、北朝鮮拉致被害者家族の姿からも察せられる。目の前に広がる光景は、少し川面に霞がかかった、蛇行するただの大きな川とその両岸だけである。誰が、何のために、アジアの小さな半島を分断し続けるのだろう。川の向こうに家族がいて、会えないというのはなぜだろう。

「統一展望台には是非行くといい」と、韓国の先輩が強く勧めてくれた。ちょっと遠かったが、人と人を分かつ「国」について、分断された多くの人びとに混じって、視覚と聴覚で具体的に考えさせられる場所だった。

戦争記念館

武勲を称揚するソウル最大の記念館

戦争をする国には、自国の軍事力を誇り、軍人の活躍を称える場所がある。韓国は、今日、世界で唯一、南北分断の問題を抱え、戦闘状況勃発の可能性が最も高い国の1つである。自ずと、軍隊に対する啓蒙活動も盛んである。

それにしても…。

そう思うほど、戦争記念館は広かった。後に独立記念館に行って、さらに広いことに驚いたが、そちらは郊外の広々とした丘陵地帯にある。戦争記念館は、狭く地価も高いソウル市内であることを考えれば、この広さが異様だった。ヘリの離発着が同時に何台も容易にできそうな正面広場のまわりに、国際関係上協力する国々の国旗がずらりと並ぶ。戦前はここに朝鮮軍指令部があり、戦後は米軍がそれを使用していたという。ソウル市内で最大級の博物館で、約5年かけて建設されており、開館は1994年だ。

戦争の現場を伝える目的よりも、武勲や軍事力を称揚する場である。広大な敷地には、多くの武器、兵器、戦闘機、戦車などが展示されている。主な展示は、朝鮮戦争とベトナム戦争派兵に関するものである。資料展示は約1万4000点を超えるという。

正面入口側の屋外の一角には、弟を守り出世させるために、武勲に励む兄の有名な逸話をもとにした銅像がある。その横には、兵士となった息子を褒め称えている母と、それをまた見守るしっかりものの妻、かわいい子供たち、とい

う典型的な家族像もあった。どちらの像もうまくできていた。家族愛、兄弟愛は韓国の人びとにとって、非常に大切な規範である。日本には、兄弟愛で戦意を高揚するような手法もあったろうか。ぐっとくる像だった。

　命にかえても愛しい人を守る。

　その土地の人間関係の根幹的な規範を用い、だれもが抱く純粋な思いを利用して、誰が儲け、誰が得をし、誰が傷つくのか。冷静に歴史を見つめて、考えたいと思う。記念館正面の左右には、国連本部のように世界各国の旗がずらっと並び、国際的な協調を印象づけていた。その時は、そこに日本の国旗はなかった。

「祖国を守る」人

　16年前、私はロサンゼルスで雑誌の編集記者をしていた。仕事帰りにカリフォルニア大学の夜間コースで、ビジネス英語を習っていた。そのクラスで初めて、韓国人の友人ができた。その頃の私はすっかり日に焼けており、東南アジアの人によく見まちがえられた。しばらくして、お互いの国籍を名乗りあった時、その友人が、「え、日本人なの？」と、一瞬身を引くようにとまどった。その時は、ためらわれる理由に心当たりがなかった。

　彼はいつも小型ラジオを持ち歩いていて、祖国発のラジオ放送をとても真剣に聞いていた。同じように祖国を離れて暮らす私は、日本を気にかけずとも、何の支障もなかった。しかし彼は、自分の国に何かあったらすぐ帰らねば、と韓国語のラジオ放送に耳を傾ける。東欧でベルリンの壁が壊れた頃だった。朝鮮半島でも南北の壁が壊れるかもしれないという緊張感や願いが、彼の真剣さに込められていることに、その頃の私は気づけなかった。

　朝鮮半島は第二次世界大戦後に南と北に分断され、同じ民族が2つの国となって敵対しあう。その分断の原因は、日本の朝鮮半島支配にある。韓国には、北緯38度をはさんだ軍事的緊張から、祖国を守る人材育成のために徴兵制があり、男子は全員、2年近く兵役で軍事訓練を受ける。彼も兵士としての訓練を既に受けていた。同じような年頃の人なのに、軍人としての任務を理解し、肯定していた。自分とは全く接点がないような、確固として異なる人生観を語られて、たじろいだことを覚えている。

それから十数年を経た後、私は日本で再び韓国の友人たちに恵まれた。いずれもジャーナリズム研究やマスコミ研究を志す学友たちで、授業や研究室で時間を共有した。その学友たちを頼って、その祖国を訪ねた。4年近くともに学び、意見交換をし、その生き方の姿勢に励まされることが多かった友人たちだ。ところが、日本に留学中の彼ら、彼女らは、いろんな思いを飲み込んで、日本の流儀で私と接していたのだ。彼ら、彼女らの祖国に来て、私はそのことに少しずつ気づいていった。

　私の滞在日数は2回とも、ほんの数日だった。それでも、からんだ糸がほどけるように、私に接してくれた韓国の友人たちが口にしなかった思いの広がりを、少し察することができるようになった気がする。自分が日本人であることについて、深く考えさせられる旅となった。

　短期間の滞在だったため、訪問できた場所がソウル市内と近隣のみとなった。仁川国際空港の近くにある江華島や、東シナ海の真ん中に近い済州島など、韓国には当時の面影をそのまま残す戦跡も多いと聞いた。

　韓国の近・現代史や戦跡関係の訪問に関する日本語情報については、既に真摯な姿勢で掘り起こされた優れた日本語書籍がいくつかあり、大変参考になる。その上で、大陸と地続きであるがゆえに、国際情勢の烈風に常にさらされてきた隣国の、マスメディアに乗らない小さな声、地中に埋もれて消えた姿に出会うために、是非また訪れたいと思った。

韓国の概要

正式国名　大韓民国
英語名　Republic of Korea
面積　約9万9600km^2（北朝鮮を含ます。日本の27%）
人口　約4850万人
首都　ソウル（Seoul）
政体　民主共和国
民族構成　韓民族からなる単一民族国家。
宗教　仏教徒27%、キリスト教徒24%。信教の自由が認められている。
言語　公用語は韓国語。
通貨と為替レート　通貨単位はウォン。100ウォンが大体10円に相当する。
気候　四季がある。
日本からのフライト　成田からソウルまで約2時間30分。
時差　なし。時間帯は日本と同じ。

韓国の祝祭日

韓国の祝祭日は新暦のものと旧暦のものがある。旧暦の祭日は毎年変わる。
　1月1日　新正月
　旧暦大晦日〜1月2日　ソルナル
　3月1日　三一節（独立運動記念日）
　4月5日　植樹の日（緑の日）
　旧暦4月8日　釈迦誕生日
　5月5日　子供の日
　6月6日　顕忠日（忠霊記念日）
　7月17日　制憲節（憲法記念日）
　8月15日　光復節（独立記念日）
　旧暦8月14日〜16日　チュソク（旧暦の8月15日。旧盆）
　10月3日　開天節（建国記念日）
　12月25日　クリスマス

韓国の近・現代略史

1863年　大院君政権の成立。
1875年　江華島事件。
1876年　日朝修好条規調印。
1884年　甲申政変（親日派クーデター失敗）。
1894年　甲午農民戦争、日清戦争。
1897年　大韓帝国成立。
1904年　日露戦争。
1905年　第二次日韓協約の調印（日本の保護国となる）。
1910年　日本による韓国併合（日本の領土となる）。
1919年　三・一独立運動。
1940年　創氏改名制度実施。
1945年　日本の敗戦により、米ソ両軍が南北分割進駐。
1948年　南に大韓民国、北に朝鮮民主主義人民共和国が建国。
1950年　朝鮮戦争（～1953年）。
1961年　朴正煕による軍事クーデター。
1965年　日韓基本条約調印（日韓の国交が回復）。
1979年　朴大統領暗殺。
1980年　全斗煥が政権を掌握。
1988年　ソウルオリンピック開催。
1991年　南北朝鮮、国連同時加盟。

台湾

台湾の戦争

　20世紀の台湾（中華民国）は、前半が日本の植民地で、後半は国民党による戒厳令の時期が長く続き、軍事的厳戒態勢が解かれたのは、十数年前である。

　台湾は多くの国から中国（中華人民共和国）の一部と認識されており、日本の外務省HPにも「台湾」という国名はない。しかし、日本は台湾を1つの国に似た扱いをすることが多い。中国はこういった日本の外交姿勢に対し、不快感を伝え続けている。

　日本と台湾の現代史における直接的な関係は1895年に遡る。前年の日清戦争のあと、下関で講和条約が締結されて（日本側の全権大使は伊藤博文と陸奥宗光）、清国は朝鮮の独立を認め、遼東半島、台湾などを日本に割譲した。

　その後、遼東半島は清に返されたが、台湾はそのまま日本の植民地となり、以後ほぼ半世紀にわたって日本の統治が続いた。この間、台湾では、インフラの整備、農業の振興などは進んだが、日本語教育、皇民教育が徹底され、軍国日本に役立つ人と物を提供する場としての植民地化が進んだ。抵抗の激しかった山地民に対する日本の武力弾圧も激しく、多数の人々が殺害された。

　1945年に日本が降伏し、台湾は念願の中国返還を勝ち取ったはずだった。ところが、中国本土で中国共産党との戦いに破れて台湾に移ってきた国民党は、理不尽な差別的行動をとって、台湾在住の中国人（本省人）の期待を裏切った。1947年には、国民党政府に対する人びとの不満が爆発して暴動が起き（2.28事件）、政府は武力でこれを厳しく弾圧した。

　1949年、国民党政府は台湾全土に戒厳令を敷き、以後38年間にわたり、台湾は「反共国家」として、中国本土と激しく対立することになる。

　1949年、58年と金門島、馬祖島を最前線とする台湾と中国で軍事衝突があり、1995年にも台湾の総統選挙をめぐって、中国政府がミサイル演習の名目で威嚇し、一触即発の危険な状況となった。

　台湾住民の中国本土訪問が可能になってまだ十数年しかたっていない。

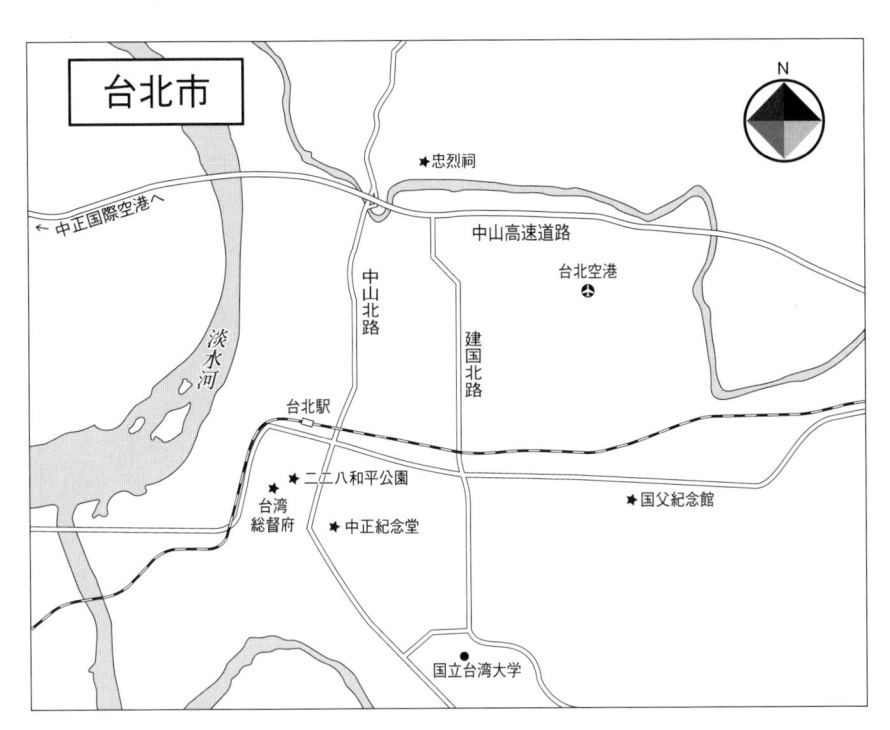

台北市

- ★ 忠烈祠
- ← 中正国際空港へ
- 中山高速道路
- 台北空港
- 淡水河
- 中山北路
- 建国北路
- 台北駅
- 二二八和平公園
- 台湾総督府
- 中正紀念堂
- ★ 国父紀念館
- ● 国立台湾大学

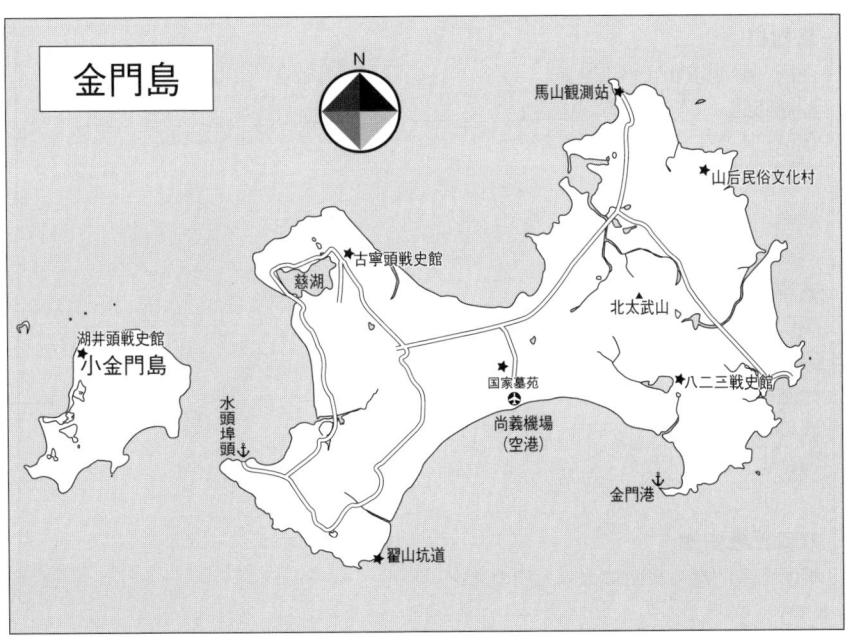

金門島

- 馬山観測站
- ★ 山后民俗文化村
- 古寧頭戦史館
- 慈湖
- 北太武山
- 湖井頭戦史館
- 小金門島
- 水頭埠頭
- ★ 国家墓苑
- 尚義機場(空港)
- ★ 八二三戦史館
- 金門港
- ★ 翟山坑道

台湾の戦跡

台湾総督府
住所　台北市重慶南路一段122號
連絡先　02-2311-3731

二二八紀念館
住所　台北市凱達格蘭大道3號
開館時間　10：00〜17：00
休館日　月曜日
入場料　20元
連絡先　02-2389-7228

中正紀念堂
住所　台北市中山南路21號
開館時間　9：00〜17：00
入場料　無料
連絡先　02-2343-1100

忠烈祠
住所　台北市北安路139號
開館時間　9：00〜17：00
休館日　なし
入場料　無料
連絡先　02-2591-4163

古寧頭戦史館
場所　金門島の北西部
開館時間　8：30〜17：00
休館日　なし
入場料　無料
連絡先　0823-13100

八二三戦史館
場所　金門島の東南にある太湖の北東

開館時間　8：00〜11：30、13：30〜17：00
休館日　木曜日
入場料　無料

翟山坑道
場所　金門島の南西部
開館時間　8：00〜17：00
休館日　なし
入場料　無料
連絡先　082-37-2425

馬山観測站
場所　金門島の最北端の突出部分
開館時間　8：00〜11：30、13：30〜17：30
休館日　なし
入場料　無料

国民革命軍陣亡将士紀念碑
住所　金門懸金寧郷伯王路二段460
連絡先　082-32-2045

金門島模範街にある金合利鋼刀（刀鍛冶）の作業場。使用済みの砲弾から包丁を作り出す。

金門島の旧日本人街（模範街）。

金門島北東部の民俗文化村の近くに残る砲撃の跡。

金門島北西部にある慈湖。敵の上陸を阻止する鉄骨のブロック。

金門島の最北端にある馬山観測站。

慈湖の岸辺一帯に広がる地雷原。

金門島

「外国の人が、旅行者として行けるかどうか、わからないよ」
　親しい中国人の先生に、金門島に行く予定だと話したら驚かれた。念のため大使館で確認した。先生は、「軍事拠点だったし、英語が全く通じないから、ガイドを手配していった方がいい」と言う。これまでのアジア取材で、事前にガイドを手配したことがほとんどなかったので、たかをくくってそのままにしておいたら、台北の旅行会社を通じてハイヤー兼通訳ガイドを1人手配してくれた。よほど心配だったのだろう。後で思えば、そのアドバイスは、適切だった。
　ガイドの薫さんは愛想のいい中年男性で、金門島の空港で待っていてくれた。カタコト英語だったが、筆談を交えれば、意志の疎通はある程度できた。島内は路線バスが数経路あるだけで、タクシーもほとんど見かけず、他の交通機関も見あたらなかった。自転車コースというのがあったが、私は自転車に乗れないので、ハイヤーがなければごく限られた時間で島内全体を見るのは、困難だっただろう。
　金門島は、台湾海峡にある有名な5つの離島の1つで、台湾の前線基地がある。台北から飛行機で小1時間。中国から見れば、福建省に属する島である。
　北緯24度、東経118度、亜熱帯モンスーン気候で、総面積は150 km²。巨大な一枚岩の花崗岩でできた本島を含め、全部で15個の島からなっている。金門本島は日本の四国に似た形で、西側に小金門島が隣接する。北側は海を隔てて、中国の厦門市（アモイ）（福建省南東部にある港湾商工都市）と面している。砲撃戦のみならず、白兵戦も可能な距離である。
　本島の南側の中心部に空港があり、西側に繁華街がある。島の北側に金山港がある。島には、明朝時代からの伝統的な建物や家並みも保存されており、文化価値も高い。
　1955年、金門島を中心に台湾軍と中国軍の間に激しい戦闘が起きた。58年

には再び中国軍が攻撃し、48万発とも言われる砲弾が金門島に浴びせられた。
　戒厳令が解除される1987年までは、外国人の立ち入りも禁止されていた。島全体が戦場だったことから、戦跡が至るところにある。金門で起きた主な大きな戦いは、島でもらったガイド本には以下のように記されていた。

　　1949年　古寧頭戦役
　　1950年　大擔戦役
　　1954年　93戦争
　　1958年　823戦争
　　1960年　617戦争

　いずれも、中国本土の人民解放軍との戦いである。主要な戦争は60年までだが、巨大な軍事力を持つ中国大陸との最前線としての張り詰めた空気は、台湾が内戦終結を一方的に宣言し、戒厳令を解くまで続いた。今は戒厳令が解除となって十数年が過ぎ、中国と戦闘状況に突入する現実の危機感も薄れ、おだやかな、人気の少ない静かな島という印象になっていた。
　黄色い菜の花畑が続き、大きな桜の花びらが舞うように、無数にモンシロチョウが飛び交う。水質の良いところにしか生息できないカブトガニが繁殖している。海辺の岩肌には小指の先ほど小さいカキがびっしりとはりついている。
　薫さんが昼食時に、地元の小さな食堂へ案内してくれた。食堂の壁にフライパンと並んで、カブトガニの大きな殻がいくつも飾ってある。たぶん、その食堂の一番のメニューを出してくれたのだろう。カキの卵とじ、カキそば、カキと岩のりのスープと、カキづくし3品だった。どの品もとてもシンプルで、アサリの身くらいの大きさのカキが山盛りだった。
　実は、私はカキが不得意なのだが、満面の笑みで勧めてくれる薫さんと、もっともっとあるよ、と身振りで伝えてくれる料理人のおじさんに申し訳なく、思い切って頂いた。貝そのものには香りも味もほとんどなく、小さいのに舌触りがしっかりしていて、淡白で新鮮そのものだった。遠浅の海辺で、貝を金棒のようなもので割ってはほじくり、身をバケツに集めている人たちを何人も見かけた。

豊かな自然と、飾りっけのない人びとの笑顔に、剝き出しの戦跡はそぐわなかった。戦跡だけが異質に思えるが、それをも飲み込んで、島の生活がずっと続いてきたようにも見えた。

　数多い戦跡は、紀念館化して再利用しているもの、そのまま放置されているもの、墓苑として整備中のもの、の3種類に大別できる。海辺には、上陸を阻止するための地雷原が広がり、ドクロマークの立て看板が、誰もいない浜で吹きさらしになっている。武力衝突が過去のものとなりつつある経緯を、大自然の中で観察できる場として、興味深い島だった。

　1995年、金門島のほぼ4分の1にあたる3780ヘクタールの地域が「金門国家公園」に指定された。台湾で6つ目の国家公園である。自然生態、歴史文化遺産、戦争紀念がこの公園の3本の柱になっているようで、ほとんどの戦跡はこの金門国家公園の中に存在する。

・訪問時期　　2004年3月。
・台北経由金門島へのアクセス　　金門島へは、東京からの直行便がないので、台湾本島の中心地である台北の国際空港から国内線に乗り継いでいく。成田から台北までのフライト所要時間は約3時間20分。日本の4大都市や那覇などから直行便が出ている。中正国際空港は台北から約40km離れた桃園市にあり、市内への移動はリムジンバスかホテルのバスを利用する。市内まで約70分。料金は110〜140元。タクシーだとかなり割高になる。

金門島の旧日本人街「模範街」

　こんな静かな島にも、日本の面影が残っているのは予想外だった。1924年に金門商会会長が中心になって建てられた「模範街」と呼ばれる一角のことである。大正時代の日本家屋と、西洋のレンガ造りを融合させたもので、1階は和式、2階は金門の伝統的な様式になっている。かつては「自強街」と呼ばれていた。今は、観光用だろうか、1階に飲食店や土産もの店がいくつか入っている。薫さんが翌日の昼食時に、ここへ連れてきてくれた。

　ぶらぶらとまわりを歩いて、近くの路地裏へ入ると、地元の民家が並んでいた。石でできた流しが入口の外側にある。野菜などを、流しの角に板を置いてざくざくと鉈のような包丁で切り、鍋ひとつで料理する。それを持って、家の中へ入っていく。

　歩いてひと回りできるほどの小さな街の中心の一角に、線香の絶えない、昔から慈しまれている風情の小さな祠のようなところがあった。誰かしらが途切れずに生花を供えていくのだろう。小さな花瓶がいくつもある。夜になっても、ロウソクや線香が途切れず、花びらに反射する光が穏やかで美しい。祠の一角にしばらく座していても、誰も気にとめず、違和感もない。東京の下町をうんと小さくしたような雰囲気で、なんだか懐かしい。地元に知り合いもいないし、日本語も全然通じないのに、前にも来たことがあるような、馴染んでほっとする空気だった。

　金門島の小学校を、かつて日本軍が病院として徴用していたという。今、金門島の人びとにとって日本軍がどのような存在として記憶されているのかが、見てすぐわかるようなところは見当たらなかった。

霧社事件

　日本が台湾統治のために、台湾総督府を台北に建設したのが1919年。台湾の平地における日本の統治は進み、不平は武力によって押さえられ、山岳地帯に潜在化されていった。台湾本島でそれが限界を超えて爆発した代表的な一例として、「霧社事件」がある。台湾中部に位置する霧社で、1930年10月27日

に起きた虐殺事件である。金門島の「模範街」が作られてから、6年も過ぎて起きた出来事である。

　この抗日事件は、日本人、中国から移住してきた漢民族、以前から台湾に住む先住民族、それぞれの子供たちが通う学校が合同で行なう連合運動会の日に起こった。朝の運動会開催時に、武装した先住民族の一団がまわりから囲うようにして運動場を襲い、日本人を狙い撃ちしたという。運動場に集まっていた日本人移住者親子ら227人中134名が殺された。日本軍は、大規模な軍事掃討を行ない、山岳地帯に立てこもったタイヤル族を、2ヵ月の攻防戦の末に鎮圧した。関係する民族の15歳以上の者は全員処刑され、1000人近い人びとが亡くなったという。

　霧社事件によって、日本軍は台湾先住民族の山岳地帯での生存能力や戦闘能力の高さを認識し、東南アジアの山岳地帯に展開していた日本軍の最前線に彼らを積極的に投入するようになっていったと指摘する人もいる。

日本帝国軍に組み込まれていった台湾人

　日本の戦線は、中国本土から東南アジアへと拡大していった。日本の兵員不足を補うために、台湾全土でも1942年4月に「志願兵」募集が始まり、1944年9月には徴兵制が施行された。兵力・労力・慰安などさまざまな目的で、台湾の人びとは、日本の戦争に組み込まれていった。厚生省の資料によると、戦争に駆り出された台湾人の軍人は8万人を超え、軍属軍夫は12万人を超える。日本の戦争に関わった約20万人の台湾人のうち、約3万人から4万人が亡くなったと言われている。

　1945年8月15日の玉音放送は台湾でも流された。1946年5月31日、勅令により台湾総督府は廃止され、日本の台湾統治は終わった。

　戦後処理では、日本に関する戦犯裁判で起訴された約5700人のうち、台湾人戦犯が173人と日本人以外で最も多く、実際に21人が処刑されている。徹底して皇民教育を受け、日本軍に盲目的に、あるいは不本意ながらも強圧に屈して、敵国兵士や戦地の住民を傷つけて戦犯となった台湾の人びとである。同じような経緯で戦犯となった朝鮮半島出身者が148人（死刑23人）いる。

　しかし、これら戦犯となった台湾や朝鮮の人びとの刑期が続く途中で、台湾

や朝鮮半島の人びとは「日本人」でなくなった。日本は、台湾や朝鮮の戦犯や戦争協力者を、日本人に対する戦後補償の対象からはずし、戦死者の遺族や重度戦傷者に一律200万円の見舞金を支払って戦後処理を終えた。

　戦後60年を経て、少しずつ闇に光が当たりはじめ、靖国神社に合祀された台湾の人びとの家族の間から、せめて魂だけは連れてかえりたいから合祀を止めてほしいという声も上がっている。しかし、神社側はそれを認めず、訴えが続いている。

　金門島の人びとにとって、今、日本人はどのように記憶されているのだろう。聞いてみたかったが、駆け足の滞在の中で、深く話し合える相手にはなかなか出会わなかった。

古寧頭戦史館、八二三戦史館

「もともと同じ中国軍同士だった」

　金門島の戦跡のうち、記念館化したものの代表格としては、「古寧頭戦史館」と「八二三戦史館」がある。絵画とモニュメントが多い古寧頭戦史館が記憶の場、報道写真や遺物、武器展示などが多い八二三戦史館は記録の場、といったニュアンスが強い。

　1984年に建てられた古寧頭戦史館は、1949年の中国軍の武力上陸を阻止した記念に建てられた。屋外には、「金門の熊」と呼ばれるＮ５Ａ１型戦車が保存展示されている。入口には、台座に「忠」という金文字が彫りこまれた兵士の像が立っている。またこの付近の地区には、砲弾を受けた跡のある民家などもあり、激戦の様子が残る。

　建物内部の右側半分は、非常に大きな油絵が何枚も展示してある。ほとんど紺碧に塗りこまれているだけの、天井近くまで高さのある大きな油絵の前で、何だろうかとひとりで眺めていた。すると、英語で若い男性が「わかりますか？　先生ですか？」と話しかけてきた。ほとんど誰もいなかったし、考えごとをしていて、人の気配に鈍感になっていたこともあり、しかもこんな場所で比較的スムーズな英語で話しかけられることは想像もしていなかったので、飛

び上がるほどびっくりした。
　彼は笑って、「ここの管理に従事している兵士です」と言った。背の高い、明るくて落ち着いた感じの青年だった。兵隊の制服を着ていないので、一見、大学生のような感じを受ける。こちらが余程めずらしかったのだろうか。丁寧にいろいろな説明をしてくれた。
　紺碧に見えたのは、真夜中の海だった。1949年10月27日の夜中の2時に、中国軍が突然、海から1万人上陸してきたという。夜襲だった。その瞬間を描いた絵だという。その横の数枚は、戦闘中やその後の捕虜の様子なども描かれている。その日は、56時間の戦いで、900人を捕らえ、400人を殺したという。
　「彼らは、もともとは同じ中国軍の仲間同士でした。両軍とも、金門人じゃないんです」
　彼はそう説明を加えた。それからしばらく、彼も私も黙って、巨大な絵を見上げていた。なぜ殺しあわねばならなくなったのか。敵味方の中に親子・兄弟や親戚がいないとは言い切れない。隣にいる若い兵士も、時代が違えば、あるいは今でも状況が急変すれば、絵の中のひとりとなって、人を殺して戦わざるをえないのだ。
　台湾での今日の兵役は、18歳から20歳の間の1年8ヵ月間だという。彼も20歳以下だろうか。個人的なことは訊ねずに、選挙の話に矛先を向けた。中国も台湾も、もともと同じ国だから、手をつなぐことができるはずだと思う、というふうに話してくれた。それは、対中国強硬路線・台湾独立路線を進む現政権への批判になる。言葉を慎重に選びながら、彼は静かにはっきりと言った。
　館内には、絵の他に、当時使われた銃など、武器や資料がいくつか展示されていた。
　最後に建物を出る時、説明マニュアルを読みあげるかのように、今度は大きな声ではっきりと、「この戦史館は、蔣介石総統が演説をされた、まさにその場所を中心として建設されたんですよ」と付け加えて、にこっと笑った。
　私も、意思の疎通の図れる人に出会えて嬉しかったので、思わずにっこりした。館内では、あと2人のスタッフを見かけた。皆おだやかな笑顔で、出口まで見送ってくれた。素朴で、根っから親切な人たちのようだった。
　そのころ台北は、総統選挙の騒乱の真っ最中だった。この国でも、戦跡を訪

ねながら、そこに今日の姿が深く投影されていることに気づかされる。この選挙では、開票手続きの不正をめぐってその後1ヵ月ももめ続け、結局のところ米国政府が選挙結果を支持すると意見表明することで、混乱状況が収束に向かった。米国とアジア諸国の力関係を、また見せつけられた。

中国から台湾を守った英雄たち

　一方、八二三戦史館は、ほぼ10年後の1958年8月23日から44日間続いた中国軍との激戦を記念する場である。八二三戦争30周年の記念に立てられている。資料、砲撃戦に使用したカノン砲や、F86戦闘機、水陸両用戦車などが置かれている。正面外壁にずらっと金文字で彫りこまれているのは、戦没将兵たち約600名の所属と氏名である。全体として国民軍の武勲を記念する場となっているが、軍の指導者を宣揚するというよりは、人民や兵士の協力に光を当てた構成となっている。

　館内の展示の中には、激戦中の島民の洞穴での暮らしぶりなども再現されていた。展示は写真と説明文のきちんとしたパネルが多い。中には、激戦の様子を取材していた海外の報道機関7社の記者が乗っていた船が沈没し、記者6名が亡くなったといった、当時の様子を細かく伝える写真パネルもある。

　ピーク時には、外国人記者が70人以上この島に来ていたようで、金門島の攻防を世界が注視していた様子が窺える。私自身は全く知らなかった中国と台湾の内戦の様子が、立体的に伝わってくる。

　金門島に限って言えば、抗日の記憶よりも、それ以降の中国本土との内戦の記憶が前面に出ているように見える。韓国も、隣接する北朝鮮との間に軍事的脅威を抱えているが、日本軍の記憶を風化させないために、意識的に語り継がれている。台湾は日本に支配されたことよりも何よりも、国民党と蒋介石の称揚に記憶の場が着色されているような感じを受けた。歴史とは、今日の国際関係や経済関係によって、別の物語へ姿を変えていくもののようだ。

　国民党の故蒋介石は、為政者たちの地位の確保に欠かせないカリスマとして、台湾全土に君臨している。それは、先ほどの兵士が話の締めくくりに蒋介石を持ってきたことでもよくわかる。

　蒋介石というカリスマを記憶に固定する代表的な場は、台北の「中正公園」

である。89歳で亡くなった蔣介石を紀念する巨大な公園の中に、美しい瑠璃色の屋根と大理石の壁でできた、高さ70ｍという大きな紀念堂がある。白と青の配色は、台湾の国旗と同じである。「中正紀念堂」内には蔣介石の巨大な像が飾られ、定時ごとに、鍛えぬかれた閲兵たちの任務交替の儀式が今も行なわれている。

中国との緊張関係を支える台湾の軍は重要であり、紛争は身近なものである。こういった事情から、カリスマの宣揚だけではなく、独立のための戦いに功績のあった国民党の将兵たちへの扱いは、手厚いものとなっている。

金門島の八二三戦史館も立派だが、武勲を称揚する場として最大のものは、台北にある「忠烈祠」である。台北市内から車で15分くらい北上したところにあり、1969年に建てられている。中国宮殿式の建物で、戦死した約33万人にのぼる国民党の将兵を祀っているという。

忠烈祠は、右側が文人烈士、左側が武烈士、中央に国民党革命烈士を祀っている。文人は、「開国」「討遠」「護法」「抗日」といった時期別に著名な烈士が祀られている。武人は、「東征」「北伐」「討賊」「掃共」「抗戦」などに分けられている。一番新しい武人は中国共産党軍を撃退するために戦った烈士たちである。

翟山坑道、慈湖、馬山観測站

金門島の要塞跡としては、上陸用舟艇(しゅうてい)の発着基地として作られた地下水道である南部の「翟山坑道」、島の西北部に位置する「慈湖」、中国大陸の対岸までは約2ｋｍしかない金門島最北端の観測所「馬山観測站」などが代表格である。

いずれも軍関係の検問所のような所があり、若い兵士が数人いた。いつ来るとも知れない来訪者をチェックするのが1日の仕事のようで、呑気そうだった。皆、軍服を着た若い青年たちで、会えたのが嬉しいような笑顔がこぼれた。

翟山坑道は、1958年の激戦後の1961年から次の戦闘に備えて上陸用舟艇発着基地として作られ、1966年に完成した地下水道である。1986年には閉鎖さ

れ、1997年に台湾で6番目の国家公園として修復され、1998年7月から一般公開されている。坑道の入口前には、戦時中に使われていた上陸用舟艇なども公開されている。

　花崗岩の岩盤をくりぬいて作ってあり、岩肌には岩を削ったあとがごつごつと残る。壁面を辿って半地下に下りていくと、本当に鏡のような水面が静かに広がる。長さ約357 m、幅約11.5 m。高さ約8 m。一度に42隻の船舶を内部に停泊させることができる。波の打ち寄せる音だけが岩の外側に当たって、広い内部にこだまするように響く。数人の、台湾の観光客と思われる人びととゆっくりすれちがっただけで、ほとんど人気がなかった。入口が半分閉まっているのだろうが、淡く光が入り、水がきれいで、戦跡とは思えない静けさだった。

　慈湖は、軍が国防のために堤防を作ったことによってできた湖である。200種以上の鳥が観測できるバードウォッチングの名所としても有名になりつつあるという。湖の海側には、中国側からやってきた上陸用戦車の侵入を防ぐための、とがった太い鉄棒を大きなコンクリートの台座に50度くらいの角度で立てて埋めたブロックが、ずらっと並ぶ。

　近くの砂浜には、「雷区危険」という立て看板と、ドクロマークの看板が所々に立っている。貝拾いでもしているうちに、ふと足を踏み入れてしまいそうなところである。地元のガイド本には、「軍事拠点での撮影は遠慮ください」「雷区と表示されている場所は立ち入り禁止となります。海辺への散歩は足跡が既につけられているところをお勧めします」と記されている。やみくもに歩き回るのは、まだ物騒である。地雷の巻き添えをくった島民はいないのだろうか。中国側に面したエリアはいずれも、厳重な警戒がなされていたことが窺える。

　水面の高さが時間によってかなり変化する。遠くから見ると、さほど大きくない鉄棒のブロックだが、近くで見ると、建設資材で使う鉄骨のような感じだった。まわりは錆びているが、びくともしない。砂浜に見えるが、島全体は岩でできているから、そこから土台を組んでいるものと見受けられた。

　馬山観測站は、地中に埋もれるように設置された、中国側の動きを見張る観測所である。山の中の入口から入り、細い地下道で金門島の最北端の岩場につながっている。そこの岩の中腹をくりぬいてコンクリートで固めて、観測所に

したものだった。ここから中国大陸の対岸までは約2kmしかない。

　入口でパスポートを預け、入場許可証をもらって、狭い坑道を進む。つきあたりは大人が立って歩き回るのに充分な、広めの部屋になっていた。海側だけ、横に細長いのぞき窓が空いており、丁度対岸の中国側が見える。たぶん観光用だろう。3台の望遠鏡が置いてある。のぞいてみると、向こう岸で人が動いているのがよくわかる。

　韓国の「統一展望台」で対岸の北朝鮮を見た時と比べると、対岸の近さが際立つ。今は金門島はどこも静かだが、内戦の緊張状態が続いていた時は、韓国の統一展望台と同様に、ここでも相手国の戦意を失わせるような放送が日夜大音量で流されていたという。対岸に聞こえるような大音量だったということは、島に住んでいる人びとはずっとそれを聞きながら暮らしたということだろう。何十年もそうだったのだろうか。そんなことが想像できない静かさだった。

　こんな至近距離で、敵味方となって激戦を繰り返すとなると、相当の緊張感だったはずだ。海の底に突き刺してあった無数のガラス片の意味が、ようやく少し理解できた。泳いででも渡ってこれる距離なのである。塩水にふやけた素足で、あの大きなガラス片に触れれば、間違いなく肉が削げ落ちるほど大きなガラス片だった。それが、足の踏み場のないほど、岩場の登り口一帯の海底にささっていた。

　観測所の外側は強風が常に吹き抜けているのか、背丈の低い紫のアザミが数本、強風に煽られて花を振りつづけていた。

国民革命軍陣亡将士紀念碑

　島内には政府が管理している公園がいくつかあったが、飛行場の近くでも大掛かりな墓地公園の整備が続いていた。小さなパイナップルくらいの松ぼっくりがたくさん落ちている木立の脇を、ブルドーザーが行き交う。地ならしをしては、コンクリートで固めていく。

　新たに作られているのは、太武山の西側の谷間を整地した広大な国家墓苑で、公式ガイド本には金門島での数々の戦役で壮烈な死をとげた将校たちの安息地

と書かれていた。その中心となる石碑が「国民革命軍陣亡将士紀念碑」である。辺鄙な金門島にあえて墓苑を作るのは、観光誘致の一貫だろうか。それとも、それだけ多くの将兵たちがここに眠っているということだろうか。

　島内のいずれの戦跡を訪れても、入口で切符を受け取る若い兵士たちの人懐っこい明るい笑顔に出会う。

　戒厳令下の臨戦体制であれば、彼らも武器を手に戦う兵士となったことだろう。彼らは、こうして外国人観光客の相手をするほどの平和を、素直に楽しんでいるようだった。戦禍で亡くなった幾多の魂が眠る大地の上で、武器を携帯して戦うということに自ら向き合いながら生きている若者たちだった。平時で良かったと心から思った。

台湾の概要
名称　中華民国（台湾）
英語名　Republic of China（Taiwan）
面積　3万6000km^2
人口　約2250万人
首都　台北（Taipei）
政体　民主共和国
宗教　仏教、道教、キリスト教など。
民族構成　漢民族98％。先住民族2％（約11族を数え、各地に散居している）
言語　公用語は標準中国語（国語）。台湾語も広く使われている。
通貨と両替レート　台湾の通貨は台湾元。為替レートは、1元＝約3円
気候　南北に細長い台湾本島の北が亜熱帯、南が熱帯。台北市は一年中温暖。明確な四季はなく、長い夏と短い冬がある。

台湾の祝祭日
太陽暦（西暦/新暦）と太陰暦（旧暦/農暦）が併用されている。太陰暦による祝日は毎年日にちが変わる。土、日曜と重なった場合は、月曜が振り替え休日となる。
　1月1日　元旦、中華民国開国記念日
　旧暦12月末日　大晦日
　旧暦1月1～3日　旧正月、春節
　2月28日　和平記念日（2・28事件記念日）
　4月5日　清明節
　旧暦5月5日　端午節
　旧暦8月15日　中秋節
　10月10日　国慶節

台湾の近・現代略史

1624年　オランダが台湾南部を支配。
1626年　スペインが台湾北部に入植。
1683年　清朝は明朝を打ち破り、台湾統治を開始。
1684年以降200年の間、清朝が台湾を支配。
1894年　朝鮮での内乱をきっかけに日清戦争、勃発。
1895年　清朝は、台湾を日本に割譲。日本による支配が始まる。
1930年10月27日　霧社事件、勃発。
1936年　日中戦争から太平洋戦争へ進展。
1945年8月15日　中国へ返還され、台湾は中国へ祖国復帰（＝光複）。
1947年2月28日　2・28事件、勃発。
1949年　中国内戦の結果、蔣介石率いる国民党は中国共産党に破れ、台湾に亡命。
1949年5月　国民党が戒厳令を施行。台湾人や先住台湾人を支配。
1950年6月25日　朝鮮戦争、勃発。以後、蔣介石率いる台湾はアメリカへ傾斜。
1971年　国連を脱退。
1987年　国民党が戒厳令を解除。
1991年4月　憲法改正。これにより「万年議員」は退職。
1992年8月　韓国との国交を断絶。アジアでは、国交のある国を失う。
1992年12月　二大政党時代。
1993年2月　内閣改造により、新党結成。
1996年3月　総統の直接選挙が行なわれる。李登輝が民選初の総統に選ばれる。
1998年　大陸との交渉再開。
2000年3月　第10代中華民国総統を選ぶための、直接選挙が行なわれ、陳水扁が当選。

フィリピン

フィリピンの戦争

　フィリピンは植民地としての歴史が長い。16世紀から300年以上スペインの統治下にあり、1898年から1946年までは米国の統治下にあった。この間、1941年から1945年までは日本によって占領されている。

　1945年に日本が降伏したあと、米国が統治者として戻ってきた。そして、1946年に独立国家フィリピン共和国が誕生した。

　第2次大戦中、ルソン島、コレヒドール島、レイテ島、ミンダナオ島等々、フィリピンの島々は米軍と日本軍の激戦地となった。この地で亡くなった日本人は51万人を超える。生き残ったのは約10万人、致死率は8割以上である。これは、中国大陸での日本人戦没者約71万人（旧満州国約24万5000人、中国本土約46万6000人）に次ぐ数字だが、長期にわたる中国大陸での戦闘と、約3年間という短期集中的なフィリピンでの戦いの違いを考えると、異様に多いと言えよう。ところが、フィリピン人戦没者は、その倍の100万人近いと言われている。この戦争に巻き込まれたフィリピン人は兵士も庶民も多大な犠牲をこうむったのである。しかし、戦後生まれの日本人の間では、観光地セブ島やマニラの歓楽街は有名だが、フィリピン人の戦争と殺戮の記憶の大きな部分に日本が直接的に関わっているという認識は、不思議なくらい薄い。

　日本軍が進攻したのは1941年12月である。米・比軍は降服し、翌1942年から日本軍政が開始されるが、抗日ゲリラグループやその支援者と見なされた住民は厳しく弾圧された。

　日本軍政下のフィリピンでは、日本語教育など、日本的価値観が押し付けられた。1942年に一時、フィリピン独立が宣言されたが、これは傀儡政府で、実質的には日本軍政が存続することになった。

　1944年、米軍はレイテ島に再上陸した。日本軍は大本営の指示でレイテ決戦に臨むが大敗する。その後、追い詰められた日本兵たちはフィリピン全土で絶望的な戦いを繰り広げた。糧食の現地調達が原則の日本軍は、各所で住民から略奪し、殺傷したので、深い恨みを残すことになった。

　1945年、マニラ法廷は司令官本間雅晴と山下奉文に日本軍の残虐行為の責任者として死刑判決を下し、モンテンルパで日本軍兵士17人が処刑された。

141

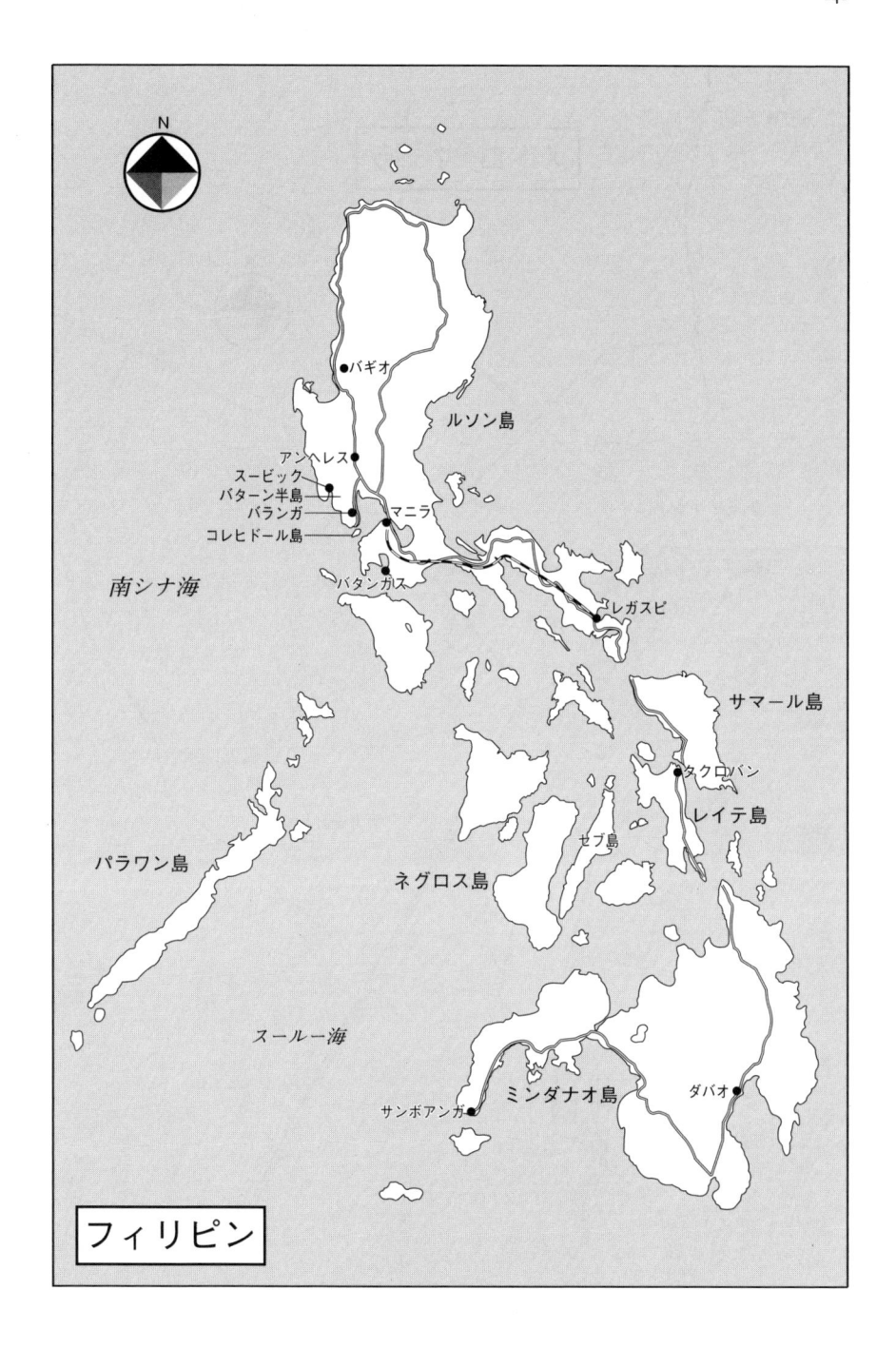

フィリピン

- バギオ
- ルソン島
- アンヘレス
- スービック
- バターン半島
- バランガ
- コレヒドール島
- マニラ
- バタンガス
- レガスピ
- 南シナ海
- サマール島
- タクロバン
- レイテ島
- パラワン島
- セブ島
- ネグロス島
- スールー海
- サンボアンガ
- ミンダナオ島
- ダバオ

メトロ・マニラ

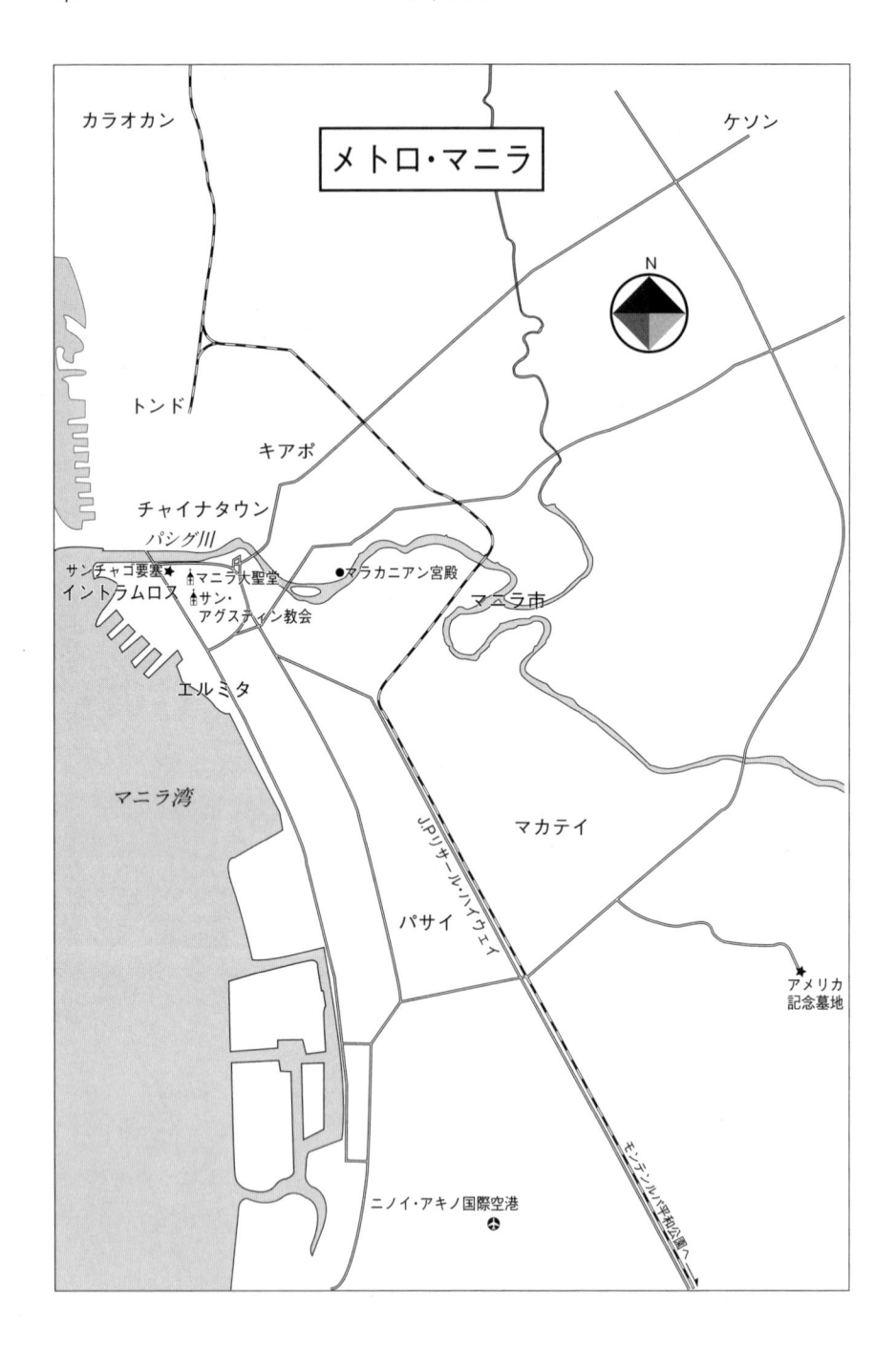

- カラオカン
- ケソン
- トンド
- キアポ
- チャイナタウン
- パシグ川
- サンチャゴ要塞
- イントラムロス
- マニラ大聖堂
- サン・アグスティン教会
- マラカニアン宮殿
- マニラ市
- エルミタ
- マニラ湾
- マカテイ
- パサイ
- J.P.リサール・ハイウェイ
- アメリカ記念墓地
- ニノイ・アキノ国際空港
- モンテンルパ平和公園へ

フィリピンの戦跡

サンチャゴ要塞　Fort Santiago
住所　Intramuros, Metro Manila
開館時間　8:00〜18:00
休館日　なし
入場料　大人 40 ペソ　学生・子供 15 ペソ

サン・アグスティン教会　San Agustin Church
住所　Gen. Luna Sts., Cor. Real St., Intramuros, Metro Manila
開館時間　9:00〜12:00　13:00〜18:00
休館日　なし
入場料　大人 45 ペソ　学生 20 ペソ　子供 10 ペソ

モンテンルパ世界平和祈念公園（ビリビッド刑務所内）　Bilibid Prison
場所　マニラ市内から、南へ車で 30〜40 分。モンテンルパ市のビリビッド刑務所内にある。

アメリカ記念墓地　American Military Cemetery
住所　Fort Bonifacio, Makati City
開館時間　9:00〜17:00
休館日　なし

コレヒドール島　Corregidor Island
マニラ湾の入口にある小島。マニラから西へ 45 km。「太平洋戦争記念館」「マリンタ・トンネル」などがある。

バターン半島　Bataan Peninsula
マニラ湾の西に突き出た半島。長さ約 50 km、幅約 30 km。バランガ近くのサマット山に「勇者の廟」「記念館」が、オドーネル収容所跡には「捕虜記念公園」がある。

マニラ市内にあるサンチャゴ要塞。広い地下牢がある。

145

サンチャゴ要塞の内部。当時の写真が展示されていた。

モンテンルパにある刑務所内の日本人戦犯のための慰霊の場。

飛行場近くの広大な敷地に広がるアメリカ記念墓地。

バターン半島の「死の行進」（デス・マーチ）を記録する私設の道路標識。

フィリピン

コレヒドール島に残る高射砲。

バターン半島を見渡すサマット山頂の「勇者の廟」の下にある記念館の入口。

マニラ

　フィリピンでは、戦後も、日本兵を父に持つ残留日系二世たちの国籍問題や、日本軍協力者の戦後補償など、戦争の傷が癒えることなく残っている。
　経済的強者は白人社会に近い人びとに偏り、国民の7割とも言われる貧困層との格差は大きい。また、フィリピン南部に広がるイスラム圏にはテロリストの訓練基地があるとも言われ、治安は不安定だ。その一方では、大統領を国民が直接投票で選ぶことから、ピープルパワーが発揮される時もある。政治的にも予測のつきにくい国である。
　移動時間と治安を考慮し、訪問先は首都メトロ・マニラ（マニラ首都圏）、米国の降伏と日本の玉砕が重なった激戦地コレヒドール島、日本軍による悪名高い「死の行進」が行なわれたバターン半島などを選択した。観光地化されつつも生々しい戦跡に立ち、消えてしまった声と、膨大な死の理由を探したが、内実のつかみにくい旅となった。
　フィリピンと日本の関係の関係は意外と古い。日本人の貿易船が最初にマニラ港に立ち寄ったのは1586年。以来、1602年まで毎年貿易船が寄港し、徐々に日本人町ができあがった。
　17世紀初頭には、高山右近、内藤徳庵らキリスト教徒100余名の一行が、徳川幕府の弾圧を逃れてこの地を訪れ、大歓迎されて、イントラムロスの中で暮らした。フィリピンにカトリックが浸透していることがわかるエピソードである。高山右近は数ヵ月で病死してしまったが、貿易やキリスト教を介する交流の絆によって、マニラ在住の日本人は3000人を超えた。
　1903年には、5000人近い日本人労働者が移住してきた。そのほぼ半数が、難工事のため多くの犠牲者が出たことでも有名な、米国植民地政府が行なった「ベンゲット道路工事」に従事している。
　マニラ市のほかにフィリピンにもう1つある100万人都市、ダバオ（ミンダナオ島）にも、大勢の日本人がいた。彼らの多くは移民として少しずつ地元に

定着し、日本軍の進軍に協力して、日本軍の敗退・玉砕と運命を共にした。ダバオ市内にあった収容所だけでも、日本人民間人が3700人、日本軍人7255人が亡くなっているという。

米国とフィリピンの間に割って入った日本人は、戦前、東南アジア最大の日本人社会をフィリピンに作り出していたが、その面影はほとんどない。

通称マニラ（メトロ・マニラ/マニラ首都圏）は、ルソン島中部に位置する首都で、18の市町村から成る。その中で、政治経済と文化の中心となっているのは、中央部のマニラ市、マニラ市の北側に隣接するカロオカン市、さらに北側にあるケソン市、マニラ市の南側のマカティ市と海沿いのパサイ市の5つである。おおまかに言えば、マカティ市など首都圏の南側が商業・観光エリア、ケソン市など北側エリアが住宅地となっている。

マニラ市は、16世紀にスペインがフィリピン占領後に城を築いたのが街の始まりで、その城跡が今日のイントラムロスである。街を守るためのサンチャゴ要塞や、サン・アグスティン教会は、統治したスペインの文化を今に伝えている。要塞の面したパシグ川の向こう岸にはチャイナタウンが広がり、要塞から500mくらい北東の川向こうにマラカニアン宮殿がある。

マカティ市には第二次世界大戦で亡くなった2万人近い米兵の墓苑があり、メトロ・マニラ最南部のモンテンルパ市には、日本の戦犯が収容されていたビリビッド刑務所（モンテンルパ世界平和祈念公園）がある。

ルソン島はフィリピン諸島最大の島で、フィリピンの総面積の約3分の1、人口の約半数が住んでいる。面積は10万4688 km^2。北部の山岳地帯には、フィリピンで最も古い狩猟民族のネグリト族や、棚田水田を続ける農耕民族もいる。太平洋戦争の激戦地バターン半島はマニラ湾の西に突き出ている。米軍基地があったクラークはアンヘレス市に、スービックはバターン半島のつけねのオロンガポ市にある。

・訪問時期　　2005年6月
・日本からのアクセス　　日本からマニラに直行便が運航している。ニノイ・アキノ国際空港まで、所要約4〜5時間。空港から市内へは、エアポートタクシーが便利。到着ロビーにタクシー申し込みカウンターがあり、料金は定額制の前払い。所要約40〜60分。

サンチャゴ要塞

地下展示室

　サンチャゴ要塞は、スペインがフィリピン支配の拠点として築いた城壁都市イントラムロスの北西の一番端に位置する。イントラムロスは、1571年から150年もかけて築かれた、中世ヨーロッパスタイルの城壁で囲まれた都市で、約64ヘクタールの広さがある。

　サンチャゴ要塞はイントラムロスを守るための要塞で、最初に建てられた木製の要塞は1574年に崩壊。1589年以降、石造りになった。1645年にはそれも地震で崩壊し、1658年に再建された。スペイン統治下では牢獄として使われ、米国統治下では軍事司令部、日本統治下では憲兵隊本部として使われ、地下が拷問や処刑を行なう監獄に利用されていた。

　要塞の入口の門には、古いスペイン風の彫刻が施されている。門の厚みは、手の親指から小指までピンと伸ばした長さの10個分以上もあった。内側がレンガ、外側はコンクリートで固めてあるように見える。門の外側には堀があって、蓮の花がたくさん咲いていた。

　現在、ここはマニラ市内で有数の観光スポットとなっている。小型バスで乗り付ける観光客のグループなどもいた。園内は、馬車でも移動できる。

　入口から要塞の先端部までゆっくり歩いてみた。陽射しが強く、肌を刺す痛みで皮膚がちりちりし、水をかけてもすぐ乾く。園内は草木の手入れが行き届いており、パラソルを広げた売店などもある。本当にのどかな観光地の風情である。

　ここで日本軍は、日本の占領に反対する抗日活動家やスパイ容疑者など、多くのフィリピン人を処刑したという。要塞の最先端にはその地下牢があり、地下牢の処刑場は満水時には上から川の水が入ってきて、中に収容されている人々が少しずつ溺れ死んでいくようにできている、とガイド本にあった。

　敷地内には、戦時中の犠牲者たちを慰霊する白い十字架が立てられている。戦争末期には約600人の米国人やフィリピン人が処刑されたと言われている。

　どれがその地下牢かと思ってうろうろしていたら、警備の制服を着た中年男

性が近づいてきた。「どこが溺死牢だったところですか」と訊ねると、彼は小声で「中を見たいか？」と言う。「是非見たい」と答えたところ、慣れた調子で一緒に来るように言われ、ついていった。

　石の階段を数段下りると、奥に鉄格子のドアがあった。ドアの向こうは暗くてよく見えない。制服の男性は、そのドアに巻きついているクサリの錠前を、人目をはばかるようにそっと開けてから、中に入れと言う。

　一緒に中に入ると、今度は内側から鉄格子の間に手を通して、外側から鍵をかけた。かなり不安になる。大丈夫だろうかと思って、あたりを見回す。崩れたレンガのようなものが足元にごろごろと落ちている。暗さに少しずつ目が慣れてきたら、そこが地下トンネルでつながった、いくつかの部屋のようになっていることがわかってきた。壁の上方に、ところどころ、明かりが入ってくる窓がある。

　通路のようなところの奥に、木枠を組んで、写真が十数枚展示してあった。薄暗いし、写真がセピア色ではっきり見えないが、戦時中の街を撮ったもののようだ。

　外の陽射しが強すぎたので、最初は真っ暗だったが、中にいるとわりと明るく感じる。ところどころが崩れているが、円形の天井などは欧風のデザインである。スペイン時代の名残だろうか。地面はうっすらと乾いた土で覆われている。崩れかかりそうな壁や天井を支えるために、そんなに太くない木製の角柱がところどころに組んである。

川の水位が上がると溺死する地下牢

　地下牢の割には広い空間だが、空気がよどんでいる。何百年も前からいつも、権力を手にした人間が、言うことを聞かない人間を苦しめるために、暗くてじめじめしたところに閉じ込める。地下は人びとの苦しみを増すという考え方は、人種や時代に関係なく世界共通なんだな、と暑さでぼんやりした頭で思う。川の水位が上がったら、その水で殺していく。苦しくてとても省エネな処刑方法である。処刑後、水はどうするのだろう。溺死した人間を、誰が引っ張り出していたのだろう…。

　「あそこに空いている窓から、水が入ってきていた」

そう言って、制服の男性が指さした窓は、背丈より上の方にあった。窓の下の床に、へりの壊れた浴槽のような形の囲いがあった。水位が上がれば川の水が入ってきて、中に水がたまるのだろうか。それとも、部屋全体が水没する、ということだろうか。少しずつ高まる水位によって溺死する水牢だとしたら、人びとの絶命の様子は地獄そのものになる。生き残ろうとする本能は、死者どうしの最後の争いも引き起こしたかもしれない。

　窓から差し込む光の線がいくつも筋を作って、きれいだった。窓が水にすっかり埋まった時が命の終わり、ということだったのだろうか？　手がかりがないまま、いろいろなことが頭にだけ浮かんで消える。

　制服の男性は、外のもうひとりの制服を来た男性とトランシーバーで連絡を取り合い、ドア付近に人がいないことを確認してから、再び鉄格子から腕を外に出して、外側の鍵を開けた。案の定、外へ出る間際に、「外の見張りに謝礼が必要だ」と言う。フィリピンでは日常茶飯事の小さなワイロである。時間も長くかかったし、割と大掛かりな地下展示だったので、150ペソを渡して、他の観光客に見つからないように外へ出た。

モンテンルパ世界平和祈念公園

日本人戦犯たちの処刑の場

　マニラ市内から車で南へ30〜40分。モンテンルパ市にフィリピン最大の刑務所、ビリビッド刑務所がある。この刑務所には、第二次世界大戦後、日本軍関係者が戦犯として収容されていた。敷地内の一角には、日本人戦犯17人を処刑した跡地に建てられた「モンテンルパ世界平和祈念公園」がある。公園というより、なだらかな丘陵の小さな一角の日本―アジア庭園、といった雰囲気で、園内に日本人記念墓地、平和観音像、平和祈念塔などが建てられている。

　マニラでは、米軍による軍事裁判が開かれ、169名が起訴されて、79名が死刑判決を受け、実際には17名が死刑執行されている（数字は、算出方法や文献によって、ばらつきがある）。山下奉文陸軍大将（マレー・シンガポール攻略の総指揮官。満州滞在後、フィリピン防衛戦の総指揮官）や、本間雅晴陸軍中将（バター

ン攻略を含め、フィリピン攻略の総指揮官）もここに収容されていた。

　マニラ市内で拾ったタクシーに写真を見せて、「モンテンルパにある刑務所内の、日本人の墓地公園へ」と伝える。運転手は「ビリビッドだよ」と言って、英語でその名前を記してくれた。よく知っている道らしく、どんどん南下する。途中、鉄道の線路沿いを走った。この線路脇に多数の貧民層が住みついているのは有名な話だ。ビニールテントなどが線路ぎりぎりに張られ、ちょっと見れば商店街だが、列車に接触すれば確実に死んでしまうだろう。

　ビリビッド刑務所の敷地内にはタクシーで入っていけた。巨大なすり鉢のように、斜面になっており、コンクリート舗装された曲線道路が通っている。敷地内には、同じ作業服を来た人たちが呑気そうに歩いている。刑務所の囚人たちだという。その中のひとりに声をかけ、モンテンルパ平和祈念公園の場所を教えてもらった。

　入口を入ると、それほど広くない、傾斜の強い敷地内に、常緑樹がしげり、花が咲いている。あちらこちらに、墓石が立っていた。

　奥のほうに、雨よけの屋根のついた簡素な小屋のようなものがあり、その下に、何も書いていない白い石が17個、並べて置いてある。石の数を数えていたら、囚人たちと同じ服装の人が何人か集まってきて、口々に「ここで処刑された戦犯17人分の石だ」と言う。彼らは、この公園内の掃除や管理などをしているようだった。

　慰霊の墓石（？）は、薄型のコンクリートブロックの上部を斜めに削り、白いペンキをべったり塗って、そのまま乾かしたような小さなものだった。適当に並べて、スペースがないからか、無造作に重ねてもう一列立てかけた、という感じでもある。塔婆が何本かあり、その手前には、まだ新しいお花が添えられていた。そういったものがなければ、建築資材かなにかのように見える。その横には、背の高い白い祈念塔も建てられている。

　フィリピンの住民虐殺などの罪状だから、刑務所の中とはいえ、その地に多少なりとも整った墓苑があるだけでも丁寧だ、と考えるべきか…。シンガポールの日本人墓地で見た、寺内寿一陸軍大将の立派な墓石がふと頭をよぎる。太平洋戦争の開戦時から日本軍降伏まで南方軍総司令官であり、レイテ決戦を指示した人物である。戦犯として処刑されたのではなく、降伏した翌年に病死し

ている。
　アジア各地の戦跡で、墓苑や墓地を歩くたびに、同じ人間同士の追悼の形、死の記憶のされ方の相違について深く考えさせらる。

マンゴーの木の下で

　「山下大将は、ここで処刑されたんじゃない。向こうの丘にあったマンゴーの木につるされたんだ。そのマンゴーの木は、台風で倒れてしまったから、今はないよ」
　囚人たちが、親切そうに話してくれる。銃殺刑だったといった話や、処刑は別の場所だったという記録を見たこともあり、真偽のほどはわからない。
　ここを訪れた人のための記帳用ノートがあった。2005年に入ってからのサインだけで、250人以上の書き込みがある。大半が日本人である。6月5日の午後訪れた私の前に、同日の書き込みが既に6人あった。多くの日本人あるいは日系人がこんな辺鄙なところにまで足を運んでいることに驚いた。
　記帳ノートの横に屋根のついた掲示板のようなものがあり、古い小さな写真が貼ってあった。その脇に日本人の名前がローマ字で9人分書いてあった。処刑された人だという。ジンノウチ、エトー、コド、エー（AEE）、ミハラ、レノ、オノ、シキモリ、サイトウ、というように読める。それとは別に、山下大将の写真もあった。いずれも、軍服姿の日本人だった。

処刑者の顔

　公園を出て、刑務所の壁の写真を撮るために車を停めてもらっていたら、来る時に平和公園の場所を聞いた囚人が、にこにこしながら寄ってきた。ずっと待っていたと察せられた。こちらに向かって、日本語で「見る」を連発する。
　「みるみる、みるだけ。みるだけ。みる？　みるね」
　日本語は、「みる」しか知らないようで、あとはブロークンな英語で熱心に誘いながら、金網の先にある小屋に引っ張っていく。「ここは法務省の管轄だから、普段は鍵がかかっていて見ることができないが、自分は鍵を持っているから特別に見せてあげる」といったことを、身振り手振りをまじえて話す。
　確かに、金網の入口には、「Dept. of Justice. Museums of Collections」と

いう表札がかかっている。
　中に入ると、壁にずらっとモノクロの古い顔写真が貼ってあり、その横に電気椅子が１つ置いてある。複製だという。
　壁に貼ってあるのは、戦犯となって処刑された84人の写真。「フィリピン人は電気椅子で処刑された。17人いた日本人は、絞首刑だ…」囚人はぺらぺらしゃべっているが、疑わしいので適当に相槌を打ちながら、顔写真をずっと見て歩く。ほとんどが日本人ではなかった。日本人よりもずっと肌の色が浅黒い。東南アジア系の人びとのように見えた。処刑されたのは現地の人の方が多かった…？　戦犯についての知識のなかった私は、そこに貼られていた東南アジアの人びとの顔をひとりずつ見て歩き、あとは早々にその場を出た。
　帰国後に戦犯について多少調べてみた。フィリピンの戦犯法廷は、1945年10月の山下奉文大将に関する裁判が公開されて始まり、12月7日には絞首刑が確定、翌年2月に執行されている。その後、次々に裁判が開かれ、72件169人が起訴され、1947年4月まで続いた。被告のうち、死刑判決を受けたのは79人、死刑が執行されたのは17人、残りは1953年に恩赦によって減刑されている。被告は、約7割が民間人への暴行など、約3割が捕虜への暴行によって起訴されている。
　戦犯の中には、朝鮮半島や台湾などから日本軍の軍属や兵士として参戦し、日本人として裁かれた人たちが多数いた。そういった人たちを日本は、今、日本人ではないことを理由に恩給や戦後補償の対象から外してしまっている。性奴隷問題と同様の深刻な問題である。しかし、フィリピン法廷では、死刑確定者もそのほとんどが後に恩赦を受けており、いずれにせよ、戦犯処刑者として現地の人がずらっと並ぶようなことはなかった。
　刑務所で囚人に見せられた現地の人たちの写真は、たぶん日本軍の戦犯法廷とは無関係の人たちだろう。チップで小遣い稼ぎをするしたたかな囚人の日本人慰霊訪問者めあての小細工だったのかもしれない。怒る気にはなれなかった。むしろ、あの時、不審さを感じながらも「いい加減なことを言わないで」と切り返せなかった自分の方が情けない。どうしてこんなに、日本が関係した戦争のことを知らないのだろう。
　その後、多少なりとも戦犯について調べることで、戦犯法廷が今日まで抱え

ているさまざまな矛盾や問題に気づかされたのは収穫だったが…。ひとりひとりの顔が見える形で日本の戦争の検証を行なうことがとても大切な作業だとあらためて思う。

　抜けるように青い空。真っ白い入道雲。せみのような虫がジージーと鳴き続け、放し飼いのにわとりが、足元の地面をコッコッコッコッとつついて回る。木陰で風がそよげば、汗がスーッとひく。目をつぶってじっとしていると、耳からわきあがる風景が、日本の田舎と、とてもよく似ていた。モンテンルパは、日本と同じアジアだった。

アメリカ記念墓地

果てしなく続く米国本土出身者の十字架

　マニラ市内から国際空港へ行く途中を左に折れると、第二次世界大戦中に南洋諸島の戦線で亡くなった米兵１万7206名の遺体が埋葬された広大な墓苑がある。152エーカーという。その４割は、ニューギニア、フィリピン、南太平洋の島々に一時的に埋葬されていたところからここに移して新たに埋葬したもので、他にもパラオなどからのものもある。多くは1941年から1942年にかけて日本軍との戦いで亡くなった、と記されている。

　中央には記念塔が建ち、きれいな色で着色された小石を貼って作成されたイタリアン・モザイクのような地図には、太平洋沖での戦闘の経緯が描かれている。壁に刻まれているのは、激戦地の地名だ。

　ガダルカナル、ペリリュー、レイテ湾、オウガスタ湾、ベラ湾、クラ、タッサ・ファロンガ、サンタ・クルーズ、エスペランス岬、東ソロモン、コーラル海、ジャワ海…。

　記念塔の周囲を囲むような広大な芝生の園庭に、ズラリと並ぶ白い十字架。名前、所属、年齢、遺族からの一言が刻まれているもの、ほとんどなにも記されていないもの、さまざまである。

　タイやシンガポールの墓苑は長方形の墓石だったが、ここは墓石が白い十字

架型で全部統一されているので、宗教色を感じさせる。美しく手入れされた芝生に散水が続けられている。訪問時も、7人くらいの地元の清掃員が手入れを続けていた。

　記念塔を中心にして円形に建てられた白い24本の壁の側面いっぱいに、兵士の名前がびっしりと刻まれている。行方不明となった兵士、3万6285名の名前である。その数の多さに、目を疑う。ざっと見ていくと、ほぼ半数が米国本土、残り半分はフィリピン出身の兵士のように見える。本土の出身州は、ニュージャージー、ウィスコンシン、バージニア、モンタナ…と全米に散らばっている。

　以下は、ここでもらったパンフレットによる行方不明兵士の所属内訳である。

　　米国陸軍と陸軍航空部隊所属　1万6918名
　　米国海軍　1万7582名
　　米国海兵隊　1727名
　　米国湾岸警備隊　58名

　ふいに、教会の鐘のような音が、園内いっぱいにゴーンゴーンと鳴り響いた。何だろうと見上げると、園内の時計が14時になったところだった。続いて、パイプオルガン演奏の録音放送で、2曲流れた。1曲目は明るい調子の賛美歌、2曲目はハレルヤだった。毎日、定時になると、こんなふうに流れているのだろう。墓碑が十字架であることからも、明らかにキリスト教色の墓苑である。遺族の意志でここに埋葬されていない人もいる、と記録があった。遺族がキリスト教とは異なる宗教の人や、国に対して怒りのある人は、たぶんここに埋葬されたくないだろう。

　それにしても、東南アジア各地にある戦没兵士のための米国や連合国の墓苑は、どこも、本当に大掛かりで、しかもすみずみまで手入れが行き届いたものである。よほど資金を投入しているのだろう。

　ここの訪問ノートは、毎日10人から40人くらいの来訪者があることを示している。今も世界各地に、死を伴う出兵を繰り返す国の政策としては、この手厚さもまた当然の必要経費なんだろうけれど…。祖国から遠くはなれたアジア

で、人びとは何のために戦い、何のために死んだのだろう。

　人の死に方はさまざまである。親しい人たちに囲まれて、「いい人生だった。ありがとう」とおだやかに死を迎える人たちもいるだろう。そのような人は確かに幸せだ。でも、戦場で斃れた兵士たちがそのような最期を迎えるとは思えない。多くの兵士たちは、苦痛や恐怖、孤独や無念の中で死んでいくのではないのだろうか。美と静寂の「演出」は、彼らの無念さをその中に塗りこめてしまうのではなかろうか。死の無残さをカモフラージュするような美しさにあふれた墓苑に、違和感を持ってしまうのである。

コレヒドール島

　コレヒドール島は、マニラから西へ45km、バターン半島から6kmほど離れた、マニラ湾の入口にある、とても小さな島である。総面積7.8m²で、今は400人弱の住民がいる。小さな島だが、その地理的条件ゆえに、昔からマニラ市防衛の役割を果たすためにスペインやアメリカが要塞を築いた。スペイン統治時代には外国船の入国管理が行なわれており、コレヒドールという名も、スペイン語の「厳しく検査する」に由来するという。

　米軍は1920年代にコレヒドール島全体を要塞化している。日本軍は1942年5月にこの島を占領、約1万3000人の米軍・フィリピン軍兵士および地元民を捕虜とした。米軍は態勢を立て直して反撃に転じ、1945年2月に再上陸、3月にコレヒドールを奪回する。6000人いたと言われる日本兵のほとんどと、250人近い連合軍兵士が、この時に亡くなっている。

　コレヒドール島はアキノ政権下で観光地としての整備が進められ、現在はたくさんの観光客でにぎわう「歴史公園」となっている。

『すばらしいコレヒドール』

　これが私の参加したサン・クルーズという船会社の観光ツアーの名前である。ツアーのメニューは戦跡めぐりと、色とりどりのバイキングランチにギター演奏付き1日ツアー、あるいは、プール付きリゾートホテルへの宿泊も可能である。このミスマッチな取り合わせが可能になるのは、米国にとっては栄光と勝

利の地であり、フィリピンにとっては外貨が獲得できる知名度のある観光地だからだろう。

島への往来に利用するクルーズの中には、機関銃を携帯した迷彩色の軍服を着た2人の男性が同乗して、船内警備にあたっている。乗客とおしゃべりしているその顔はおだやかだが、横をすり抜ける時に触れた彼らの体格の良さと、機関銃の大きさに、仰天した。

博物館に残る千人針

「ヤマトダマシイ！」

「バンザイ！」

ツアーは、手際よく、島に散らばる戦跡を回っていく。日本語グループのガイドは、戦時中に教わったというブロークンな日本語を連発しながら、当時の状況らしきものを説明をしていく。日本語ツアーに参加していたのは十数人。地元の人と日本人という2人組や慰霊に訪れている日本人グループなどだった。

たくさんある戦跡のうち、主な見所は、「太平洋戦争記念館」と「マリンタ・トンネル」だろうか。他にも、攻防の主役となった砲門や、砲撃で廃墟となったコンクリート製の頑強な建物などが点在している。

「太平洋戦争記念館」は、1968年にアメリカ政府が3億円以上の費用を使って建てた記念館である。入口から左側にはかつての映画館の跡、奥には博物館、右側には駐屯司令部や独身者用の宿舎の跡がある。

光を抑えた博物館の中は、戦争と命の重みを感じさせる。見学者は多いものの、静かさがあった。ガラスケースの中に整理された展示物のひとつひとつに説明のプレートがついており、丁寧に作られた展示空間のように感じた。

日本軍の使用していた遺物もいくつか置かれていた。軍靴、水筒、帽子、服、銃など。靖国の文字が入った花瓶のような白い陶磁器。武運長久と墨でかかれた千人針。うっすらと、和歌山部隊と読める。最初は真っ白だったのだろうか、汗とも血ともとれるシミが幾重にも薄く広がった木綿の布に、小さな赤茶色の糸が点々と続いて幾筋かの線となって続いている。そのところどころに穴があいており、「ご無事で」と刺したであろう銃後の女たちの祈りがそこで立ち往生したまま、今もそのひと針ひと針のまわりを魂がさまよっているようだった。

米兵のネーム・タッグなども展示されていた。ドックタッグという。戦闘で瀕死の重症となった兵士や遺体の身元がわかるように、血液型と名前が刻印されている。使い古した米兵の遺物。傷ついて曲がったタッグの持ち主は、生きてこの地から家に帰ることができたのだろうか…。

その横には、柄に4つの穴が並んで開いた、細身だが刃の長いナイフが置いてある。穴に親指以外の4本の指を通して握りしめ、相手に突き刺した時に、ナイフが滑らないようになっている。至近戦での殺傷能力を向上させた道具。握りしめやすいように、微妙に曲線を描いた握り柄。直角に刺せば胴体を貫通しそうな長さ。使いこんである。

じっと見ていたら、ステーキ肉やさしみをスライスする時の感触が右腕に走った。誰の、どこの肉を切り裂いてきたナイフだろうか。コレヒドール島の戦いは白兵戦だったこと、白兵戦とはまさに生身の人間同士の肉の切り合いであることに、初めて体で気づいた気がした。

どの遺品にも、兵士の感情や、銃後の民の願いがぎっしりと詰まっている。ガラスケースの中だけ、時間が止まったままのようだった。ツアーだと、見学時間が限られてせわしなかった。島に滞在して、もう1度ひとつひとつの遺品と、じっくり向き合ってみないといけないような気がした。戦跡を歩いている時にたまに感じる、呼び止められるようなあの感じが一瞬した。

陽気な観光地と化した島の底に、戦争でボロボロになった人間が無数にいたことを、遺品がひたすら語ろうとしている。その人たちは既に皮も肉もこそげてしまって、みな同じような土になっている。この島には、米兵、フィリピン兵、日本兵、地元の住民、移民、いろいろな人がいたはずなのに、骸（むくろ）となって見分けがつかない。

奪い、奪われ、玉砕したマリンタ・トンネル

「マリンタ・トンネル」は、1922〜32年に作られた長さ250ｍ、幅7ｍ、横穴が24本ある巨大なトンネルである。当初は兵器庫と病院にする計画だったが、マリンタの丘の下にあり、爆撃から逃れるのに適した立地だったことから、軍の司令部としても使用された。地下を掘ったトンネルではなく、丘の腹をくりぬいたトンネルである。1942年、米軍が日本軍に降伏する直前まで、ここ

にはマッカーサーやケソン大統領もこもっていた。湿度の高い、空気のよどんだ、真っ暗なトンネル。日本の高速道路のところどころにあるコンクリート製の長いトンネルの内部のような感じもする。

　1942年5月、米軍は無駄な犠牲を避けるために降伏している。米兵とフィリピン兵、地元住民、合わせて約1万3000人が捕虜になった。1945年2月、米軍の再上陸に対峙した日本は玉砕の道を選び、22日間ここに立て籠もった。このまっ暗なトンネルで、極端に戦況が悪化していく中で、日本の兵士は、何を思い、どのように亡くなっていったのか。その手がかりを示すものは、ほとんど何もなかった。このトンネルを中心として、4500名が死亡、500名はトンネル自爆により生き埋めとなったと、別の文献には書いてあった。連合軍側の死者は約250名。この数字の差は、圧倒的な武力の差を物語る。

　現在はここで、フィリピンの著名な映画監督が制作した「光と音のショー」が行なわれている。サン・クルーズのツアー参加者は皆、自動的にこれも見させられる。

　トンネルに入ると、入口が閉じられる。真っ暗になった中で、爆音や米軍とフィリピン軍のやりとり、日本軍の侵攻、日本兵の万歳の声が響き、歩みを進めるたびに、戦闘の映像や地下病院の蠟人形による再現などが展開し、歴史が進んでいく仕組みである。確かに大掛かりではあるが、まさにこの足元にも、いまだに日本兵が眠っているんじゃないか、と思われてきて、とても違和感がある。遺族にとっては、たくさんの兵士が玉砕したままの墓場なのだ。欧米からの観光客は、そんなことは全然知らないのか、気にもとめていないのか。連合軍墓苑のような粛々とした雰囲気は、微塵もなかった。30分のショーということだったが、もっと長く感じられ、立っているのがしんどかった。

　米兵もフィリピン兵も日本兵も、ここで多数が犠牲になっている。他国であればおそらく黙禱と慰霊の場になるはずのトンネル内で、ハリウッド・ショーが繰り広げられるのは理解できなかった。日本語ツアーグループで一緒になった壮年の男性が、トンネルの出口で「一方的で不愉快だ。腹が立つ」と憤慨していた。

　ツアーの最後の方で、「コレヒドール島戦没者慰霊の碑」という観音像のある岬などにも、ほんの少し立ち寄った。赤子を抱いた白い大きな、見上げるよ

うな高さの観音像が、潮風に吹かれていた。「何回もここへ来ている」と、60歳代後半の男性2人が、観音像にしばらく合掌していた。連合軍墓地などで出会う人は家族連れの白人が多いのに、アジアにある日本関係の慰霊の場では、ほとんど人に出会わないか、会ってもそのほとんどが年配の方々である。

　結局ツアーは、米国の奮闘ぶりと日本軍の惨敗ぶりを印象付けるようになっていた。島の途中のモニュメントには米兵とフィリピン兵が助け合っている姿を象徴的に描いたものもあったが、ツアーで最も印象が薄かったのは、ここで戦ったはずの大勢のフィリピン兵の姿だった。

・コレヒドール島へのツアー　船会社サン・クルーズが主催するツアー。毎朝、マニラ市のフィリピン文化センター横のターミナルを出発し、午後に戻ってくる。船で約1時間ほど行くと、島の南側に到着。観光客は、英語グループ、日本語グループ、フィリピノ語グループなどに分かれ、それぞれの言語でガイドの説明を聞きながら、島を一周しているツアートレインで移動する。ツアーは昼食つき。宿泊用のツアーもある。

バターン半島

　バターン半島は、マニラ湾をはさんで、メトロ・マニラの対岸に位置する。米軍とフィリピン軍の合同部隊である米国極東軍（USAFFE）と日本軍が地上戦を繰り広げた激戦地で、「戦闘慰霊碑」や「記念館」が建てられている。

　1942年、バターン半島の先端にあるコレヒドール島が陥落して、米国極東軍が日本軍に降伏した時、日本軍は捕虜1万5000人近くをオドーネル収容所に移した。捕虜たちは、炎天下を徒歩で約80km、列車で約40km移動させられた。日本軍によって強制された捕虜の移動は、多数の死者を出したことから、「死の行進」（デス・マーチ）として、欧米では悪名高い。

　バターン半島の戦跡は、サマット山の山頂にある「記念館」や、慰霊のための「勇者の廟」などが主だったものとなる。サマット山に行くためには、バターン州の州都であるバランガを拠点として動くのが一番合理的だった。中心部

は徒歩で歩ききれるほどの小さい街だが、マクドナルドやチャイナデリ、小さなデパートもある。

街で一番大きそうなホテルに泊まったが、2階建てのモーターインのようなところだった。水漏れが止まらず、エアコンもあるがあまり利かない。ホテルでサマット山への行き方を聞いたら、タクシーで行くしかない、ということで、身内らしいタクシーを呼んでくれた。

デス・マーチの記憶をとどめる道路標識

タクシーでサマット山へ行く途中、「デス・マーチ」と書かれた道路標識が目に入ったので、降りてみた。高さ約2m。kmの表示の上に、疲れはてて倒れこむ兵士の絵が描かれている。

捕虜が歩いた道路沿いに、亡くなった兵士の遺族によって建てられたという。墓石をかたどったマーカーには、「ポール・パーソン大尉を追悼するために」と記されていた。寄付者はポール・アーノルドとなっている。

標識の1区画、1kmを歩いてみた。15時を過ぎていたが、陽射しは相変わらずギラギラとして、雷とともにザッとスコールが来たが、あっという間に通り過ぎ、地面もみるみる乾いていく。ほこりっぽい強風が、地面を渦巻くように途切れなく吹く。栄養失調やマラリアにかかったまま、飲み水すら乏しいままにこの炎天下を歩けば、身が持たないことはすぐにわかる。

捕虜になった米軍とフィリピン軍の兵士たちは、降伏するまでの約1ヵ月間、食料などの補給路を断たれたまま抗戦し、既に体力の限界に来ていた。ジャングルでの抗戦でその多くはマラリアやコレラにもかかっていた。降伏直後の徒歩による長距離移動は、捕虜たちにとって致命的だった。当時の日本軍にしてみれば1日10km以上の徒歩による行軍は非常識ではなかったが、車を常用していた米軍にとっては、過酷極まりなかった。

捕虜の移動は、4月前半に行なわれている。平均気温は30度近く、乾季の終わりでほとんど水がない。収容所に入ってからも、1日に握り飯1個といった捕虜の食料事情の悪さは変わらなかったという。

オドーネル収容所跡にある「捕虜記念公園」には、捕虜5万4000人のうち、2万5000人のフィリピン兵、2500人の米兵が犠牲になった、といった記録が

残っているという。ここでも、地元フィリピン兵の犠牲が異常に多い。
　しかし、フィリピン兵の死者を米兵の墓苑のようなかたちで具体的に見たことがないので、犠牲者の多さが感覚的に全くつかめない。虐殺の場や戦場があちらこちらにあったはずだが、中国のように記録・保存・伝承に努めていないのか、視覚的にフィリピンの人びとの痛みを直接喚起させられるような場に行き当たらないのである。それは、なぜだろう。

カップル憩いの「勇者の廟」

　サマット山は、市内から約20分。頂上付近に、高さ108ｍという巨大な十字架が立っていた。バターン半島の戦いで犠牲になった人々を慰霊するために1966年に建てられたという「勇者の廟」である。廟というよりは、塔のような造りで、中が展望台になっており、下からエレベーターで上がれる。4人も乗ればぎゅうぎゅうになるような細くて小さいエレベーターに、兵士がひとり乗って運転していた。
　十字架のクロスした横棒の部分が左右の展示展望台になっている。戦闘の模様や捕虜の行進など、当時の様子を写真とパネル説明で時系列に展示してあり、1941年12月7日、日本が真珠湾攻撃を開始する2時間前に、490人の日本軍がバターン半島に上陸したと書いてあった。1942年4月9日に、バターン半島の極東軍は日本軍に降伏した。風がびゅうびゅう吹き抜ける。横長の窓からは、ほぼ360度の眺めで、バターン半島が見渡せる。
　どうもデートスポットになっているようで、若いカップルが何組か、ベンチに座って眺めを楽しんでいる。高校生くらいの男女のグループなどもいて、みな、とても楽しげだ。戦争遺跡というより、眺めのいい展望台として、地元の若者に人気のスポットとなっているような感じを受けた。
　廟の下に、記念館もあり、当時の様子の写真パネル、それぞれの戦闘に関わった米軍やフィリピン軍の司令官たちの顔写真、使用された武器などが展示されていた。
　欧米から今も虐殺事例として名高い「バターン死の行進」では、米軍・フィリピン軍の死亡率は5割におよんだ。総責任者だった本間中将は、マニラ裁判で死刑となった。一方、フィリピン戦全体で亡くなった日本人は、兵士と民間

人をあわせて約51万7000人。

どこをとっても、犠牲者の数が多い。この数の後ろに、傷ついた兵士、巻き込まれた住民、亡くなった兵士の遺族と、悲しみの人の輪が幾重にも広がっているはずだ。

米国依存、再考

フィリピンでは、この他にもルソン島北部のバレテ峠にある記念碑や、1945年10月20日にマッカーサーがフィリピン再上陸の第一歩を踏み出したレイテ島、ミンダナオ島など、訪ねてみたいところは多かった。特にレイテ島は、マッカーサーたちが再上陸する様子を再現した、有名な黄金のモニュメントがある。しかし、再上陸は、フィリピンをそんなに幸せにしたのだろうか。

1942年、日本軍が米軍とフィリピン軍からなる米国極東軍と戦い、戦況が悪くなっていた時のことである。コレヒドール島にこもって、マッカーサーとともに日本軍に抗戦していたフィリピンのケソン大統領は、米国からの援軍を心待ちにしていた。しかし、米国のルーズベルト大統領はアジア戦線よりもヨーロッパ戦線に力を入れて、そちらの早期解決に努力すると表明した。

その表明を無線放送で聞いたケソン大統領は、怒り狂って言ったという。

「何という米国らしいことか。フィリピンという自分の娘が裏庭で乱暴されているのにヨーロッパという遠い従兄弟の運命のために七転八倒の騒ぎをしているなんて！」（アルフォンソ・アルイット『コレヒドール』、26頁）

援軍は来なかった。マッカーサーは大統領命令でオーストラリアへ移動し、コレヒドール島を含むフィリピンでは、3年間の日本統治が始まる。45年にレイテ島へマッカーサーは再上陸し、それが今、黄金のモニュメントになっている。

ケソン大統領にとっては、国内の政敵が日本の東条首相とフィリピン独立の約束をしていたのは脅威だった。ケソン大統領は米国の後ろ盾によるフィリピン完全独立が自分の政治的立場を守ると考えていた。

国内政治の内部分裂に、列強がそれぞれの利害を絡めて近づいてくる。列強の後ろ盾を当てにした国は、結局は列強の都合に振り回され、その渦に巻き込まれて苦しむ。同じようなことは、日中間で問題になっている南京陥落時にも

あった。どこでも、最も苦しむのは、遺児だったり、混血児だったり、女だったりする。

　裏庭で乱暴されている娘より、遠くにいる従兄弟の運命。米国の目は、戦後60年間、娘より従兄弟を見続けてきたのではないのか。米国にとって、アジアは娘どころか、自分たちが欧州および世界で力をつけるための資源補給地であり、前線の防波堤であり、軍備中継地点に過ぎないのではないか。

　アジア諸国を、姉妹と言い換えよう。裏庭の姉妹。フィリピン、という国ではなく、アジア、という単語に置き換え、さらに、今の日本、という単語に置き換えて、ようやく、フィリピン滞在時に感じつづけていたわかりにくさやねじれの根元に辿り着いたような気がした。

・バターン半島（バランガ）へのアクセス
　フェリーだと、マニラのフィリピン文化センター横のターミナルから、バランガ近くのオリオン港まで船が出ている。所要1時間強。オリオン港からバランガへはジプニーで30分強。

フィリピンの概要

国名　フィリピン共和国
英語名　Republic of the Philippines
面積　約30万km^2（日本の約8割）、7107の島がある
人口　約8305万人
首都　メトロ・マニラ（人口は約900万人）
政体　立憲共和制
民族構成　マレー人95％　中国系1.5％　その他3.5％
宗教　カトリック83％　そのほかのキリスト教10％　イスラム教5％　そのほか2％
言語　公用語はフィリピノ（タガログ）語、英語。他にもビサヤ語、セブアノ、イロンゴ、ワライなど80前後の言語がある。
通貨・為替レート　フィリピン・ペソとセンタボ。1ペソ＝約2円＝100センタボ。US＄1＝約55ペソ
気候　熱帯性モンスーン気候に属し、年平均気温は26〜27℃。陽射しが強く暑い。5〜10月が雨期、11〜4月が乾期。
時差　日本との時差はマイナス1時間。

フィリピンの祝祭日

1月1日　正月
3月下旬　イースター・ホリデー（毎年日程が変わる）
4月9日　武勇の日
5月1日　メーデー
6月12日　独立記念日
8月下旬　国家英雄の日（毎年日程が変わる）
11月1日　万聖節
11月30日　ボニフォシオ誕生記念日
12月25日　クリスマス
12月30日　リサール記念日
12月31日　大晦日

フィリピンの近・現代略史

- 15世紀　イスラム教がマレー半島、インドネシア経由で入ってくる。
- 1521年　マゼランがマクタン島で首長ラプラプに殺害される。
- 1571年　マニラ陥落。スペイン領となり、キリスト教（カトリック）が広がる。
- 1646年　スルー＝スペイン和平協定。
- 1762年　イギリス艦隊マニラ占領。
- 1809年　マニラにイギリス商館建設。
- 1834年　マニラ開港。
- 1850年　中国移民奨励法制定。
- 1892年　カティプナン結成。
- 1896年　フィリピン革命。
  　　　　リサール処刑される。
- 1898年　米西戦争でスペインが敗れ、スペインはフィリピンを2000万ドルでアメリカに譲渡。アメリカ領となる。
- 1934年　タイディングズ・マクダフィ法（フィリピン独立法）制定。
- 1935年　コモンウェルス政府発足。
- 1941年　日本軍がフィリピンに上陸。
- 1942年　抗日組織「フクバラハップ」が組織される。
  　　　　コレヒドール島陥落。アメリカ極東軍降伏。
- 1944年　マッカーサー、レイテ島上陸。
- 1945年　米軍がフィリピンに再上陸し、日本軍が降服。フィリピン共和国が発足。
- 1956年　日比国交回復。
- 1965年　マルコス大統領就任。
- 1983年　ベニグノ・アキノ上院議員、マニラ空港にて暗殺される。
- 1986年　2月革命。マルコス大統領一家、米国へ亡命。

シンガポール

シンガポールの戦争

　日本が真珠湾を攻撃したことは、よく知られている。しかし、1941年12月8日、ハワイより1時間早く、日本軍がマレー半島のコタバルとタイ領パッタニーへの上陸作戦を敢行したことを知っている若い人はあまりいないのではなかろうか。日本は、日清戦争以来の朝鮮半島への進駐と、満州事変以来の中国各地への進軍に必要な軍需品と原材料を求めて南進する必要があった。中国を海外から強力に支えているマレー半島の華僑を叩き、国民党の蒋介石を応援するための「援蒋ルート」を封じる必要もあった。

　マレー半島に上陸した日本軍は、山下陸軍大将の指揮のもと、自転車を使った「銀輪部隊」を主力として、一気にマレー半島を南下した。1942年1月11日には、マレーシアのクアラルンプールへ到達。2月15日には大英帝国のアジアの要塞だったシンガポールを陥落させた。イギリス軍は降伏し、13万人が捕虜となった。

　この戦いはイギリス軍にとって、20世紀で最もみじめな戦いと言われる。捕虜になったイギリス兵は、マレー半島からタイへ鉄道で移動、タイからミャンマーへ通じる鉄道（泰緬鉄道）の建設に従事させられることになる。過酷な労働と病気、栄養失調で、所属兵士の半数が亡くなった部隊も出ている。この泰緬鉄道工事は、欧米ではフィリピンの「バターン死の行進」「南京大虐殺」とともに、日本軍の蛮行の例としてよく言及される。

　日本軍は、「昭南島」と改名したシンガポールで、占領直後から、抗日機運の強い中国系住民の「粛清」に乗り出した。2月21日、約80万人と言われた中国系住民の4分の1にあたる、約20万人の成人男子に対し、日本軍当局は市内5ヵ所に集結するよう命令した。

　日本軍憲兵と地元協力者が検問して「反日分子」と「適性分子」に分け、「反日分子」とされた人たちは、トラックで海岸に運ばれて射殺された。これが、「シンガポール華僑大虐殺事件」である。殺された中国系住民の数には諸説ある。日本軍関係者の証言では5000人、シンガポールでは4万〜5万人と言われている。その後も日本軍は華人に多額の献金を強要し、皇民化政策を強行したが、1945年8月15日に連合軍に無条件降伏し、シンガポールでの日本軍政は3年6ヵ月で終わった。

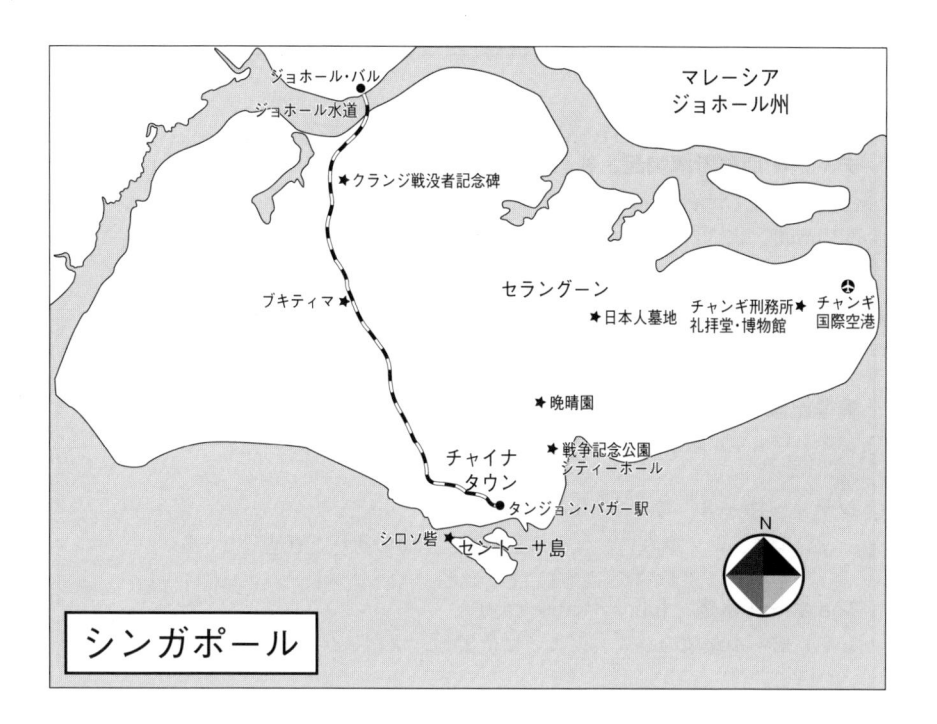

シンガポール

- ジョホール・バル
- ジョホール水道
- クランジ戦没者記念碑
- マレーシア ジョホール州
- ブキティマ
- セラングーン
- 日本人墓地
- チャンギ刑務所 礼拝堂・博物館
- チャンギ国際空港
- 晩晴園
- 戦争記念公園
- シティーホール
- チャイナタウン
- タンジョン・パガー駅
- シロソ砦
- セントーサ島

シンガポールの戦跡

チャンギ刑務所博物館・礼拝堂　Changi Prison Chapel and Museum
住所　1000 Upper Changi Rd. North
開館時間　9：30～16：30
休館日　なし
入場料　無料
連絡先　6214-2451

戦争記念公園、日本占領時期死難人民紀念碑　War Memorial Park
シティーホール駅から徒歩約3分。ラッフルズ・ホテルのアーケードに隣接。

シティーホール　City Hall
ラッフルズ・ホテルのアーケードを出て、正面の通りを直進して3分。

ジョホール水道　Johor (Causeway)
シンガポール北部のコーズウエイに位置し、マレーシアとシンガポールをつないでいる。

タンジョン・パガー駅　Tanjong Pagar Station
シンガポール南部のシンガポール駅の近くにある、マレー鉄道の始発駅。

クランジ戦没者墓苑　Klanji War Memorial
ジョホール・バルへつながるウッドランズ・ロードからクランジ・ロードへ入った突き当たりにある。

日本人墓地公園　Japanese Cemetery Park
中央東部のセラングーンにある。セントラル・エクスプレスをおりて、セラングーン通りとイヨ・チューカン路の交わるあたり。静かな高級住宅街の一角。

シロソ砦　Fort Siloso
開館時間　9：00～19：00（最終入場18：30）
休館日　なし
入場料　大人3シンガポールドル、子供2シンガポールドル
連絡先　6275-0131
場所　セントーサ島の西端にある。

チャンギ刑務所礼拝堂の正面屋上の十字架。英国軍も日本軍も、多くの捕虜がチャンギに居た。

シンガポールの人気観光スポットであるチャイナタウン。65年前には、日本軍による華僑大虐殺が行なわれた。

市内中央にそびえる日本占領時期死難人民紀念碑。

英国軍兵士のためのクランジ戦没者墓苑。所属した隊のマークが刻まれた墓石も多い。

クランジ戦没者墓苑。遺骨が回収できなかった兵士は共同の石碑に名を刻まれている。

東南アジアで最も規模の大きな日本人墓地。立派さが目を引く寺内元帥の墓。

日本人墓地の奥に広がる「からゆきさん」たちの墓石。

シンガポール市内の住宅地に残るトーチカ。

シンガポール

　タイからシンガポールへ移動する飛行機で隣り合った女性は、日本人だが、よそいきで楽しげな観光客とは違う、落ち着いた生活感のある人だった。少し言葉を交わしたら、ご伴侶がシンガポール在住の中国人とのことで、実家から自宅へ戻るところだという。
　私はシンガポールを訪れるのが初めてだった。シンガポール華人の対日感情の悪さがどのくらいのものか見当がつかなかったので、初対面の彼女になるべく失礼にならないように尋ねてみた。
「シンガポールの中国人社会で生きるのは、日本人にとって大変だと聞いたことがあるのですが…？」
「風当たりは確かに強い。私がやったわけではない、とはっきり言って、あとは折りあいをつけていくしかありません。わからない人は、仕方がない」
　予想以上に厳しいことが、きっぱりとした彼女の口調から窺えた。国際結婚の壁に加えて、自分がいなかった時代の負の遺産を背負いながら生きていくには、よほど前向きな強さが必要なのだろう。
　マレー半島最先端の小さな国シンガポールは、東京都とほぼ同じ大きさで、現在の人口は約410万人。人口密度が高く、国民の7割が高層マンションに住む。国民の8割弱が華人系で、その他にマレー系やインド系の人びとが住んでいる。イギリスの植民地だった時期が長く、今も英語がよく通じることもあり、アジア諸国の中では、洗練されたビジネスと観光の国といったイメージが強い。
　日本人にはショッピングや観光で人気の高いシンガポールだが、その気になれば日本軍への憎悪と怨念の痕跡を見つけることはたやすい。街中には今もモニュメントやマーカーが配され、戦争の記憶を整理・保存する努力が継続的に続けられていることがよくわかる。
　シンガポールの戦跡はいずれも整備が行き届き、戦跡めぐりのための詳細なガイド本も数冊出ている。歴史的な背景も含めて、記述も整理されているよう

に感じる。戦争の個人的な記憶は散発的で多層的なものだが、既にその記憶の収拾・整理・分類・アウトプットが体系的に行なわれ、イメージが固定化されているように思えた。

・訪問時期　2004年7月。
・シンガポール市内へのアクセス　日本からは東京、大阪、名古屋、福岡、広島から直行便がある。シンガポール航空は、サービスの良さでも定評がある。チャンギ国際空港から市内へは、エアポートタクシー S$15〜20、バス S$1.7、鉄道は空港―シティホール駅間が約30分、S$1.5など。
・セントーサ島へのアクセス　リゾートアイランドとして開発著しいセントーサ島は、シンガポールを経由して飛行機で移動する時に、乗り継ぎの待ち時間などを利用して立ち寄る人なども多い。シンガポール航空を利用した経由便の中には、72時間まで滞在が無料といったサービスもある。

　飛行場から島までは、バスを利用するのが便利。7:00〜23:00（金・土・祝日の前日〜深夜0:30）大人 S$7、子供 S$5。本島の南の先端まで行ってから、フェリーやケーブルカー（所要約7〜8分）を利用する方法もある。

チャンギ刑務所博物館

無料バスツアーで語られる粛清の中身

　国際空港に近いチャンギ刑務所は、今もシンガポールの刑務所として機能している。当時から使われている時計台などは、今も刑務所の敷地内に残っているが、刑務所内へ見学で入ることはできなかった。

　かつて日本軍はこの刑務所に英国軍捕虜や政治犯を留置し、大戦後は逆に、日本軍の戦犯が留置・処刑された。

　刑務所の近くに新たに建設された博物館には、当時使われていた刑務所内の礼拝堂が移転されている。

　礼拝堂には、訪れる人びとのメッセージが多数ピン留めされていた。展示は、日本軍がシンガポール市街をどのように爆撃し、住民がどのような被害を被り、英軍の捕虜がどのように扱われていたかを時系列で展示した写真パネルと、関連遺品の展示が主だった。体験者の証言が音声だけで次々と流れる、照明の暗い、閉じた空間もあった。

　資料コーナーも充実しており、戦跡関係で必要な情報はここでほとんど手に入る。日に何回か、館内無料案内ツアーがある。

　観光バスに乗ってシンガポールの海沿いの戦跡を見て歩く無料戦跡バスツアーも催行されているというので、参加してみた。

　華人の子供から老人まで66人が処刑されたというチャンギの海辺や、日本軍上陸に備えて設置されたイギリス軍の大砲の跡など、市内数ヵ所を専用の観光バスで見てまわるというものだった。要所要所でバスを降り、説明を聞いた後、しばらく周辺を見て歩く。1時間以上もかかる本格的な戦跡ツアーだった。

　日曜日だったが、中国系と思われる数組の家族づれと白人の老人カップルなど、15人くらいが参加した。ガイド役の30歳代のインド系と見られる女性は、博物館の研究員だった。スリムで知的な風情で、英語の発音は米国式ではなく英国式である。私が日本人であることを知って、少し気を遣っていた。しかし、日本軍の行ないを糾弾する解説内容は、手加減なしの厳しいものだった。

　行く先々の浜辺や丘の戦跡跡には、本格的なスチール製の説明パネルや記念

のマーカーが立てられている。表示方法は、当時の写真やイラストを焼きこんだり、地図を併用した手のこんだものである。同じようなデザインと素材で作られていることから、制作に全国規模の組織があると察せられる。外国からの観光客や、地元の子供連れがのんびり過ごすビーチに、「日本軍がこの浜で住民を虐殺し…」と細かな説明のついたパネルが立っているのである。

英語が読めなければ記述内容はわからないし、プレートに焼きこまれた写真に気づかなければそのままだが、気にして見回すと、街のところどころにこういったマーカーがある。ブランドものを安く買えて大喜び、といった気持ちには到底なれない。

ツアーが終わった後、アジア系の4人家族がガイドに「よく言ってくれた。あなたの言うとおりだ」と、力のこもった握手を求めていた。彼らが去った後、私はガイドを呼び止めて、「初めて聞くことばかりでした」と声をかけた。彼女——デビカさんはようやく少し表情を緩めて話してくれた。

「日本人も、日本軍がシンガポールで何をしたかを、もっと知るべきです。日本はずっと、逆のことをしてきている。だから、こうして言い続けなければならないのです」

戦後生まれの日本人が知らない日本軍の記憶が、現在のシンガポールに色濃く根づいていることを、痛感させられるツアーだった。

アジア各地で日本軍が何をしたのか。元兵士たちの多くは「それは墓場に持っていく」と口を閉ざす。「水に流す」ことを良しとする政治姿勢によって、風化が加速度的に進んでいる。一方、特に中国と中国を支援する華僑社会の日本に対する警戒姿勢はきわめて固い。

華僑虐殺5万人と5000人の幅は大きい。検証によって正確な数字が出てくるのはまだ先のことのように思う。日本軍が市街地で「粛清」を行なった理由や内容を正確に知りたいが、そのための誠実な努力を日本が積み上げてきたとも思えない。「墓場まで持って」行かざるをえなかった兵士たちの封印を戦後生まれの私たちが少しずつ解くことは、彼らを解放することになる気もする。

日本軍の残虐行為を伝えるデビカさんの、資料を見せながらの実直な姿勢に、誇張は見られなかった。そこには平和な世界の実現に貢献しようとする意志を強く感じた。それでも、これまでの国際関係や、民族の意識を鼓舞するための

政治的配慮や、あまりにも深い哀しみから、極端に強調されているエピソードがあるかもしれない。しかし、何も見ようとせず、何も調べようとしなければ、それもわからない。

　唯一間違いないことは、憎しみの連鎖を断ち切るための誠実な努力が双方になければ、人間関係は改善できない、ということだと思った。

人気の観光スポットは粛清の現場

　華人への検問が行なわれたのは、今日の観光名所の１つとして賑わっている「チャイナタウン」である。当時の憲兵が宿泊していた建物などが、今も残っている。反日か否かの選別が行なわれた検問所は、サウス・ブリッジ・ロードとクロス・ストリートの交差点など、数ヵ所にあった。サウス・ブリッジ・ロード側に選ばれた人々は、そのままトラックに乗せられて帰ってこなかった。何日も何日も、大黒柱の父や夫、大切な息子を待ちつづけ、今も心の中で待ちつづけている人たちがいる。中国は大家族で、家族のつながりが深い。待ちつづける気持ちは、子々孫々伝えられていくことだろう。

　軍事裁判での日本軍少将の証言では、粛清すべきだと判断された基準は、語学に堪能な者、専門職や社会的地位が高い者、政府関係者、反日運動家、財産５万ドル以上の資産家、在住５年以内の者、海南島出身者などとなっていた。今はそうではなくても、中国を支援する気になったら力を発揮する可能性がありそうな人もすべて対象ということになる。これは、ナチのホロコースト初期の選別、あるいはカンボジア内戦時におけるポル・ポトの粛清基準と似ている。

　しかも、判断はほとんど即決で、実際には、眼鏡をかけていれば知識階層とみなされたりしたという。生き残りの人や目撃証言から、処刑する前に日本軍は華人に自分の墓を掘らせたりしたこと、海辺の処刑では海面いっぱいの死体が浮いていたことなどが、地元で言い伝えられている。

日本占領時期死難人民紀念碑、シティーホール

一番人気のショッピングモール横に建つ慰霊塔

　最高級ホテルのラッフルズ・ホテルや、最も有名なショッピング街であるラッフルズモールのすぐ隣に、「戦争記念公園」がある。その公園の中央に、「日本占領時期死難人民紀念碑」という高さ68ｍの慰霊塔がある。日本軍の侵攻25周年に当たる1967年2月15日に建てられた。

　シンガポールが日本軍に占領されてから10日間に虐殺された多くの華人たちの霊を慰めるための塔で、塔の下には無名の犠牲者たちを埋葬しているという。プレートには、「2月18日、多くの中国系シンガポール人が家から連れ出され、反日分子であると不当に判断されて、処刑されており、その数は約5万に及ぶ」と記されている。

　塔は細い4本の塔を組み合わせてあり、それぞれの塔が中国人、マレー人、インド人、その他ユーラシアン系の人びとを表象している。四角い土台の壁面それぞれに、それぞれの言語で記念碑の名称が刻まれている。

　塔の付け根の中心部に壺が1つあり、それが地下に埋葬されている骨壺を代表している。中心部から上を見上げると、4本の塔のてっぺんが十字型に留めてあり、天から十字架型の光が降りてくる。

　平日は、公園を横切っていく人がちらほらと通るだけで閑散としている。しかし、日本軍によって粛清が行なわれた2月15日などの記念日には、大統領が参列しての記念行事が開かれるという。もちろんその様子はテレビニュースとなり、シンガポールの人々の記憶となっていく。

　「日本占領時期死難人民紀念碑」から歩いて数分のところに、「シティーホール」がある。ここは、180年前に、イギリスの植民地行政官となるトーマス・スタンフォード・ラッフルズが上陸第一歩を印した地点で、近代シンガポール発祥の地と言われている。また、日本軍が連合軍に降伏する時に調印した場所でもある。この近辺一帯に、日本軍が占領時代に接収していた建築物がいろいろあり、スチール製の説明プレートが道路脇に整備されている。

　1942年に日本軍がシンガポールにやってきて、1945年にここで降伏するま

での間に、マレー半島のあちらこちらで日本軍が住民を虐殺したとの報告がなされている。村ごと、あるいは、学校の校内ですら虐殺が行なわれている。陸軍大将名で出された数々の命令書は軍が組織的に関わっていることのあらわれである、と指摘する研究者もいる。慰安婦所跡や、細菌兵器工場跡も発見されている。

戦争では、最も弱い者は、声をあげることもできずに跡形もなくなってしまう。生き残っている弱者も、自ら声をあげる力がないことが多い。戦争を知らない世代は、出来事の切れ端から、全体像とその背景を探り出す努力を続けていくしかない。

シンガポールは美しい国で、食べ物が美味しく、安全だというイメージがあるのは、旅行会社などの宣伝のためだろう。日本軍の粛清に代表されるマレー半島における戦時の出来事を全然知らず、観光イメージばかりが浸透している日本の現状が、とても怖いことのように思えてくるほどのギャップがある。

ジョホール水道、タンジョン・パガー駅

シンガポールの往来を支える

日本軍がマレー半島を南下し、いよいよシンガポールに入って来る時に渡った「ジョホール水道」は、今、まっすぐな橋（コーズウエイ）だった。午後遅い陽射しが水面に反射して眩しい。訪問した時期、マレーシアで爆弾テロ事件が続いていたこともあり、コーズウエイは軍事警戒の下にあった。歩いて渡れる、とガイド本にはあったが、税関手続きをとってマレーシアまで渡る時間はとれなかった。対岸には瀟洒な洋館などもあり、かつて日本軍関係の慰安所などにもなっていたと言われる。

1942年2月8日、日本軍はここを渡ってシンガポールへ進軍した。文献によれば、ジョホール水道の一部が湿地帯だったため、日本軍は大砲160門をすべて、人力で運びこんだという。160門、という大砲の数は、書いてしまえば何ということがないが、大変大がかりな移動である。

それは、こちら側からは上陸しないと読んでいた英国軍の、裏をかいた作戦

だった。激戦が続き、11日にはブキティマ高地の争奪戦となり、4日後に英国軍は降伏した。降伏調印は、ブキティマ高地にあるフォード自動車工場で行なわれており、今も工場があるという。

　ジョホール水道には、鉄道も通っている。シンガポールからマレー半島を縦断してタイのバンコクまで行くマレー鉄道である。始発駅は、シンガポール南部にある「タンジョン・パガー駅」。この路線は、イギリス植民地時代に作られた。バンコクの手前でマレー鉄道から西に別れる支線が、第二次世界大戦中に日本軍が英国人捕虜や地元の人びとを労務者として動員して建設した、かつての「泰緬鉄道」である。

　「この列車に乗るとタイまで行けますか？」

　鉄道の切符売り場で、訪ねてみる。ヨーロッパ調のデザインの制服を着た地元の人らしい中年男性が、きれいな英語で親切に応対してくれる。待ち時間の多い乗り継ぎが何ヵ所かあるが、2泊3日で確かに行ける。運賃は180シンガポールドルからで、ゆったりとした鉄道の旅が期待できそうだった。

　駅の内部は精巧な石造りで、天井が高く、ドーム型デザインの曲線が美しい。正面の壁面には、農業、商業、工業、輸送を象徴する4体の像が彫られており、格式のある洋風の鉄道駅である。

　戦時中の日本のニュース写真では、この駅の正面に、太字で「昭南島」としたためた木製の看板を掲げ、大勢の日本兵が万歳しているカットをよく見かける。それは、破竹の勢いでマレー半島を南下し、ついにシンガポールを陥落させた時のもので、兵士たちの大きな声が聞こえそうな写真だ。1週間の上陸作戦で亡くなった日本兵は、およそ1700人だった。大きな犠牲を払って目的を達した喜びも束の間、4ヵ月後のミッドウェー海戦で日本軍は惨敗し、3年後の無条件降伏に至っている。

　ほんの一時期日本が占領したものの、今この駅にその痕跡はまったくない。それが、当然のようにも、無常のようにも思えた。

クランジ戦没者墓苑

英国軍人を慰霊する

　1939年から45年の間にシンガポール防衛戦で亡くなった英国軍兵士たち4000人はクランジ戦没者墓苑に、日本人関係者は日本人墓地に、弔われている。

　クランジ戦没者墓苑は、中心部からだと車で北へ約30分。ジョホール・バルへつながるウッドランズ・ロードからクランジ・ロードへ入った突き当たりにある。シンガポールの北側にあり、広い敷地のまわりは大きな道路が通っていて、市街地とは切り離され、整地されたところにある。

　ここは、シンガポールで一番大きな英国関係者の墓苑である。入口中央の石碑には、マレー半島および近隣諸国の陸や海の戦いで亡くなったさまざまな国籍の英国軍兵士24000人を追悼する場だとの説明がある。遺体の見つかった兵士は、1人1人の墓石に名前が彫られている。遺体の見つからない兵士は、中央にある大型の墓石の壁面に、びっしりとフルネームが彫り込まれている。

　真っ青な空の下。なだらかな起伏のある広大な敷地全体が、芝生で覆われて美しい。そこに整然と、白い墓石が並んでいる。

　「オーストラリア、英国、カナダ、セイロン、インド、マレーシア、北マリアナ諸島、ニュージーランド、シンガポールで、1939～1945年の戦争時に命をささげた人たちのために」

　入口には、こういった慰霊文とともに、「彼らの名前は永遠に生き続ける」との文字が刻まれた共同墓石が据えられている。銅版のプレートには、戦争の経緯も刻まれている。それによると、1942年2月15日に突然、日本軍がシンガポールの中心部を襲ったとある。セントーサ島と、ビジネスの中心街を空襲され、英国軍は13万人の捕虜を出した。その後、日本のシンガポール占領は3年半に及び、広島と長崎への原爆投下によって、1945年8月15日に日本は無条件降伏した。45年9月5日に英国がシンガポールに戻り、マウントバッテン卿は、南部アジアにいたすべての日本軍の投降を認めた、とある。

　「マー・アハマド　第6ラージブターナ小銃部隊　1944年9月23日　24歳」

「シャリフ・カーン　インド開拓軍　1944年9月25日　43歳」
「グラム・ムハンマド　インド砲兵連隊　1944年9月26日　23歳」
「グラブ・カーン　香港―シンガポール王室砲兵隊　1944年9月28日　18歳」
　こういった文字と、所属部隊ごとに異なる紋章が、墓石1つ1つに刻まれている。大変な数である。これだけの戦死者の遺体を、混乱の極みにある戦場から引き取ってきて、所属や名前を確認し、管理しているのだ。頭蓋骨だけまとめて重ねてあるカンボジアや、遺骨の収集すらままならない日本とは、比較にならないくらい、軍人の扱いに力を入れていることがわかる。
　炎天下で、ほとんど人はいない。毎年11月11日には、ここで慰霊祭が開かれているという。人はいないが、清掃が行き届いており、死者のことを考えなければ、すがすがしくさえある。管理が行き届き、膨大な死者の眠るこの地を誰かがずっと守っていることがよくわかる場所だった。

日本人墓地公園

　日本人墓地公園は、シンガポールの真ん中より少し北側にあった。この一帯は、南部の市街地と、高層ビルが立ち並ぶ北部の間にある、静かな一戸建ての集まる住宅街である。
　ここには、第二次世界大戦前から今日まで、シンガポールで亡くなった日本人が埋葬されている。東南アジア最大の日本人墓地だとも言われている。しかし、戦没兵士をひとりひとり個別に慰霊する英国軍や米軍の圧倒的に広い墓苑と比べれば、実に小さい。
　日本人墓地公園の足跡は、資料によるとおよそ次のようになっている。
　1891年、チュアン・ホー・アベニューに日本人共有墓地として使用許可を取得する。
　明治末期、墓地内に曹洞宗の釋教山西有寺が建立される。
　1915年、日本人会が設立され、共済会と共同で墓地管理を始める。
　1949年、財産処分法令に基づいて墓地は接収される。
　1953年、財産処分下に置かれたままで日本総領事館に墓地管理が移される。

1960年、日本総領事館によって、墓地内に御堂が建立される。
1969年、シンガポール最高裁判所より日本人墓地の返還許可を取得する。
1985年、曹洞宗の浄財により、日本人墓地御堂が再建される。
1987年、リースで墓地の存続が許可され、日本人共同墓地を日本人墓地公園と名称変更する
1991年、11月22日、日本人会墓地開基100周年記念植樹式が挙行される。

「からゆきさんも成功者も戦犯処刑者も眠る」

　敷地内に普通の家があった。小さな子供たちもいた。家の人に声をかけると、英語はあまり通じないようだったが、お堂を開けましょうと言って鍵を持ってきてくれた。私がお墓参りに来たと思われたようで、中国式の長い黄土色の線香と、日本式の短い緑色の線香を持ってきてくれた。お墓の管理をしている人たちのようでもあった。

　園内の掲示板に、シンガポール日本人会が1995年に作成した、手書きでイラスト入りの、とてもわかりやすい見取り図があった。

「南十字星の下で眠る人たち——日本人墓地公園」

「ここには、からゆきさん、成功者、戦犯処刑者も眠っている。明治・大正・昭和の生きた日本の海外史がある」

「この地に日本人の海外史を刻み、遠く故国を思いつつ、世を去られた人たちのあとをしのび、シンガポール日本人社会のルーツをさぐろう」

　こんな書き出しの後、お墓それぞれの案内と、詳細な説明文が書き込まれていた。ひとつひとつ追っていくと、シンガポールの日本人社会が少し見えてくる。

　戦友の墓（高射砲104隊戦没者）。
　陸軍大佐佐々木五三連隊長（病没）。
　中野光三（シンガポール最初の日本人で日本人社会に貢献）。
　従軍南洋会員戦死者の墓（マレー半島在住者で日本軍の求めに応じてマレー攻撃に参加して戦死した6名）。
　西村吉夫（石原産業シンガポール支配人。日本海軍の依頼により機密写真を撮っ

ていたが、これが英当局に押さえられ、取調べ中に急死した。当時の愛国者だった)、等々。

　公園内を歩いていると、寺内貫太郎南方軍総司令官をはじめ、軍関係者の墓石が目につく。奥の方はからゆきさんのお墓がたくさんある。50以上あるだろうか…。
　園内の説明では、「からゆきさん」は1970年代に使われ始めた言葉で、もとは娼妓、あるいは、売笑婦などと呼ばれていたことが記されている。1910年の新聞記事によれば、シンガポールの人口25万人のうち、約1800人が邦人で、その大部分がからゆきさんだった、ということや、当時は中国からの移住の大多数が男性で、女性不足をからゆきさんが補ったといった記述も見られた。小さな石柱の墓標だが、かつてはそれが木製だったそうで、朽ちてきたので日本人共済会が精霊菩提の石碑を立てたという。
　軍人関係の慰霊碑の一部は、公園の反対側の一角に7つ、まとめて建てられていた。
　左から3番目の「作業隊殉職者之碑」は、シンガポール島内作業隊員で、終戦後、シンガポール島内で傷病による死者のための墓(昭和22年4月に建立)である。
　真ん中の大き目の石碑は、「陸海軍人軍属留魂之碑」で、シンガポール攻略時の戦史病没者ならびに西本願寺保管の南方軍各地戦死者の遺骨(昭和22年4月　南方軍作業隊将兵一同建立)、と彫られている。いずれも、荒削りの台座の上に、ところどころ損傷が見られるものの、土台と同じ素材のどっしりとした石碑が乗っている。
　一番右端の「殉難烈士の碑」は、終戦後、自決した参謀以下の将士の遺骨や、チャンギ刑務所にて処刑された100人以上の将兵の血が流された土などを埋葬し、135柱を慰霊している(昭和22年4月に建立)。
　一番左端の「近衛歩兵第五連隊戦死者乃墓」は、故陸軍中佐大柿正一はじめ396柱を慰霊するものである。
　この他にも、軍人関係者の忠魂碑の類などがいくつかあった。いずれも、時の重みを感じさせる古い石碑や墓石だが、手入れされており、人の感触がある。

「太平洋戦争」と呼ばれる東南アジアで繰り広げられた戦争の、開戦から終戦までずっと南方軍総司令官だった寺内寿一陸軍大将・元帥は、降伏時には病気と伝えられ、ジョホールバルで約１年後に病死している。インパール作戦やレイテ決戦などの作戦実行決定で、日本軍に膨大な死者を出した司令官でもある。その墓は、園内でひときわ大きな、個別スペースの広い立派なものだった。

　寺内大将・元帥の指示を受けて、前線で指揮をとった山下奉文陸軍大将は、フィリピンで処刑されたと言われるが、遺骨の所在もわかっていない。シンガポールでの粛清によって居所のわからない地元の人や、各地の前線で遺骨すら拾われない多数の日本兵がいることなども、思い出されてくる。

　タイやシンガポールの英国軍墓苑や、フィリピンの米国軍の墓苑などは、いずれも国営で、広大な敷地の中に、どの軍人も同じ大きさの墓石とスペースで、整然と埋葬されている。兵士はその階級に関係なく、誰もが等しく神に召されていく、ということなのだろう。寺内陸軍大将・元帥の、他とは明らかに違う大きくて立派なお墓を見た時に感じた違和感。それは、英国軍や米国軍の墓苑を見てなければ感じなかったであろう違和感だった。

　からゆきさんの墓石は、膝下くらいの小さな石柱である。陸軍大将の墓石は、背丈よりも大きい。死んでなお、生前の社会階級が形に見える。資金力や権力が反映されている。同じように戦争で「殉国」した墓石と比べても、１つだけ際立って立派な墓石が、恨めしいような気がする。戦争の責任ということを考えればなおさらだ。しかし、そんな風に死者を思うのも、妙な気もする。こんな異国の地にある墓石の大きさにまで、国の政治や権勢が影響していることに気づかされ、日本について考えさせられる場所だった。

セントーサ島

開発でリゾート化する戦跡

　シンガポールの最南端にあるセントーサ島は、シンガポール防衛の最先端基地でもあったところで、1885年に英軍がシロソ砦を建設した。以来、いくつもの戦闘を経験しており、日本軍の侵攻に最後まで英軍が抵抗した島でもある。

1972年以来、シンガポール政府の観光政策で開発されている。

　もともと豊かな自然に恵まれた島で、「セントーサ」という名前も、マレー語で「平和と静けさ」を意味している。シンガポール本土からわずか800 m、東西約4 km、南北1.5 kmのこの島のあちらこちらに、各種レジャー施設やアトラクション、博物館などがゆったり配置されている。

　島の西側にある「シロソ砦」には、イギリス植民地時代の要塞があり、19世紀の様子などを、蠟人形や音を使って再現してみせるなど、すっかり観光化されている。見せ物となった高射砲も、当時のまま海に銃口を向けている。

　セントーサ島には、戦争資料館（歴史館/イメージ・オブ・シンガポール）があり、日本語のいくつかの書籍で、充実した歴史展示だと評されていた。

　残念ながら、訪れた時は改装中だった。シンガポールでは、ここに限らず、市内の歴史博物館も移転中で見学できなかった。孫文記念館（晩晴園）は、調査途中で住所のメモを紛失してしまい、地元のホテルのコンシェルジェやチャイナタウンのヘリテージ・センターなどで訊ねてみたが、誰もわからずに行き損なってしまった。憲兵隊本部があったYMCAの建物も見ておきたかったが、炎天下に足がつるほど探し回ってようやく辿りついたら、とっくに再開発されて建物はなくなっていた。しかし、その場所に例のスチール製の記念碑が立っていた。

　シンガポールは、国土が狭く、開発のスピードが著しい。しかし、その波に消されてしまわないように、華僑粛清の記憶を子々孫々に伝えようとする明確な意志が、トゲのように街のところどころに刺さっていた。

シンガポールの概要
正式国名　シンガポール共和国
英語名　Republic of Singapore
面積　682.7km²
人口　約413万人
政体　大統領を元首とする共和制
民族構成　華人系76.8％　マレー系13.9％　インド系7.9％　その他1.4％
宗教　仏教　イスラム教　キリスト教　ヒンドゥー教
言語　マレー語　英語　中国語（北京語）　タミール語
通貨・為替レート　シンガポール・ドル（記号＝S＄）。S＄1＝約72円
気候　亜熱帯気候で、年中高温多湿。10月から3月が雨期、4月～9月が乾季。
時差とサマータイム　時差は日本の1時間遅れ。サマータイムはない。

シンガポールの祝祭日
1月2日　新正月
2月1～3日　旧正月
2月12日　ハリ・ラヤ・ハジ
4月18日　グッド・フライデー
5月1日　レイバー・デー
5月15日　ベサック・デー
8月9日　ナショナル・デー（独立記念日）
10月23日　ディーパヴァリ
11月25日　ハリ・ラヤ・プアサ
12月25日　クリスマス

シンガポールの近・現代略史
1819年　イギリス東インド会社の書記ラッフルズが、シンガポールに中継港の建設を開始。
1826年　シンガポール、ペナン、マラッカと合わせて海峡植民地となる。
1867年　海峡植民地の一部としてイギリスの直轄となる。
1942年　日本軍、シンガポールを占領。
1945年　日本敗戦。シンガポール、再びイギリスの支配下に入る。
1958年　四言語（英語、マレー語、中国語、タミール語）の公用語化。
1959年　総選挙により完全自治に移行、PAP（人民行動党）政権成立。リー・クアンユー（李光耀）が首相になった。
1963年　マレーシア連邦に加入。
1965年　マレーシアから分離、シンガポール共和国成立。
1967年　シンガポール他4ヵ国でASEAN結成。
1990年　リー・クアンユーが首相を退き、ゴー・チョクトンが引き継ぐ。

タイ

タイの戦争

　タイは、19世紀末に、アジア各国と同様にフランスやイギリスによる武力攻撃を受けたものの、インドシナ半島やマレー半島の国々のような植民地にはならなかった。

　フランスは1887年、仏領インドシナを設立し、1893年のいわゆる「シャム危機」で、当時タイの勢力範囲だったメコン川東岸（現ラオス領）も手中に収めた。しかし、1940年、インドシナに進駐してきた日本軍の仲裁でタイはこれを取りもどす（日本の敗戦後、またフランスに取り返され、現在のタイ＝ラオス国境が確定する）。このようにタイと日本は近い関係にあったが、第二次世界大戦勃発に際して、日本の狙いを見抜いていたタイは、独立を守るため、対日本、対連合国との間で複雑な動きをすることになる。

　1941年12月8日、日本軍はハワイの真珠湾奇襲とほぼ同時に、マレー半島にも上陸作戦を敢行した。日本軍は、マレー半島東岸のコタバルとともに、タイ南部のナコーンシータンマラート、プラチュアップキリカン、ソンクラー、パッタニーに上陸し、タイ軍と交戦。タイ側に116名の戦死者が出ている。しかし、タイ政府は日本と敵対するのは不利と判断し、タイの独立を尊重するという条件で、日本軍がタイ領を通過することを認め、翌年、連合国軍へ宣戦を布告した。1942年、タイのノーンプラドックとビルマ領のターンビュザヤから、悪名高い「泰緬鉄道」の建設が開始された。さらに1943年には、ビルマのシャン2州とマレー4州がタイ領に編入されている。

　しかし、一方で、戦局が日本の不利に傾いていくのを見て取ったタイは徐々に日本との協力体制を弱め、大戦の終了に備えて動き出していた。日本と同盟したため、英軍から何度も空襲を受けるなど実際に大きな被害を受け、インフレで市民の生活が困窮するなどして、平和を求める声が高まったということも背景にある。

　第二次大戦の終結とともに、イギリス・インド軍はタイに進駐し、日本軍を武装解除し、在タイ日本人を抑留した。だが、1946年、アメリカがそれに代わって駐留し、タイの経済復興のために多大な経済援助を約束した。既に世界は東西冷戦の時代に突入しており、タイはその後、アジアのおける反共防波堤としてアメリカとの関係を深めていくのである。

199

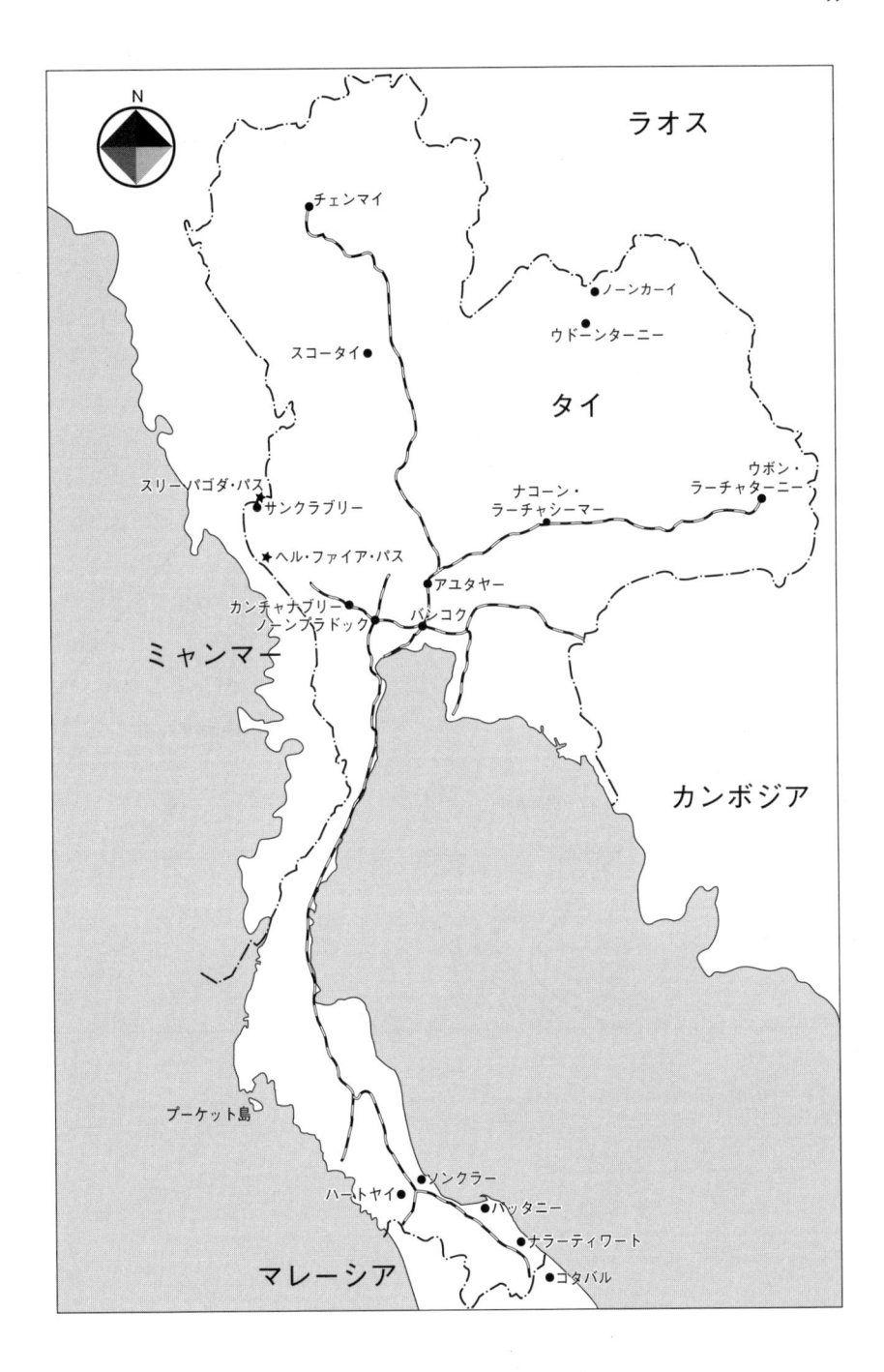

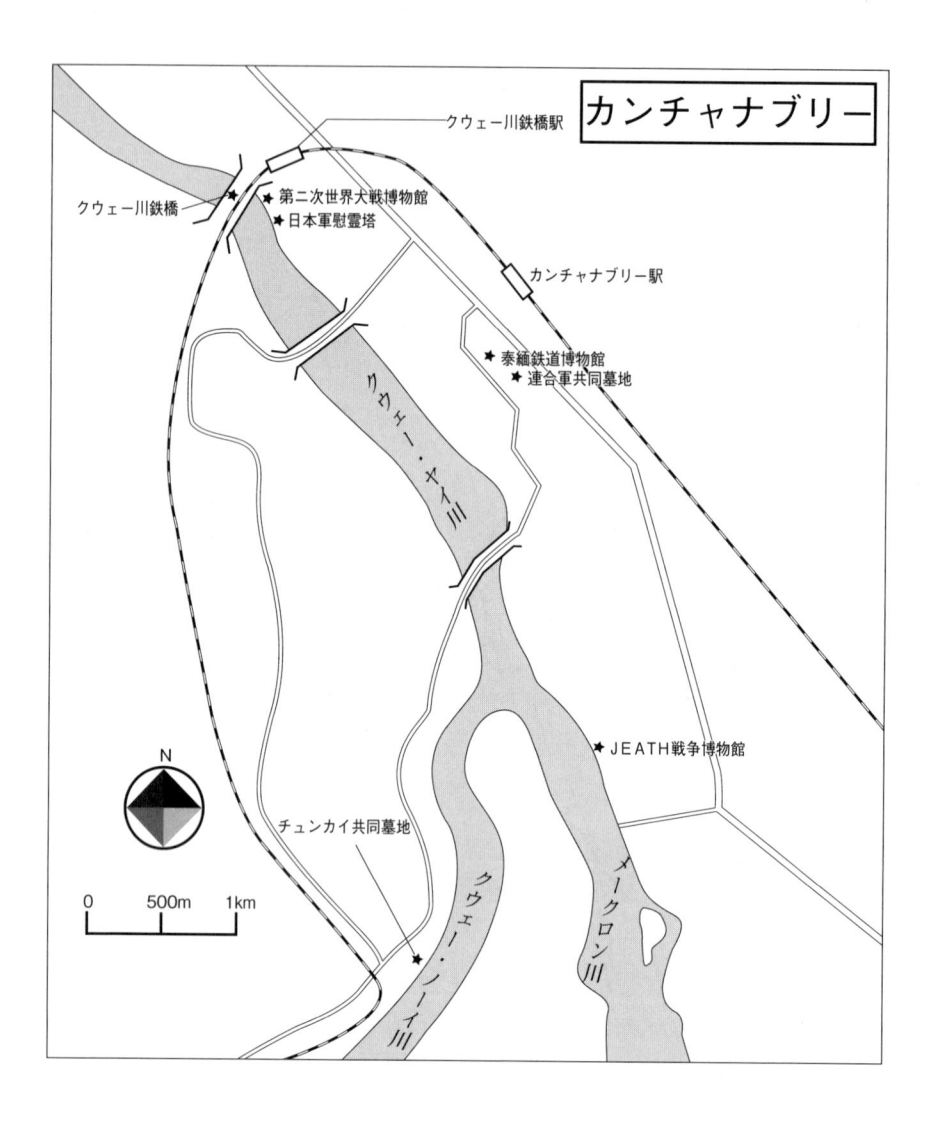

カンチャナブリー

- クウェー川鉄橋駅
- クウェー川鉄橋
- 第二次世界大戦博物館
- 日本軍慰霊塔
- カンチャナブリー駅
- 泰緬鉄道博物館
- 連合軍共同墓地
- JEATH戦争博物館
- チュンカイ共同墓地
- クウェー・ヤイ川
- クウェー・ノイ川
- メークロン川

N
0　500m　1km

タイの戦跡

クウェー川鉄橋　River Kwae Bridge
市中心部から鉄橋まで約4km。カンチャナブリー駅の次の駅が鉄橋わきにある。カンチャナブリー駅からモーターサイ（バイクタクシー）も利用できる。

JEATH戦争博物館　JEATH War Museum
開館時間　8：30〜18：00
休館日　なし
入場料　30バーツ
連絡先　034-515203
行き方　ツーリスト・インフォメーションから徒歩約10分。

第二次世界大戦博物館　World War II Museum
開館時間　8：00〜18：00
休館日　なし
入場料　30バーツ
場所　クウェー川鉄橋のたもと。

泰緬鉄道博物館　Thailand-Burma Railway Centre
開館時間　9：00〜17：00
休館日　なし
入場料　60バーツ
場所　連合軍共同墓地の隣

日本軍慰霊塔　Japanese War Memorial
クウェー川鉄橋に近い。鉄橋から、第二次世界大戦博物館の前を過ぎてさらにまっすぐ行くと、右側にある。

連合軍共同墓地　Kanchanaburi Allied War Cemetery
カンチャナブリー駅から徒歩5〜6分。バスターミナル周辺からはモーターサイかソンテウ（小型バス）を利用すると便利。ミニバスなら2番（オレンジ色）。

チュンカイ共同墓地　Chungkai War Cemetery
バスターミナルからモーターサイ、サームロー（人力車）で約10分（50バーツ）程度。

ヘルファイア・パス・メモリアル博物館　Hellfire Pass Memorial
開館時間　9：00〜16：00
休館日　なし
入場料　30バーツ
行き方　カンチャナブリーのバスターミナルから8203番に乗り、ヘルファイア・パス・メモリアル前で下車。約1時間30分。陸軍のゲートを通って中へ入り、坂を下っていくところに博物館がある。その向こうにさらに下がる階段を下りていくと、切り通しへ続いている。

スリー・パゴダ・パス　Three Pagoda Pass
カンチャナブリーから240km、ミャンマーとの国境の町サンクラブリーにある。

ノーンプラドックの駅。泰緬鉄道の始発駅でもある。

クウェー川鉄橋。映画「戦場に架ける橋」の舞台だが、撮影は別の所で行なわれた。

タイ

工事関係者のための慰霊塔。日本軍鉄道隊が戦時中に建てた。

連合軍共同墓地。カンチャナブリー駅のすぐ近くにある。所属部隊名や年令、亡くなった日付に加え、遺族からのメッセージがプレートにひとつひとつ刻まれている。

タイ側からミャンマーを臨む。手前のジャングルに鉄道を敷設し、山の向こうへ陸路をつないでいった。

スリー・パゴダ・パス。右奥に、ミャンマーへの国境ゲートがある。

カンチャナブリー

　タイの戦跡として有名なのは、なんといっても、泰緬鉄道である。当時、ビルマ・インド方面へ進軍を続ける日本軍にとって、陸路での人員・物資補給路の確保は急務だった。シンガポールからバンコクまで続いていたマレー鉄道と、南部ビルマの鉄道を結べば輸送力は倍増する。しかし、タイの南西部を横断するこの地域は、渓谷や岩山が続く未踏のジャングルだった。

　日本軍鉄道隊は、この鉄道建設の労働力として、1万2000の日本軍兵士の他、連合軍の捕虜約6万5000人と、インドネシア、マレー、ビルマ、地元タイなどから集められた「ロームシャ」(労務者)約20〜40万人を使い、約1年半で、鉄道敷設を完成させた。この鉄道は、タイ（泰）とビルマ（緬甸）をつなぐという意味で、「泰緬連接鉄道」(通称、泰緬鉄道)と呼ばれた。

　この鉄道敷設の重要性を十分認識していた連合軍は、建設現場をしばしば空爆した。さらに日本軍の形勢が悪くなる中でいっそう完成が急がれ、高温多湿、長引いた雨季、コレラやマラリアといった疫病が蔓延するなどの悪条件の下、日夜の突貫工事が続けられた結果、「枕木1本にひとり」と称されるほど、多数の死者が出た。捕虜の死者1万5000、労務者の犠牲者は数が知れない。戦後処理では、その死の責任を問われ、工事関係者のうち32名が死刑、79名が有罪判決を受けた。

　この415 kmの泰緬鉄道の最初の試運転は、1943年10月25日の朝だった。鉄道は完成したものの、既に日本軍の敗色が濃厚となっていた。前線への人員・物資補給のために、この鉄道が使われたのは数回だけだった。実際には、インドのインパールを目指して進軍していた前線から撤退してくる敗残兵の移動のためにフル稼働したのである。

　ビルマ前線の仲間を支援したい一念で、大本営の無謀な工事完成計画完遂に死力を尽くした日本兵。日本軍の甘言に乗せられて、出稼ぎ感覚で行ったまま戻ることのできなかったアジア人労務者。国際法上の捕虜の扱いを信じていた

のに、想像を絶する悪条件と重労働の中で病死していった英国やオーストラリアの兵士たち。日本軍の悪行の代名詞となった泰緬鉄道建設は、考えれば考えるほど非生産的な営みの場である。

　泰緬鉄道関係の戦跡はカンチャンブリー市内およびその周辺にある。カンチャナブリーは、タイ西部に位置し、ミャンマーとの国境に近い。アユタヤ王朝時代に、当時のビルマに対する防衛拠点として集落が形成された。蓮の花が咲く川沿いの町は、大都会バンコクのタイ人にとって豊かな自然が楽しめる手頃な観光地として、人気が高い。

　カンチャナブリーには、泰緬鉄道が通るクウェー川鉄橋がある。この橋は、アカデミー賞受賞映画「戦場に架ける橋」の舞台にもなっており、観光客の人気スポットである。日本ではクワイ川と言われることがあるが、正しくはクウェー・ノーイ川（ノーイは「小さい」の意）である。近隣には、泰緬鉄道工事に関連する博物館や捕虜の墓苑などがある。

・訪問時期　　2004年7月
・カンチャナブリーへのアクセス　　バンコクから、バスや鉄道で手軽に行ける。バンコクまでは日本の4大主要都市から多くの直行便が出ている。バンコクのドンムアン国際空港は、バンコク市街の北約20kmの所にある。市街へは、バス、鉄道、空港リムジンなどがある。いずれも40分くらい。

　カンチャナブリーへは、バンコクの南バスターミナルから、バスで約2時間。30分おきくらいに出ている。鉄道の場合は、バンコクのトンブリー駅から、ナムトック線が日に数本出ている。バンコクからカンチャナブリー駅をひとつ過ぎると、クウェー川鉄橋駅。その先のナムトック駅まで、かつての泰緬連結鉄道を通る。

クウェー川鉄橋

　泰緬鉄道の起点は、バンコクに近いノーンプラドック駅である。現在は、泰緬鉄道415 kmのうちノーンプラドック駅から西へ130 kmがナムトック線として、1日4往復している。その先の区間はレールが撤去され、ジャングルに戻っている。

　ノーンプラドックはとても静かな田舎駅だった。駅前には大きな木。数軒の小屋が目に入るくらいで、あとは木立である。木陰には、犬が3匹、休んでいた。駅の向こう側に、今は使われていない引き込み線と、当時使用されていた脚の高い給水塔が残る。鉄骨がすっかり錆びているが、60年前にしてはしっかりした造りのものだった。

　真っすぐ伸びる線路の両側は、ほとんどが自然のままか、畑などで、進行方向左には、ミャンマーとの境になる山々が見える。土は赤茶けており、時折地元の人たちが農作業をしているのが見えた。

死の鉄橋は、欧米人に人気の観光地

　カンチャナブリーの駅は、それまでのいくつかの駅よりもずっと大きかった。広い通りに通じる駅前には、モーターサイ（バイクタクシー）などがたむろしている。暑いのだが、風が吹くと木陰は心地よい。時間がゆっくり流れているようで、いかにものどかな観光地という風情である。

　敷設工事の拠点となったカンチャナブリーで最も人が集まる観光地は、クウェー川鉄橋である。アカデミー賞を受賞したハリウッド映画「戦場に架ける橋」で一躍有名になった鉄橋だ。ナムトック線だと、カンチャナブリー駅の次の駅が鉄橋のたもとにあり、泰緬鉄道を走ったのと同じC56型機関車が展示されている。ペンキ塗りたてのような、ピカピカの機関車だった。

　1943年2月に最初に作られたクウェー川鉄橋は木造だった。しかし連合軍の爆撃で破壊され、鉄製に改築された。現在の橋はそれを戦後に修復したものだが、丸くなったアーチ部分は当時のままである。

　橋の上も周辺も、観光客で大賑わいだった。周辺はおみやげ物などがたく

さんあった。列車が通らない時は、橋を歩いて渡れる。タンクトップに半ズボン、サングラスにサンダルといった軽装の白人観光客や、タイ人の家族連れがたくさんいる。川べりにはフローティング・レストランが張り出しており、観光客がのんびりとビールを飲んでいる。

　電車が通過する際は鉄橋から人がこぼれるんじゃないかと思うほどの人だかりだった。鉄橋のところどころに、待避場所が作られている。列車は乗り込めそうなほどゆっくりと通過していった。オレンジ色にペイントした車体で、貨車２台の後に客室５両編成が続く。客室で立っている人もいて、にこにこと外を見ている。車内の子供が観光客の中の子供と手を振りあって喜んでいる。遊園地のようだった。

「映画」の中の戦争と現実のギャップ

　映画では、英国軍兵隊たちが口笛を吹きながら、整列して行進するシーンが有名である。映画のロケは別の場所で行なわれており、映画で見るより、実際の橋は小さい印象を受ける。映画のストーリーも事実とは異なる。

　映画の中では、橋の建設を急ごうと焦る日本軍と、労働を担わされたイギリス軍将校およびその部下たちとのやりとりが、中心テーマとなっている。捕虜となりつつも軍人としての誇りを捨てないイギリス軍将校や兵士たちに、日本の将校がさんざん手を焼くシーンや、日本人指揮官の下では働かないのに、自分たちの指揮官の下では実に見事な仕事振りを披露する英国の職業軍人たちが、ハリウッド映画の観客の心を捉えた。

　映画では、橋を作る技術のない無能な日本軍に対し、英国軍捕虜たちが専門技能を提供したことで橋ができたように描かれている。日本軍関係者の記録では、この橋は「メクロン永久橋」と呼ばれ、工事全体の中でも重要視されていた。鉄道隊と国鉄技術陣との共同作業によるもので、捕虜の頭脳を借りたものではない、と記されている。

　日本軍は、満州鉄道の建設や管理で既に長年の鉄道敷設経験を持っていた。南方軍測量隊が２万分の１の地形図を作成し、橋の敷設は鉄道隊作井第７中隊が担当している。展示館などに、端正な日本語でびっしりと書き込みのある測量図や地図が残っている。現地の起伏の激しい地形を実際に通ってみると、大

変難しい大工事だったことはわかる。技術はあったのだ。

　クウェートに長年住んでいた父親と、この映画の話をしたことがある。アラブの反応は米国と正反対だという。アブダビの映画館では、日本軍の兵士が英国軍捕虜を痛めつけるたびに、アラブ人の観客たちが大歓声を上げて喜んだ。アラブ諸国は日本について、英国や米国と戦ってきた国というイメージを作り上げ、共感を持っていたのだろう。それは一面的なものだけに面映いが、国民感情は長い国際関係の歴史の中で培われるものだけに、大切にすべきだと思う。イラクへの自衛隊派遣で、こうした日本に対するアラブの好意的なイメージが崩れてしまった。それは取り返しのつかない損失だったという気がする。

　だが、「戦場に架ける橋」における「無能な」日本人の描かれ方に異議を唱えてばかりいると、日本軍の蛮行という本質から遠ざかってしまう。現地の報告を無視して精神論で無謀な工期短縮を命じた大本営と、命令敢行のための捕虜や労務者の人命軽視が、想像を絶する数の犠牲者を生んだことは明らかな事実だ。現実はもっと無情で残酷なものだったのだろう。

JEATH戦争博物館、第二次世界大戦博物館、泰緬鉄道博物館

泰緬鉄道建設当時を伝える3つの記念館

　カンチャナブリーには、遺物としての鉄橋以外にも、泰緬鉄道での出来事を記憶にとどめる場がいくつもある。

　「JEATH戦争博物館」は、カンチャナブリー駅を背にして左手奥の方にある寺院の一角の展示館である。モータサイで5分くらいのところだ。当時の遺物、多数の写真やイラストパネルなどが展示されている。展示館の器そのものが当時の兵舎を再現した竹製の細長い小屋で、外からはひっきりなしに鶏の鳴き声が聞こえてくる。

　Japan（日本）、England（イギリス）、America & Australia（アメリカとオーストラリア）、Thailand（タイ）、Holland（オランダ）の頭文字を取って名付けられた博物館だという。いろいろな国のヘルメットが遺品として展示されており、複数の国籍の人がここに関わったことが強く印象付けられる。

ガラスケースには、ライフル、ロケット砲、カメラ、タイプライターなどのほかに、日本刀も何本か並べられていた。
　展示の中心は写真である。白いふんどし1枚で作業をする白人の捕虜たち。がりがりに痩せた人たちが、ジャングルやぬかるみの中で、斧などを使って工事をしている。大した機材もなく、本当に手作業の工事だったことがよくわかる。
　皮膚の潰瘍に悩まされていたという記録も多い。腕や足の肉が崩れ落ち、骨まで見えている。熱帯性の湿った気候と弱った体力で、一度潰瘍ができると、あっという間に広がって肉が腐り、命にかかわったという。薬も医者もなく、川に傷口を浸すと魚が壊死したところだけをつついて食べるので、傷が広がるのが押さえられた、といったエピソードがある。
　「第二次世界大戦博物館」は、鉄橋から歩いてすぐのところにある。かなり敷地の広い博物館で、1993年に個人の資産家が建てている。武器・弾薬、軍票、蠟人形展示などのほか、最初に架けられた木製の橋の一部も保存されている。日本軍がたった3ヵ月で捕虜に作らせたもので、爆撃で破壊されたのだという。丸太と板を組み合わせたものだった。
　その他、当時、アジア諸国で使われていた各種の日本軍軍票や、拳銃、捕虜移送用の貨車や虐待されている捕虜の蠟人形などが置かれている。
　王室の調度品など、戦争とは無関係な文化財なども多数あり、テーマ性や信憑性は感じられない。鉄橋を見に来た観光客が散歩ついでに寄っていくという感じのところだった。

「鉄道隊」の戦争

　「泰緬鉄道博物館」は、駅から歩いてすぐ、連合軍共同墓地の横にある。カンチャナブリーにある泰緬鉄道関係の展示空間の中では最も新しいもので、展示方法が体系だっている。入口には、「こんなにも人の命が粗末に扱われるなんて…」といった標語が掲げられている。ロッド・ビティという人の尽力で2003年1月に開館した。どこの記念館も来館者がたくさんいたが、ここが最も入場者が多かった。
　2階のちょっとしたカフェから、道路を隔てて隣接する「連合軍共同墓地」

全体が見渡せる。美しいグリーンの中に、黒い長方形の墓石が何本もの筋になって、平行に並んでいる。編み籠をかつぎ、麦藁帽子をかぶった、地元の墓苑清掃の人たち数人が仕事をしているのが見える。

この博物館では、泰緬鉄道建設のために亡くなった人々は、連合軍の捕虜たちよりも、東南アジア諸国から徴用された人たちの方がはるかに多かったことなどを、壁に打った釘の数などで視覚的にわかりやすく表示している。

入口で、「何か資料などはありませんか」と訪ねたところ、受付らしい地元の人が日本語のコピーを見せてくれた。日本軍鉄道隊でタイ側の工事に関わった人の著作のコピーのようだった。そこには、工事を指揮していた日本軍の現場から見た事情が綴られていた。要約するとだいたい、以下のようになる。

鉄道兵はビルマの友軍のために１日でも速くと、乏しい食料、マラリア、コレラ等の悪疫の中、必死になって作業に取り組んだ。それは、鉄道兵として任務達成の使命感に燃えていたからだった。この気迫は、捕虜の立場から見れば、酷使されたと思われるだろう。戦後、立場が逆になると、鉄道兵は「戦犯」となり、有期刑79名、絞首刑32名の尊い犠牲を生んだ。ビンタもあったが、虐殺のための行為では絶対にない。この地に鉄道を建設したのが、侵略戦争か自衛戦争かの批判は、かつての首脳が受けなければならない。鉄道建設を担ってこの地に送られた作業隊の人びとは、あらゆる困難を排して敷設する以外になかった…。

国策としての戦争の中で、他国の人びとを使役した側の事情が綴られていた。日本軍関係者の記録の中に、戦争犯罪人とは祖国愛の最も高かった人のことだ、と指摘するものもあった。戦争を体験していない私にとって、戦争責任のあり方、戦犯、なかなか姿が見えてこないアジア人労務者などについて、深く、多角的に考えさせられる場だった。

日本軍慰霊塔

戦中に日本軍が建てた慰霊塔

クウェー川鉄橋から歩いて数分のところに、日本軍鉄道隊が建てた慰霊塔が

ある。鉄道建設工事の間に病死した労務者や、犠牲となった捕虜すべてのための慰霊の塔であるとの説明がある。建立は、昭和19年2月。鉄道連接工事が終了した直後に建てられている。今は、在タイ日本人により管理されており、毎年3月に慰霊祭が行なわれているとのことだった。

　石碑を囲む四隅の壁には、犠牲者の冥福を祈る碑文が、日本語のほか、英語、マレー語、タミール語、中国語、ベトナム語で刻まれている。高さは背丈の2倍以上あるだろうか。大きめの角柱形の慰霊塔である。木々に囲まれ、園内は清掃されているようだった。訪れる人が途切れないのか、お供えも塔婆もいくつかあった。時間の重みを感じさせる慰霊の碑だった。

　戦場で戦闘行為の最中に亡くなったわけではない。そういう意味では戦死ではないのかもしれない。直接の死因は病死が多かったかもしれない。しかし、もし日本が戦争をしておらず、ビルマ前線の日本軍へ物資補給をするための陸路を大至急確保する必要がなければ、工事は行なわれず、死者は出なかった。

　国際法上、捕虜を自国の戦争遂行作戦に従事させてはいけない。タイ政府もビルマ政府も、日本軍の要請に従い、自国から労務者を募り、労力提供に協力している。タイの労務者は日本軍兵士より高い日当をもらっていたとも言われるが、敗色が濃くなっていった工事後半期と、工事前半期では様相も異なる。

　戦争を単純に断ずることはできないだけに、誰の立場で語られている記憶なのか、誰から見て何を慰霊するものなのかの見極めが難しい。「東亜全体が栄えるために」とのスローガンのもとに現場の人びとががんばった結果が、その目的とこんなにも乖離してしまったことを、この慰霊碑はどのように吸収してきたのだろう…。

　連合国捕虜の犠牲者約1万2000人は、職業軍人として弔われ、遺族もそれなりの扱いを受けている。しかし、約6万人とも言われる労務者の遺族たちを、戦後の日本はどのようにフォローしてきたのだろう。工事ならば労災であり、戦争なら戦後補償の対象となる人びとだろう。タイやビルマの政府が集めた労働力であれば、両国政府はこの人たちにどのような対応をしてきたのだろう。記念碑を建てて合掌するだけでは全然足りないことを逆に認識させられる慰霊の場でもあった。

連合軍共同墓地・チュンカイ共同墓地

亡くなった兵士を悼む言葉

「連合軍共同墓地」は、主に日本軍の捕虜となって亡くなった連合軍の兵士の墓苑である。1939—1945 という年号が、入口のプレートに刻まれており、その間の戦没者、ということである。カンチャナブリー駅のすぐ近くにある。

同じ目的で設営された墓苑として、カンチャナブリーから少し離れた「チュンカイ共同墓地」や、ミャンマーの「ターンビュザヤ共同墓地」がある。

「ここに眠る戦士たちは、国の自由を守り、タイ国の各地に埋葬されていた。(中略) 墓地は、陸海空の兵士たちを称え、安らかに眠れるようにと、タイの人びとから贈られたものである」と記されている。

手入れの行き届いた美しい墓苑で、タイ政府の資料によると、連合軍兵士6982人の墓碑がある。グリーンの芝生が広がり、南国のリゾートホテルの広いガーデンのような雰囲気がある。

中心部に、下向きの剣を中央に重ねた十字架型のモニュメントがある。その左右に、ひとりひとりの墓石が、整然と配置されている。色鮮やかな花がたむけられた墓石が、いくつもある。中学生から高校生くらいの子供3人を含む、小麦色の肌の5人連れ。中学生くらいの子供2人を含む4人の白人家族。訪れる人たちはみな軽装で、粛々と墓石の字を読んでいく。

墓石のひとつひとつには、兵士の名前、年齢、所属部隊名、亡くなった日付、および、遺族からの短いメッセージが刻み込まれている。

「J. O. パッチ　24歳　英国サリー州東部連隊所属　1943年8月17日没　常に思慮深く優しかった愛しい息子よ　美しい思い出をありがとう」

「J. マックラフリン　26歳　王室連隊　1943年6月9日没　いつまでも忘れない。　父と兄弟姉妹より」

「W. R. クレミショー　27歳　王室通信隊　1943年9月21日没　輝ける若さの真っ只中で、彼は勇者たちの列に自分の居場所を定めた」

「H. D. マックニッター　狙撃手　王室砲兵隊　1945年3月7日　36歳　そ

「の思い出はいとおしく、追慕は限りない」

「E. E. パイク　兵士　マレー連邦自主防衛隊　彼は子供たちの心に生き、彼の行ないは子供たちの誇りとなる」

「E. F. G. ソログッド　技師　王室電気機器技術連合　1943年10月6日　32歳　愛しい夫との最も大切な思い出をすべて心に刻んで」

「G. スゥインホォー　軍曹　王室砲兵隊　1943年9月24日　36歳　彼がいたことをいつも思い出す。彼の笑顔が見える」

「G. W. ブライヤーズ　軍曹　王室砲兵隊　1944年11月29日　30歳　心から愛していた。けっして忘れない。ネルと、ママとパパであるフレッドとサンドラより」

「J. マッグウィック　爆撃機爆撃手　王室砲兵隊　1943年10月4日　23歳　彼は逝ってしまったけれど、いつも一緒にいる」

　数え切れないほどの墓石に刻まれた、たったひと言をいくつも辿っているうちに、ようやく生きていた人の死が浮き立ってきた。生きていてほしかった…。死者を追慕する人たちの存在感に圧倒される。カンチャナブリーで、初めて人の死を実感した場所となった。

　兵士の多くは20歳代前半から40代前半で、幅がある。遺族のひと言を辿っていて、疑問が湧いてくる。戦争に関われば死と隣合わせになることはわかっていたことだろうに…。そんなに生きていてほしかったならば、なぜ職業軍人にさせたのか。戦争の時代を知らない外国人の私には、その矛盾を受け止め切れない。

　「チュンカイ共同墓地」は、元捕虜自身の手で教会と共に設置されているという。時間がとれず今回は行けなかったが、連合軍共同墓地に比べると小規模で、それでも約1750人の連合軍兵士が埋葬されているという。

　さらにまた1つ、疑問が湧く。連合軍の死者は、こんなに手厚く埋葬されているが、名前もわからないアジア人の労働者たちの亡骸は、どこにあるのだろう。働き手を失った遺族はどうなっただろう。アジア人労務者のひとりひとりを同じように弔ったら、この墓苑の10倍位になってしまう。

　他の東南アジア地域で玉砕した日本人戦没者たちと同じように、この建設工

事に関わったアジア人労務者の中には、遺体の見つからない人も多いと聞く。なぜ、アジア人はわからないのだろう。なぜ、連合軍だけ、本人の所在がわかり、さらには遺族の存在まで見えるのだろう。同じ戦争で、この違いは、何だろうか。

ヘルファイア・パス記念博物館

「地獄」と呼ばれた切り通し

　カンチャナブリーからミャンマー国境方面へ北西約 80 km 進んだあたりに、鉄道がようやく通れるだけの空間を、岩山をくりぬいて作った切り通しがある。カンチャナブリーのバスターミナルから 8230 番バスで約 1 時間半。泰緬鉄道の建設において最も困難を極めたと言われる「ヘルファイア・パス」である。

　そこに、オーストラリアとタイの商工会議所が共同で建てた博物館があり、屋外の線路跡には、当時使われていた線路の一部が保存されている。1998 年 4 月の開館だ。

　バスを降りて、道路沿いのゲートを入り、右手から道なりにしばらく歩いていくと、敷地の奥に記念館が見えてくる。その向こう側を降りていくと、鉄道跡がある。

　館内には、第二次世界大戦中、日本軍の下で働かされた連合軍捕虜、特にオーストラリア人に関する資料、ヘルファイア・パスでの鉄道建設に関する資料などが展示されている。館内の映像資料展示にもインパクトがある。建物はコンクリート製でしっかりしており、道路と反対側にミャンマー側を展望できるスペースがある。見渡す限りのジャングルが眼下に広がっており、この地点が高い場所にあることに気づく。

　記念館の裏手下へ降りると、切り崩した場所一帯を歩いてみることができる。当時の線路も一部残っている。建築予定期間をさらに縮める指令が大本営から発せられ、43 年 5 月以降は現地で「speedo（スピードー）」と語り継がれる号令のもと、主にオーストラリア人捕虜のD軍 380 人がここを担当し、約 6 人に 1 人の割合で亡くなったと記録されている。

ヘルファイア・パスの切り立った硬い壁面に、無数に細い削り跡が残る。ハンマーを使い手作業で日夜掘り続けた跡がそのまま岩肌に残っているのである。壁を触ると、ぽろぽろと崩れるような土ではなく、ごつごつした岩肌で硬い。垂直に削られた岩肌のところどころに、慰霊の小さな白い十字架が置かれている。当時、痩せこけた捕虜たちが、うす明かりの下で休まずに掘り続け、そのゆらぐ影が地獄絵のようだったことから、ヘル（地獄）ファイア（炎）パス（峠）と呼ばれている、との説明プレートがあった。

　木がうっそうとしており、蒸し暑い。見て歩いていたら、汗のしたたる肌に、後から後から蚊がたかってくる。薄い長ズボンを履いていたが、素足にサンダル履きだったので、足の指まで数ヵ所刺された。ブーンという羽音が大きくて、日本の蚊よりも大きい。マラリアは、ハマダラ蚊が媒介するという。どんどん刺されて、大丈夫かなと心配になるくらいだった。

　真っ暗闇のジャングルで明かりを灯せば、虫を呼び込む。当時の写真に写っている捕虜は、上半身裸で下着1枚姿が多い。食料不足で体力の弱っていた捕虜たちに、アジア人労務者たちが持ち込んだマラリアやコレラといった疫病があっという間に蔓延し、バタバタと死んでいったという話が、急に現実味をおびてくる。

　鉄道のレールを敷設するためには、地面を平らにしなければならない。硬い岩盤につるはしをふるい、さらに小さな道具を使って、列車が通れる幅ぎりぎりに、四角い溝をくりぬいてある。そのぎりぎりさが、はめ込みパズルのようで、当時の必死の気迫すら感じる。岩山のてっぺんから地面まで約8mもくりぬいたところもあるという。今、その溝の中央に、なぜか大きな木が1本だけ立っている。

サンクラブリー、スリー・パゴタ・パス

ミャンマーへ続く国境にて

　ヘルファイア・パスから国道20号線をさらに西へ進むと、ミャンマーとの国境の町、サンクラブリーに着く。カンチャナブリーからは約240km。かつて

「三塔峠」と呼ばれ、今は「スリー・パゴタ・パス」と呼ばれる国境地点に最も近い町である。クウェー川に架かるタイで最長の木造の橋と、のどかな川沿いのフローティングハウスの調和が絵のようだった。この川をずっと下れば、カンチャナブリーの鉄橋に行き着く。

カンチャナブリーの鉄橋近くに、元日本軍通訳だった永瀬隆氏が建立した私設の慰霊寺院「平和寺院」があるという。スリー・パゴタ・パスのすぐ脇にも、同じく永瀬氏が建立した「国境平和記念堂　星露院」がある。建立は2002年4月とある。永瀬氏は、通訳として工事に関わり、戦後処理にあたった。その後も建設に関する被害状況などの聞き取り調査などを行ない、自分の戦争を見つめ続け、多くの書籍を通して記録と発言を続けている。

戦争を語り継ぐ個人の努力によって、伝えられていなかった戦争の別の側面が掘り起こされ、記録されうるということを、各地の戦跡で教えられる。ベトナムの「戦証博物館」、沖縄・伊江島の「ヌチドゥタカラの家」、カンボジアの「地雷博物館」等々。戦場で疑問を持った人たちが、その答えを見つけるために、自分の生涯の時間と私財をつぎこんで検証していく作業には、執念とも言える努力が要求される。

国家的に伝え得るものは、国家のために戦った兵士を称え、使用した武器の性能の良さを披瀝することだろう。勝者の声は大きく、敗者や被害者の声を伝えるのは難しい。しかし、各国各地の戦跡で、そういう時代だったと済ませることなく、個人の力で戦争を追いつづけている人に出会う。自分の内面を見つづける活動に、後から来て学ぶことは多い。

サンクラブリーから、ひと山越えればミャンマーである。数時間だけ国境を越えて、ミャンマーに滞在した。ぎらぎらした晴天だったのに、急に土砂降りのスコールが来た。雨宿りしながらコーヒーを頼んで、飲み終わる頃には晴天に戻り、あっという間に道が乾いた。自然は激しく、逞しい。

たくさんの人柱によって完成した泰緬鉄道を、ジャングルはまたすっかり飲み込んで、跡形もない。しかし実際には、工事に関わった膨大な数の人びとが傷つき、亡くなっている。

ここで途切れた多くの人の命は、いったい何のために使われたのか。直接の戦闘現場とは異なった場所に積み重なる累々の死。勝つためには他国の人間の

命を道具として使うことに何の痛みも感じない戦争心理とは何なのか。
　そして、欧米の兵士、アジアの人びと、前線の日本兵や戦犯として絞首刑になった人びと。鉄道建設という戦争に関わった死ひとつひとつの弔われ方に、国によって雲泥の差がある。みな、同じ人間なのに、生き様、死に様、死後にいたるまで、違いがある。戦争に関わることについて、幾重にも教訓の残る、苦い戦跡だった。

タイの概要

正式名称　タイ王国　The Kingdom of Thailand
面積　51万3000km²（日本の約1.4倍）
人口　約6426万人
首都　通称はバンコク。一般にはクルンテープと呼ばれる。
政体　立憲君主制
民族構成　タイ族75％、華人14％、そのほかマレー族、クメール族、カレン族、ミャオ族、モン族、ヤオ族、ラフ族、リス族、アカ族など。
宗教　仏教95％、イスラム教3.8％、キリスト教0.5％、ヒンドゥー教0.1％、ほか0.6％。
言語　タイ語。英語は外国人向けの高級ホテルや高級レストランなどではよく通じるが、一般の通用度は低い。
通貨と為替レート　タイの通貨はバーツ。補助通貨はサタンで、100サタンが1バーツ。1バーツ＝約2.8円
時差とサマータイム　日本との時差は－2時間。サマータイムはない。

タイの祝祭日

旧暦の祝日は、日付が毎年変わる。
1月1日　新年
3月5日　マーカブーチャー（万仏節）、2月頃の満月の日。
4月6日　チャクリー王朝記念日
4月13～15日　ソンクラーン（タイ正月）
5月1日　メーデー
5月5日　国王即位記念日
6月2日　ウィサーカブーチャー（仏誕節）、5月頃の満月の日。
7月31日　アーサーンハブーチャー（三宝節）通常7月の満月の日
8月1日　カーオ・パンサー（入安居）
8月12日　王妃誕生日
10月23日　チュラロンコーン大王記念日
12月5日　国王誕生日
12月10日　憲法記念日
12月31日　大みそか

タイの近・現代略史

- 11世紀頃　タイ諸族が中国南部からタイへの移住を始める。複数の国家が建設され、カンボジア（クメール族）のアンコール朝の支配下におかれる。
- 13世紀　タイ初の独立国家スコータイ朝建国。
- 1438年　スコータイ朝がアユタヤ朝に滅ぼされる。
- 1569年　アユタヤ朝がビルマ軍に占領される。
- 1584年　ナレースワン王子がアユタヤ朝の独立を宣言する。
- 1604年　日本の朱印船がアユタヤを訪れ、交易を開始。
- 1612年　イギリス東インド会社がアユタヤに商館を設置。
- 1855年　イギリスとボウリング条約を締結し、門戸を世界に開放。
- 1868年　ラーマ5世（チュラロンコーン）即位（～1910年）。諸外国から人材を集め、制度の改革や、近代化政策を進める。
- 1893年　フランス砲艦、バンコクにまで侵入し圧力を加える（パークナム事件＝シャム危機）。
- 1896年　英・仏、シャムの領土保全に関する協定。
- 1900年　最初の長距離鉄道路線バンコク～ナコンラーチャシーマー間開通
- 1902年　ワチラーウット皇太子日本訪問。
- 1905年　奴隷制度（トータ）と身分制度（プライ）の廃止。タイ海軍、日本に11名の学生を派遣留学させる。
- 1917年　チュラロンコーン大学設立。
- 1920年　ヨーロッパ各国と不平等条約改正（～1926年）。
- 1932年　タイ（シャム）立憲革命。専制君主制に対してクーデターが勃発し、立憲改革により、憲法が発布され、専制君主制から立憲君主制に移行。
- 1933年　ピブーンらによるクーデター。
- 1938年　ピブーン内閣成立。
- 1939年　国号をシャムからタイに変更。
- 1940年　英仏との間に不可侵条約。日本との間に友好関係の存続および相互の領土尊重に関する条約に調印。タイ仏印紛争の開始。
- 1941年　日本の調停によりタイ仏間国境紛争解決。日本国軍隊のタイ国領域通過に関する日本国タイ国間協定調印。
- 1942年　泰緬鉄道建設開始。
- 1943年　泰緬鉄道完成。
- 1946年　現国王ラーマ9世即位。タイ、55番目の国として国連加盟。
- 1957年　クーデターが起こり、軍事独裁体制始まる。
- 1973年　学生・市民と軍が衝突し、独裁政権退陣。
- 1976年　軍によるクーデターで、再び軍事独裁体制始まる。
- 1988年　チャーチャーイ政権樹立。民主化を進め、経済が発展。
- 1991年　無血クーデターによりチャーチャーイ政権が倒され、国軍が政権握る。
- 1992年　民主化要求運動が激化したことにより、スチンダ首相が辞任。
- 1997年　新憲法発効。

北マリアナ諸島
（サイパン島・テニアン島）

北マリアナ諸島（サイパン島・テニアン島）の戦争

　北マリアナ諸島は、南北に点在する14の南洋の島々の総称である。現在は米国連邦共和国となっており、約7万人が住んでいる。14の島の、北から数えて11番目の島がサイパン島で、最も日本に馴染みがある。サイパン島の南側にくっつくように、テニアン島がある。北マリアナ諸島の南のはずれにロタ島があり、さらに南下すると、一大リゾート地となっているグアム島がある。

　サイパン島は、今日、多くの日本人にとっては、ハワイやグアムと同様、南の島のリゾート地として知られている。実際、滞在中にも、多くの日本人観光客とすれ違った。しかし、ほんの62年前、1944年の夏に、この島は日本とアメリカの激戦地となったのだ。日本にとっては、初の民間人玉砕者が出た島でもある。その後約1年間、アジア各地で戦いと玉砕が繰り返され、日本軍は沖縄まで後退して、ようやく戦争が終わった。あとから見ると、この島には、日本の敗戦期に起きた惨事が、あたかも見本のように詰まっている。

　テニアン島は、もともとチャモロ族の人びと2000人前後が暮らす、小さくてのどかな島だった。第一次世界大戦後に日本の統治下に入り、サイパン島で成功した精糖工場がテニアン島にも進出して、ひと時にぎわった。さとうきびを材料とする精糖の技術は、沖縄から移住してきた人びとが伝えていった。

　米軍がこの島へ上陸したあと、日本軍はたった9日間で玉砕した。北側の滑走路はB29の発進基地として、その後の日本本土空襲の拠点となった。原子爆弾もこの島で搭載され、目的を達成して「栄光」の帰還を果たしている。

　サイパン・テニアン戦では、投入された兵士の数には諸説あるが、日本軍約4万3000人のうち、4万1000人が戦死。対する米軍の方はサイパン島上陸軍が約6万とも、マリアナ戦線で総勢で約23万人とも言われ、かなり幅があるが、サイパン島上陸戦での米軍の死者は3000人前後というのが定説となっている。

　米軍上陸時に島にいた一般邦人は約2万人で、男性成人、男女学生など、戦える者はすべて動員され、残った約8000から1万2000人が自殺したと言われている。数字だけでは実感がわかないが、考えれば恐ろしいほどの数である。当時、数千人の朝鮮人も連れてこられており、戦禍の中で行方がわからないままの人も多い。

225

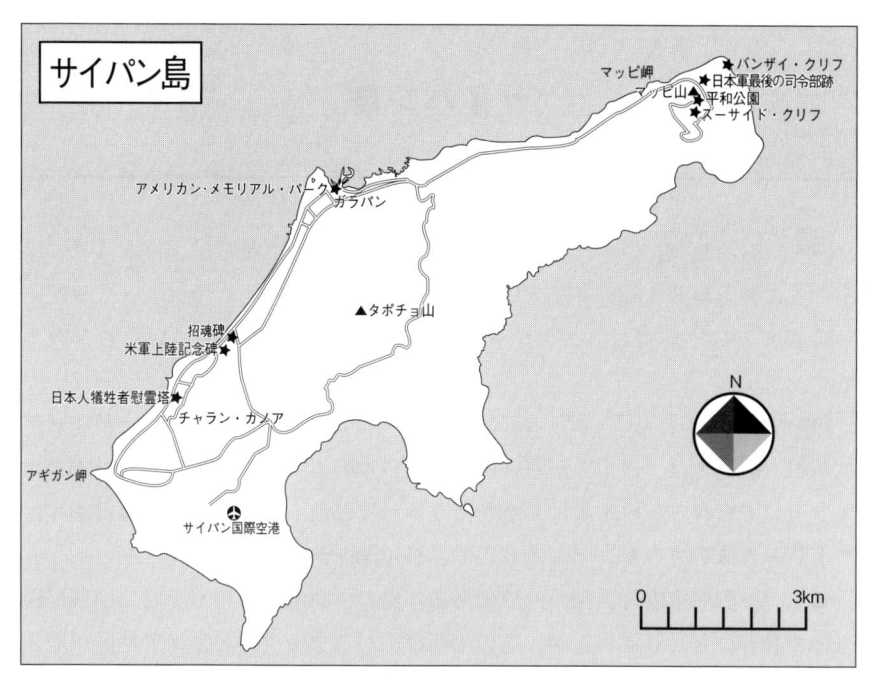

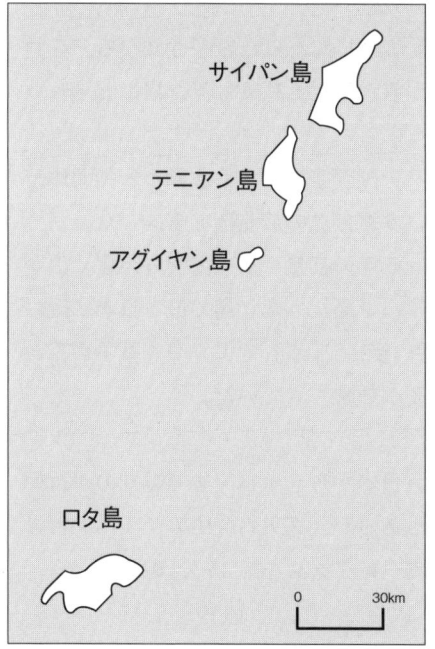

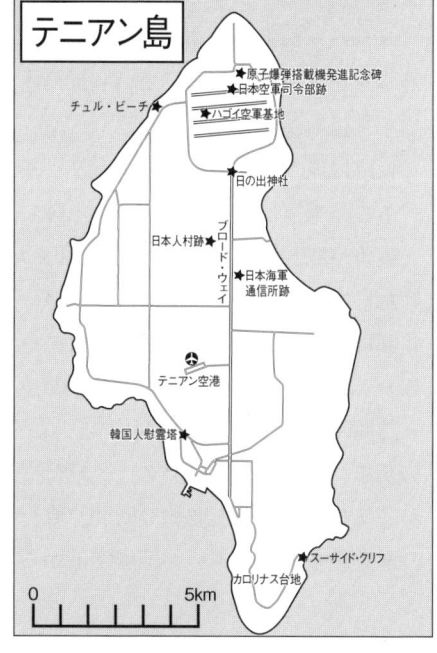

サイパン島

- バンザイ・クリフ
- 日本軍最後の司令部跡
- マッピ岬
- マッピ山
- 平和公園
- スーサイド・クリフ
- アメリカン・メモリアル・パーク
- ガラパン
- ▲タポチョ山
- 招魂碑
- 米軍上陸記念碑
- 日本人犠牲者慰霊塔
- チャラン・カノア
- アギガン岬
- サイパン国際空港

N

0　3km

- サイパン島
- テニアン島
- アグイヤン島
- ロタ島

0　30km

テニアン島

- 原子爆弾搭載機発進記念碑
- 日本空軍司令部跡
- チュル・ビーチ
- ハゴイ空軍基地
- 日の出神社
- 日本人村跡
- ブロード・ウェイ
- 日本海軍通信所跡
- テニアン空港
- 韓国人慰霊塔
- スーサイド・クリフ
- カロリナス台地

0　5km

サイパン島

　「サイパンは、昔スペイン、それからドイツのものになった。日本はドイツからここをもらって、アメリカは日本からここをもらった。今はアメリカだ」
　64歳だという島育ちのタクシードライバーが、英語で島の生い立ちを教えてくれた。
　「観光客でにぎわっていて、いいでしょう？」とたずねると、「ここ数年はダメだね。観光客は、日本人が多いけれど、日本のホテルに泊まって、日本のレストランで食べる。日本人はお金を使うけれど、使ったお金はみんな日本へ行くよ」とこぼしていた。ところどころ、日本語を使う。
　サイパン国際空港は、島の南部にある。島の中央部にあるガラパン地区が観光客で最もにぎわっているが、島の南西に広がるチャラン・カノア地区が地元住民の生活圏となっている。
　ガラパンの海は、岸から20歩くらい離れると胸くらいの深さになる。3月だったせいか、海藻が足にいっぱい巻きつき、流れも速く、見た目ほどきれいでも、穏やかでもなかった。
　戦跡は島全体に散らばっており、サイパン国際空港のすぐ北側に、弾薬庫跡がある。米軍は島の南西部から上陸し、日本軍は島の最北部で玉砕した。
　戦争が終わって60年の節目を迎えた2005年の初夏、初めて国外慰霊に出かけた日本の天皇と皇后が訪れた地が、サイパン島だった。島で最も日本に近い北側にある玉砕の岬で黙禱する天皇・皇后の姿に、「これでようやく戦争が終わる」とサイパン在住の日本人たちが泣く姿が放映されていた。

・訪問時期　　2004年3月中旬。
・サイパン島へのアクセス　　飛行機は、日本からサイパンまで数社の直行便が運航している。所要約3時間。直行便もあるが、グアム経由のサイパン行きの本数が多い。サイパン国際空港から市内へはタクシーで15分ほどと近い。

サイパン島の戦跡

チャラン・カノア・ビーチ　Chalan Kanoa Beach
1944年6月15日にアメリカ軍が上陸し、日本軍と戦闘を開始した海岸。

米軍上陸記念碑　U.S.Landing Monument
サイパン南部のビーチ・ロードとサイパン国際空港から海に向かって下ったところの角に立っている。白亜の十字架にアメリカ軍の白い鉄兜をかぶせた記念碑。

日本人戦没殉難者のための招魂碑　Japanese Peace Memorial
米軍上陸地点の少し北側の道路沿いにある。

バンザイ・クリフ　Banzai Cliff
最北端のサバネタ岬とラグア・カタン岬の間の断崖。1944年7月に日本軍最後の玉砕突撃が決行された。海面まで約80mもある断崖で、多くの慰霊碑が立つ。

スーサイド・クリフ　Suicide Cliff
標高249mのマッピ山の北側の切り立った断崖。現在、頂上は平和記念公園となっており、玉砕を悼む観音像が立っている。

日本軍最後の司令部跡　Last Command Post
マッピ山の崖下のくぼ地にある。あたり一帯には、中部太平洋戦没者の碑、おきなわの塔、韓国人慰霊平和塔など、多くの慰霊碑がある。

アメリカン・メモリアル・パーク　American Memorial Park
ガラパン北部に1994年、戦争終結50周年を記念して設けられた慰霊公園。日本への原爆投下を支持したトルーマン大統領の祝いの言葉が刻まれている。

北マリアナ諸島(サイパン島・テニアン島)

サイパン島バンザイ・クリフ。数ある慰霊碑の向こうに、ひっそりと海側に向けて建てられた母子像が、玉砕の海を見守り続けていた。

サイパン島スーサイド・クリフ。マッピ山の断崖の上から玉砕した人も多い。

スーサイド・クリフの上から下を見おろす。突風がふきあげてくる。

マッピ山の麓にある飛行機用の掩体壕。

北マリアナ諸島（サイパン島・テニアン島）

マッピ山の麓にある旧日本軍最後の司令部を守っていた高射砲。

戦車の車輪に使われていた鉄のベルトもすっかり朽ちていた。

サイパン島観光の中心地ガラパンにあるアメリカン・メモリアル・パーク。

チャラン・カノア・ビーチ、米軍上陸記念碑、日本人招魂碑

水平線に近い海に残る戦車

　第二次世界大戦では、島民は日本軍と行動をともにし、サイパン島全体が戦争状態になったが、今、戦争の痕跡が手つかずで残っているところは少ない。

　米軍からの攻撃が始まったのは、1944年6月11日。まず、艦上爆撃機500機で4日間連続の地上爆撃があった。13日からは艦砲射撃も加わり、日本軍守備隊の主だった砲台や陣地に、砲弾の雨が降った。米軍の上陸日は「Dデイ」と呼ばれた6月15日。上陸海岸は南西部にあるチャラン・カノア・ビーチである。

　米軍の上陸地点には今、白い十字架にアメリカ軍の白い鉄兜をかぶせた「米軍上陸記念碑」が立っており、上陸作戦で亡くなった3000人近い米兵の功績を伝える。車道の交差するところにあって、見落としやすい。

　そこから歩いてしばらく行ったところには、日本人戦没殉難者のための「招魂碑」が、残留日本人一同の名で、昭和21年6月に建立されている。当時の吉田外相の意向によって各地に建てられたものの1つと言われている。

　場所がわからず、日用雑貨店の前で地元の人らしき中年男性に写真を見せたら、わらわらと人が集まってきた。年輩者が多い。「あっちの方にあるやつじゃないか？」「こうして拝むところだろ？」などと合掌する身振りを交えながらしばし相談し、方向を教えてくれた。なんだかとても親切な人たちなのである。招魂碑は、道路脇の一角を低い塀で囲った中にあった。誰かがお参りをしている形跡があった。

　厳密に言えば、招魂碑と慰霊碑には大きな意味の違いがある。しかし、地元の人にとっては、単純に、日本人が戦没者を悼む大事な場所だった。

　サイパン戦に関する資料は多数ある。数字や年月日に多少のずれはあるが、いずれの資料も、ここが民間人を巻き込んだ最初の玉砕地であるという点では一致する。

　この地が日米の壮絶な攻防戦の舞台になった理由は、東京からの距離にある。サイパン、テニアン、グアムといった島々から、皇居および大本営のあった東

京までは、往復約5000km。米軍のB29重爆撃機で直接、日本の中枢を空爆できるからだ。

　ガラパンから少し南にさがったビーチから水平線を見ると、比較的近くの海の中に、今も戦車が1台置き去りになっていた。米軍の戦車だろう。砲台を45度上に向けた感じで、戦車の後部が海中に埋もれている。美しい夕日を背後から受けて、黒い小さなシルエットが、夕日の中に浮かび上がった。

バンザイ・クリフ、スーサイド・クリフ

死者を悼みつづける石仏

　「島の一番北と一番南は、人がいないから、車はアンロック（鍵をかけない）よ。絶対。それから、車の中に荷物を置くのもダメ。鍵がかかっていなければ、ドアを開けて物色しておしまい。鍵がかかっていたら、窓を壊されるからね。気をつけてね。レンタカーは本当によく狙われるからね」

　レンタカー会社ハーツで車を借りた時、受け付けのマリルさんが何度も念を押した。サイパン島の中心部は観光客でにぎわっているが、戦跡が多い南北の先端部はほとんど人がいない。北部先端のスーサイド・クリフは、昼間は日本人や韓国人の観光客が三々五々タクシーやレンタカーで訪れるし、警備担当者もいるが、それでも物騒だという。

　第二次世界大戦中、「生きて捕囚の辱めを受けず」との日本の皇民教育は日本の統治下にあったアジア諸国にも行き渡っていた。サイパン住民および軍人・軍属らは、上陸戦の最後に逃げ場を失い、投降せずに、母国日本に一番近い島の最北端から海に身を投げた。海まで行かれず、その手前のマッピ山北側の絶壁から飛び降りた人も多い。

　いくら投降を勧めても、「天皇万歳」と叫んで自ら死を選ぶ日本人を、米軍は全く理解できなかったという。米軍によって、サバネタ岬とラグア・カタン岬の間にある約80mの断崖は「バンザイ・クリフ（万歳の崖）」、そこに面した標高249mのマッピ山の絶壁は「スーサイド・クリフ（自殺の崖）」、と名づけられた。

この間、マリアナ沖海戦では日本海軍が敗北。サイパン玉砕の翌日には、インパールで日本軍の退却命令が出され、ビルマ各地で日本兵の行き倒れが始まる。7月18日に東条内閣が総辞職し、24日には隣のテニアン島に米軍が上陸を開始した。テニアン島は9日間で陥落。この年の11月以降、この一帯から東京および日本本土への空襲が始まった。翌年の8月に、テニアン島から2機の原爆搭載機が飛び立ち、15日に玉音放送となった。
　岬の周辺には今も多くの遺骨が眠っていると言われる。バンザイ・クリフの突端だけで、大小あわせて30近い慰霊碑が建っていた。
　数ある碑の中で、海側に顔を向けてひっそりと建てられた、小さな2つの像が気になった。1つは子を抱く母の像だった。1つは小さな観音像だった。海中に飛び込んでいったであろう身内を悼み続ける人の想いが、石像の顔を他の多くの碑と異なり、海側に向けさせたものと察せられた。できることなら、ずっとそばに居てやりたい。そんな遺族の哀しみが、ずっしりと伝わってくるような、小さな石像だった。

平和公園、日本軍最後の司令部跡

　マッピ山の断崖の上には、自決していった人びとを慰める十字架を背負った観音像の建つ「平和公園」がある。山の麓には、トーチカに作り変えて使用した「日本軍最後の司令部跡（ラスト・コマンド・ポスト）」を中心として、戦車の残骸、「中部太平洋戦没者の碑」、「おきなわの塔」、「韓国人慰霊平和塔」など、無数のさまざまな慰霊や供養の碑が点在している。天皇・皇后も、岬の先端のほか、これらの慰霊碑を訪れている。
　最終司令塔は、南雲海軍中将、斉藤参謀長らが自決した場所でもある。20年前に同じところを撮った写真は、今と異なり、山肌の途中に司令部跡が口を開けている。戦時中は地獄谷と呼ばれたところで、戦後しばらく、島民も死の谷として近寄らなかったという。
　周辺には真っ赤な花が咲き乱れ、おだやかな空気が流れている。ほぼ完全に形を留めている掩体壕（えんたいごう）も、海側に口を開けて半分地中にあった。地面のところ

どころに、白くて太い親指大の巻貝が落ちている。かつて食したものだと聞いた。この一帯にはまだ多くの遺骨が眠ったままだと言われている。広い上に、木がうっそうとしており、本格的に遺骨収集をするのでなければ、個人の力だけでは無理な気がした。国としての遺骨収集は10年前に打ち切られている。

「おきなわの塔」は、戦前、島のさとうきび産業のために移住してきた9500名の沖縄県民のために建てられた。「韓国人慰霊平和塔」は、1980年に韓国政府によって建てられている。ここで日本国民であることを強いられた朝鮮人の戦争犠牲者の数は、約700人と言われている。

慰霊碑周辺の警備に当たっている地元のソニーさんの話では、岬に近いこの一帯は、韓国人や日本人観光客がよく訪れるとのことだった。夕方4時を過ぎると警備の人がいなくなり、物取りが頻繁に車を物色するので気をつけるようにと言われた。レンタカーを借りる時と同じことを言われたのだから、よほど頻繁に窃盗があるのだろう。

翌日に再訪した時は、近くで不発弾が見つかり処理中とのことで、しばらく道路が封鎖されていた。ソニーさんは、こういうことはしょっちゅうだ、となんでもない風に言っていた。

玉砕の光景

サイパン島、テニアン島ともに、現地に体系的な記念館などがないので、従軍記者の記録や兵士の記録などから、当時の様子を探してみる。

たとえば、米軍に従軍していて玉砕を目の当たりにした米国人記者ロバート・シャーロッドが書いた日記からは、上陸作戦を展開する兵士たちの目に映った日本側の様子が、伝わってくる(『サイパン日記』中野五郎訳、筑摩書房、1966)。

米軍は、上陸作戦の開始直前に従軍牧師が船内放送を通じて、祈禱する。無事に上陸した兵士たちは、地雷探知機で地雷を探しながら進んでいく。

上陸直後のガラパンの記録写真には、屋根がことごとく吹き飛び、壁の一部だけがところどころに残る瓦礫の街と、後方の山間部にあがる幾筋もの黒っぽい煙が写っている。サイパン戦での米軍上陸直後の撮影は戦時代表撮影となっており、水俣病の写真で日本でも著名なユージン・スミスも現地に入っている。

記者の日記からは、当時の日本人がガラパン地区でも家族生活を根付かせていた様子が伝わってくる。

　通りを越して、一軒のきれいな木造の住宅の内部にはたくさんの写真帳が散乱していたが、それは一見して裕福な日本人の家庭のものであった。その中には、西洋風のイヴニング・ガウンの盛装をした日本の女たちと、礼装をした男たちの写真もあった。しかし結婚式の写真は東洋風で、女たちは帯をつけていた。また日本人の野球チームと無表情な小学児童の写真などもあった…。
　この隣りの家には、蓄音機が三台もあった。その中の二台はまだ使える状態にあったが、レコードは全部、奇妙な単調な東洋風の歌ばかりで、聞いていても退屈するばかりであった。しかしこのもよりにいた数名の海兵たちは、ワグナーやベートーヴェンやバッハの多数のレコード・アルバムを見つけた。彼らは前線に移動するのを待っている間、それを町かどの店にあった高価な蓄音機にかけて楽しんでいた…。（同書、228頁）

　シャーロット記者の記録は、目の当たりにした玉砕の光景に移る。
　日本刀を振りかざして米軍の戦車に突撃してくる兵士たち。波間には、兵士にしがみついたままの少年や、胎児がはみ出したまま漂う妊婦。玉砕について、この米軍の記者は、考えあぐねる。

　…ではいったい、このような日本人の自決はすべて何を意味するのだろうか？
　それは、鬼畜のごときアメリカ兵が日本人全部を皆殺しにするという、日本軍自身の宣伝を、サイパン島の日本軍民がともにかたく信じていたことを意味したのだろうか？
　多数の軍人以外の在留邦人たちもアメリカ兵に向かって、拷問にかけられるよりはむしろひと思いにただちに殺してもらいたいと願望した。しかし自決を選んだ在留邦人のなかの多数は、アメリカ軍に投降した他の在留同胞が抑留所のなかで、少しも敵対行為を受けずに安心して歩きまわっている光景をながめることもできたのだ。

海兵部隊がマルピ岬で在留邦人婦女子の投身自殺の大半を見かけた当日も一日中、その断崖の上にはラジオの拡声器がいくつも据えつけられていた。そしてすでに投降した在留邦人たちは、他の同胞に向かってよく待遇される旨を説得しながら、投降するように大いにすすめた。
　しかし、それでも日本人の自決をとどめることはできなかった。多数の日本人の間には、あらゆることにかかわりなく、死のうとする強烈な推進力があるように思われた。これらのサイパン島の在留邦人の態度は、総員自決するまえに次のような文字を書きのこして玉砕したペリリュー島（内南洋のパラオ諸島の主島）の日本軍将兵の態度とよく似ているように見えた。
　「われらは、わが屍をもって太平洋の防砦を築かん！」…（同書、442頁）

桜のように
　一方、絶対防衛圏の守備を使命とした日本兵たちは、サイパン島でどのような日々を過ごしたのだろう。前線を生き残った日本兵たちの記録には、ぱっと花を咲かせて一瞬に散る、という桜にたとえた戦いの心意気が時折描かれている。たとえば、中国戦線からサイパン島へ守備隊として移動してきて玉砕した黒木部隊の記録（『太平洋戦跡慰霊総覧』新人物往来社、1998年、123頁）にも、そういった視点からの記述がある。
　黒木部隊は砲手を中心として、総勢289名。44年2月25日に満州の東寧を出発。十五榴砲12門、弾丸6200発とともに移動を開始する。釜山で船に乗り、瀬戸内海、東京湾を経て、サイパン島には3月18日に到着している。部隊は、米軍の上陸を想定して陣地を作り、上陸当日まで砲門を隠し続ける。圧倒的に形成不利だった上陸初日も隠しつづけ、その夜に一斉攻撃した。翌日には米空軍機の猛攻を受けて壊滅し、277名が戦士した。上陸3日目には黒木部隊長も爆撃され、部隊は壊滅したという。
　この日米の死闘を、島の住民の視点で記録した『サイパンの戦い――太平洋戦争写真史』（月刊沖縄社、1980年）で辿ると、また別の側面が見える。
　サイパン島やテニアン島に暮らしていた人びとで、戦禍に巻き込まれて亡くなった民間人は、島で玉砕した人たちだけではない。戦闘に備えて引き揚げていた人たちも、その多くが、船を撃沈されて亡くなっている。マリアナ諸島で

強制送還の対象となったのは、婦女子と 60 歳以上の老人だった。

　1944 年 3 月 2 日から引き揚げが始まり、あめりか丸とさんとす丸が南洋庁職員家族らを含めて各 500 名ずつ乗せて出航。3 月 6 日、あめりか丸は硫黄島沖で米潜水艦に撃沈され、ほとんど全員が行方不明になっている。その後の引き揚げは補給船舶の内地帰航を利用しており、5 月 31 日にサイパンを出航した千代丸も撃沈された。引き揚げ中の 170 名中 128 名が亡くなっている。

　疎開を許されなかった 16 歳以上 60 歳未満の男子はもちろんのこと、国民学校高等科児童、サイパン女学校、同実業学校の生徒、青年団が、後方勤務の給仕、看護婦、臨時見習工や補給部隊に動員された。

　南洋庁職員は海軍嘱託に、南洋興発の全従業員は軍属に徴集された。在郷軍人を主体にした警防団はもとより、米軍上陸前日の 6 月 14 日には、18 歳から 45 歳までの男子はすべて防衛召集され、工場、学校、資材、食糧はもちろん、住宅も接収された。動員の対象にならなかった女子供は、避難先も示されぬままに米軍の上陸を迎えている。

　そして、玉砕。

　小学生の集団自殺まであったと伝えられている。

　最後は、多くの人々が、「天皇陛下万歳」と両手を上げて敵陣につっこんでいった。素手で万歳と叫び命を投げ出す姿は、1919 年に韓国で、日本軍の圧制に抵抗の意志を示す朝鮮の人びとが起こした独立運動と似ている。しかし、行動が同じでも、その行動に至った理由が、圧制に対する抵抗と、行き場と希望を失った果ての絶望とでは、人生の最終章として全く違うように思う。

　玉砕の光景は、戦争を体験として知らない世代の想像をはるかに超える。

　今日、一大リゾートアイランドとなっている場所で、半世紀以上前に起こったできごとを辿るのは、難しい。探さなければ、気づくこともないかもしれない。

テニアン島

　テニアン島は、サイパン島から南に約 5 km、石灰石でできた面積約 100 km² の小さな島である。伊豆大島とほぼ同じ大きさで、約 2000 人が暮らす、静かな南の島だ。近年、島の南側に大規模なリゾートホテルとカジノが誕生した。ホテル内で衣食住遊のすべてが揃い、オプションでマリンスポーツなども楽しめるようになっている。

　島の北側一帯に数多くの戦跡があるが、公共の交通手段はない。太平洋戦争時の 1945 年 8 月、原子爆弾を搭載した B 29 がこの島から広島、長崎へ飛び立ったことは、あまり知られていない。

　3 月中旬の深夜。厳寒のソウルから、アシアナ航空でサイパン国際空港に到着する。湿気を含んで重たい熱気が、じっとりと体にまとわりついてくる。少し淀んだ潮のにおいが、かすかにする。

　飛行場にかろうじて 1 台残っていたタクシーで、事前に予約しておいた市内の古い中級ホテルに移動する。ホテルはシャワーの排水が悪く、自販機もレバーが壊れていて買えない。夜番の男性フロント係の愛想が良くてほっとした。翌朝のフェリーでテニアン島へ移動する。

　戦跡を辿る場合、テニアン島とサイパン島では、様子が異なる。テニアン島は南国の小さな孤島のようで、戦争の痕跡は、慰霊の場を除き、ほとんど手を加えられていない。一部は自然に還り、一部はジャングルにそのまま埋もれている。サイパン島が観光地化していることから戦跡も多少観光スポット化しているのとは対照的だ。

　テニアン島は、交通機関も道路標識もほとんどないので、最初は場所確認のためにホテルで韓国人のガイド兼ドライバーをお願いし、場所の確認後はレンタカーを利用した。レンタカーもホテルで手配した。車道は日本とは逆車線だが、ほとんどすれ違う車がない上、主要な道路は島の真ん中に 1 本なので比較的運転しやすい。標識がないので、迷うと太陽の位置から方向を割り出した。

初日のガイド件ドライバーに「戦跡関係の見所をひととおり回ってください」とお願いしたところ、次のコースでホテルから島を右回りに、約1時間で一周してくれた。
　「スーサイド・クリフ」→「テニアン神社跡」→「旧日本軍通信局跡」→「日の出神社跡」→「エーブル滑走路」→「原子爆弾搭載場跡」→「旧日本空軍行政機関司令部跡一帯」→「チュル・ビーチ（米軍の上陸海岸）」→「旧日本人村跡」→「韓国人慰霊碑・日本人慰霊碑」。
　肌が焦げるような昼下がりの炎天下だった。島中に、黄色い花びらのような蝶が無数に舞って、めまいがするほどだった。1リットルボトルのドリンクが、汗になってすぐ蒸発する。いずれの場所でもほとんど他の人に会わなかった。たまに出会うのは白人の初老グループくらいだった。爆撃の跡が生々しいトーチカや、鉄骨が剥き出しになったコンクリート製の建物の残骸、放置された戦車などが点在し、60年以上経っているとは思えないリアルさだった。
　第二次世界大戦後、サイパン島もテニアン島もアメリカの領地となり、戦禍に巻き込まれることもなくなった。表面的には、観光業などで生計をたてる南国のリゾート地となっている。しかし、テニアン島は1976年に島の約3分の2にあたる約7000ヘクタールを米国に軍用地として貸し出している。使用期間は50年間で、米政府は借地代として3200万ドルを支払ったという。
・訪問時期　2004年3月中旬。
・テニアン島へのアクセス　日本からの直行便はない。サイパンまたはグアム経由になる。サイパンからは飛行機で約10分。片道大人$30。フェリーで行く方が安い。海流のせいで回りこむため、約1時間かかる。波が高く、ゆれる。1日5便が往復しており、片道、15ドル前後。ただし、テニアン島のリゾートホテル、ダイナスティー・ホテル&カジノの宿泊客は往復無料になる。テニアン島内は、タクシーやバスなどの公共の交通機関がないため、レンタカーで自力で移動するか、ツアーやガイドを利用する。

テニアン島の戦跡

チュル・ビーチ　Unai Chulu
島の北側にある小さな美しいビーチ。1944年に米軍が上陸し、その日のうちに北部を制圧した。小さな星の砂が今も取れる。

ハゴイ空軍基地（エーブル滑走路）、原爆搭載機発進記念碑、日本空軍司令部跡　Runway Able, Atomic bomb loading pits, Japanese air administration building
島の北部に約2600mの滑走路が4本平行している。この基地から多くのB29が空爆に発進した。滑走路の北側には、原爆搭載機の発進記念碑が2基建っている。

日の出神社跡　Shinto American Memorial
島の中央を走るブロードウェイの北側の終点にある。日本統治時代に作られた神社跡。近くの林の中には、サイパン神社もあり、そちらは鳥居や狛犬もそのまま残っている。

日本人村跡　Japanese Village Ruins
ジャングルの中に埋もれており、ガイドと一緒でないと場所がわからない。村の入口に石の柱などが残り、うっそうとしているが、苔むした中に村の気配が残る。

スーサイド・クリフ　Suicide Cliff
島の南端部のカロリナス台地の太平洋側の断崖や、東側にある断崖一帯の玉砕地。近くには沖縄平和記念碑や、日本人戦没者慰霊碑などが建てられている。

北マリアナ諸島（サイパン島・テニアン島）

米軍が上陸したチュル・ビーチ。

日本を空爆した B 29 が発進していったエーブル滑走路。同様のものが 4 本ある。

テニアン島

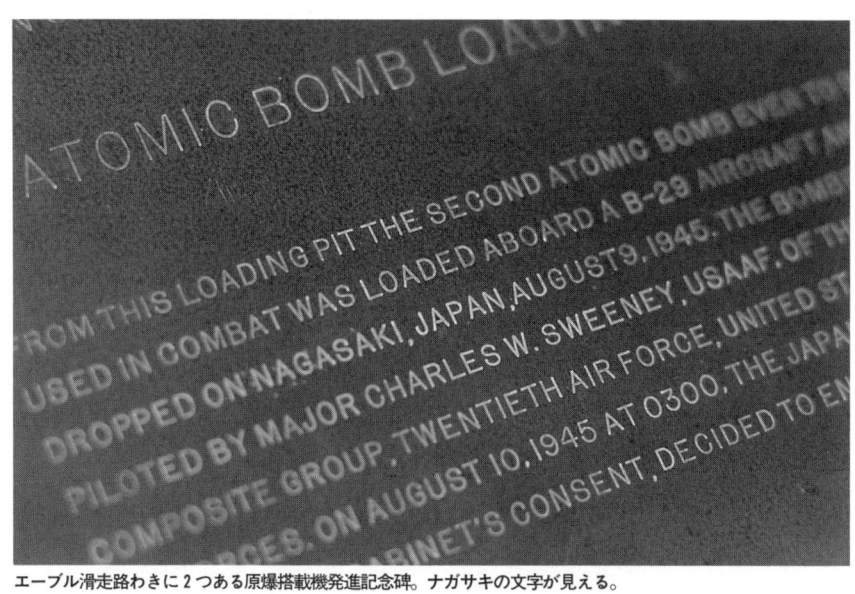

エーブル滑走路わきに２つある原爆搭載機発進記念碑。ナガサキの文字が見える。

日本空軍司令部跡。剛堅な建物だったことがわかる。

テニアン島の中央部にある日の出神社の跡

チュル・ビーチ

上陸地点でポーズをとる「英雄」たち

　島の北部に、日本空軍の司令部などの戦跡が集まっており、写真の焼き込まれた説明プレートが数点あった。その1枚に、1944年7月24日に米軍が近くのチュル・ビーチから上陸してくる写真があった。砂浜に戦車が数台見え、空にヘリが飛んでいる。

　ビーチの入口には、今も、小型のコンクリート製のトーチカが1つ残っている。背中をかがめて中に入ると、日本語で書かれたそんなに古くない塔婆が数本立てかけてあり、お供えの名残がある。

　チュル・ビーチは、こぢんまりとした、自然そのままの海岸だった。1ミリくらいの小さな星の砂が、岩の間の白い砂地のところどころに混じっている。南へのびる海岸線の白っぽい砂浜に、透き通った波が打ち寄せる。テニアン島の北側は流れが速く、マリンスポーツや海水浴には適さない。リゾート開発もなく、ほとんど島民もいない。まさに天然の浜辺だった。

　最初に訪れた時、この小さな海岸に小型のバスで来ている白人の団体客たちと出会った。年輩でカップルが多い。男性は、体格がよく、半ズボンにポロシャツやカラフルなカジュアル・シャツ。女性たちは一様にかなりふくよかで、きっちりと化粧をしている。海を背景に、誇らしげにビデオ・インタビューを受けている人、同じく海を背景に記念撮影をする人。みな、屈託のない笑顔である。何もないこのビーチそのものに、楽しい思い出のある人たち、裕福な米軍の上級退役軍人たちと、その家族と察せられた。

　ビーチから車で数分の島の北側に、強固な鉄筋コンクリート製の傷ついた建物がいくつか残っている。その最大のものが、「旧日本空軍司令部跡」である。激しい集中爆撃を受けて、2階部分の損傷が特に激しい。

　一辺が、歩幅にして約70歩。2階建てのL字型の建物である。分厚い外壁のコンクリートの厚さは、なんと広げた手のひら3つ分ほどにもなる。2階に続く階段や、炊事場、洗面所の痕跡も、剝き出しで残る。そのあちらこちらが無数にえぐれ、吹き飛び、壁の芯となっている鉄骨が折れて飛び出している。

すさまじい。ここが、7月24日の米軍の上陸によって、たった1日で陥落したという、大本営から死守を命じられた日本空軍の最前線司令塔の1つだった。60年近く前の爆撃でこの建物が壊れたとすると、今日、最新鋭の武器を本気で使用したら、身を守る場所など作れないと実感させられる、無惨な姿だった。

　2度目に訪れた時、水平線に夕日が沈んで空の色が変わっていくのを、ずっと眺めていた。遠くの水平線近くにだけ、灰色の雨雲が広がり、天空では刻々と雲の形が変わって流れていく。赤とオレンジと紫が混ざって色もどんどん変わる。寄せかえす波と、そよ風にすれる椰子の葉の、おだやかな音。日が暮れかかり、星が浮き出てきた。

　国防の最重要拠点と言われながら、既に大本営が放棄した遠い南の島で、祖国を思い玉砕していった日本兵たち。守りきれなかったその島から発進したB29は、日本本土を焦土と化していった。世界で初めて使われた原子爆弾搭載機は、2機とも、この島から出撃している。

　テニアン島を守っていた兵士たちは、サイパン島が玉砕していく姿を、文字通り目の当たりにしながら、最後の戦闘に備えていたはずである。20万人以上と言われる米軍に埋め尽くされた海と空。日夜、隣の島に打ち込まれる艦砲射撃や空爆の音。次第にサイパン島の全土を覆うようになる硝煙。兵士たちの気持ちは、戦争を知らない私には計り知れないけれど、最後のその時を迎え、幾重にも無念だったのではないだろうか…。

　生きていれば、実りある大きな働きをしたであろう青年・壮年たちである。息子の、夫の、父親の、兄弟の、帰りを待つ家族がいたことだろう。死ぬにしても、勝ち戦さであって欲しかっただろう。南洋各地の島の浜辺に、累々と玉砕した日本兵の屍が積み重なっている記録写真を思い出す。

　一方、米軍側の兵士たちは、既に老人となり、老いた妻を伴って、余生を楽しみつつこの地を再訪している。

　ひととき同じ戦場にいた人間同士の、この人生の隔たりは何だろう…。玉砕直前も変わらなかっただろう夕暮れの浜辺に立ち、玉砕して時の止まった人びとを、波間に探す。

スーサイド・クリフ

石碑は語る

　島の南側のスーサイド・クリフでも、長いこと風の音を聞いていた。島の最南端部に、カロリナス台地という丘陵地がある。その台地の太平洋側の断崖一帯が、テニアン島の自決の場所だった。常に風が強いのだろう、背丈の低いアサガオのような薄いピンクの小さな花の咲いた下草が、強風に震え続けている。先端はさえぎる木々もなく、陽射しがじりじりと音を立てる。

　眼前いっぱいに、真っ青な海原が広がる。断崖に腹ばいになって、真下の海を覗き見る。濃い灰色の岩肌全体が硬く、小さく鋭角にごつごつととがって、手をつくとたくさんの跡が残り痛む。猛烈な突風が、水しぶきを含んで吹き上げてくる。真下の深い紺碧の海に、真っ白い波頭が渦を巻いて沈む。

　約60年前、7月の数日間にこの周辺から飛び込んで命を絶った民間人は、約3500人と言われている。2001年9月11日のアメリカでのテロ事件の犠牲者の数に近い。断崖の上に、「沖縄平和記念碑」、「日本人戦没者慰霊碑」などが建てられていた。下草の手入れをしている地元の業者と見受けられる人びと以外に、ほとんど他に人影もなく、波と風の音がゴウゴウと響く。

　吹き上げる風のあまりの強さに、飛び込んでも体が凪のように浮きそうな気すらした。自分の小さな子供たちを抱いて、ここから死ぬために飛び込む…。せめて子供だけは助けてくれと願い、希望を託すだけの人間への信頼感のかけらも、その時そこには存在し得なかったということなのだろう。

　スーサイド・クリフの絶壁の上に、いくつかの小さな石碑が建てられている。「鎮魂不戦之碑」には、何本かの古い塔婆もあった。「第四中隊慰霊碑」、「南無妙法蓮華経」といった文字の刻まれた石碑のほか、個人の石碑もいくつかあった。強風にあおられながら、しゃがみこんで、いくつかの石碑に刻まれた文字をなぞる。読みづらいところもあるが、およそ以下のように読み取れる。

第83防空隊慰霊塔

　太平洋戦争日本国風雲急を告げる、時に昭和19年4月14日、第83防空隊

として動員下令、5月15日完結。6月上旬、テニアン島カロリナス台上に進出。第56警備隊に配属。交戦すること数次。田中隊長戦死後、佐藤隊長隊員掌握。士気旺盛一致団結。8月31日この地で散華。隊員百二十名。残存2名…。

テニアン守備隊海軍第56警備隊最後之地

　昭和19年2月。海軍第56警備隊が横須賀にて編成され、同年2月末日日本を出発。3月上旬テニアン島に上陸。7月24日迄米海軍の猛攻に反撃。7月24日、ついに米軍が上陸。数日間の陸上戦の末、米戦軍を目前に大本営に打電。「昭和19年7月31日午后0時05分、第56警備隊は総攻撃を敢行す。祖国の安泰と平和を祈る」と。後、生存者全員にて最後の盃を司令と交わし、総員突撃を敢行す。残存軍人軍属四百名なり。

　世界の平和と戦死者の冥福を祈り、この碑を建立す。この碑の南々西七八百米の断崖上が玉砕の地なり…。

エーブル滑走路、原爆搭載機発進記念碑

表彰と米軍ヘリ

　島の最北部に、4本の滑走路が並行して残る。「エーブル滑走路」と呼ばれている。風が強く、コンクリートに跳ね返る日ざしが強烈で、体中から汗がしたたり落ちる。ここが、かつて日本軍が使い、その後に米軍が拡張したハゴイ空軍基地跡である。米軍の演習で現在も使用されるということで、ライフル銃の空薬きょうが無数に落ちていた。

　ここの一番北側の滑走路脇に、原爆搭載機の記念碑が2つある。記念碑といっても、スピーチ台のような白い四角い台座の上に、スピーチ原稿のように、銅版のプレートが埋め込まれているだけのものだ。左右離れて並んだ記念碑の、右側が第1記念碑（広島）、左側が第2記念碑（長崎）である。米国が作った記念碑には、米国側の視点が刻まれている。記念碑のプレートには、以下の文章が書かれている（原文は英語）。

第1爆弾搭載場（原子爆弾搭載場）　この搭載場から、戦闘で最初に使用された原子爆弾がB29に搭載されて飛び立ち、1945年8月6日、日本の広島に落とされた。爆撃機のパイロットは、米陸軍航空部隊第20師団509混成爆撃隊ポール・W. ティベッツ・ジュニア大佐。1945年8月5日の午後遅くに離陸、翌朝2時45分に司令を受けて爆撃。核爆弾発射調整のため、ウィリアム・S. パーソン海軍大尉が同乗した。

第2爆弾搭載場（原子爆弾搭載場）　この搭載場から、戦闘で使用された第2の原子爆弾がB29に搭載されて飛び立ち、1945年8月9日、日本の長崎に落とされた。爆撃機のパイロットは、米陸軍航空部隊第20師団509混成爆撃隊チャールズ・W. スゥィニー少将。1945年8月10日午前3時に爆撃。日本の天皇は、内閣の同意を得ないまま、太平洋戦争終結を決心した。

　再訪した時、第1記念碑の前に、胴体部分が長めのヘリコプターが1機停まっていた。機体の横に米海軍のネームがペイントされている。それまで、テニアン島で現役の軍人を全く見かけなかった。ヘリを使っていることから、別の場所からわざわざこの島の、この場所を目指して飛来したと察せられる。そういえば、少し前に、バタバタという飛行音を聞いたのを思い出す。

　指揮官1人、上官2人、その他5人、と見受けられる軍関係者の一行で、この記念碑の前で、何かの表彰式を行なおうとしていた。上下白い制服をきっちりと着こなした長身の白人で指揮官らしき人がプレートに背を向けて立つ。同じく長身の、薄い黄土色の軍服姿の2人がその横に並んで立つ。表彰を受ける軍人が向き合って立ち、その他が横に並ぶ。白服が何かを言い、何かを渡している。もらった方が敬礼する。みんなでパチパチと拍手をし、握手が交わされ、肩を叩かれ、セレモニーが終わった。

　ほんの5分か10分くらいの出来事だった。国歌を斉唱したり、星条旗を飾ったりということはなく、簡単なセレモニーだった。それでも、わざわざヘリでこの場にやってくるのだから、なにか空軍パイロットとしての功績があり、それを称えているのだろう。

　敬礼の顔つきが、とてもなごやかで、少人数ながら晴れがましい雰囲気に包まれていた。オナー（栄誉）という言葉だけが、風に乗って聞きとれた。

今もって原爆搭載の場がめでたい場として生きていることが腹立たしくて、第2記念碑のそばに車を停めて、セレモニーをじーっと見ていた。すると、上下つながった整備の制服を着た人が1人、こちらに向かって小走りにやってくる。その場には他の観光客は誰もいなかったので、ぎょっとした。
　しかし男性は、「離陸する時に風がきついから、車をもっと横に寄せておいてくれないか」と、丁寧に言い、また小走りで戻っていった。ほどなくして爆音・強風とともに、小石をビシビシと跳ね飛ばしながら、ヘリは垂直に舞い上がり去って行った。
　ギュイーン、キュィーン、キーン、キーン‥。
　爆音が遠ざかる。
　原子爆弾が身近で爆発したら、人間がどうなるかを、あの人たちは知らない？

原爆搭載機発進の「誉れ」

　米国側にある誉れの感情は、ある程度、察しがつく。
　原爆投下を担当した509混成爆撃隊は、当時テニアンに配置されていた313爆撃団とは別扱いの特別編成隊で、ウェンドーバーとバチスタの飛行場で特別訓練を積んだ腕利きのパイロット集団だった。特殊任務のため、少人数で行動し、食事も格段に良かった。
　広島にガン・バレロ型原子爆弾「リトルボーイ」を落としたB29のニックネームは、「エノラ＝ゲイ」。原爆投下前夜に、509混成爆撃隊の指揮官ポール・ティベッツ大佐が、作戦の成功を願って命名した、自分の母親の名前である。広島へ向かったティベッツらは、テニアン出発後12時間13分間後に、任務を完遂して帰還した。200人以上の関係者が出迎えた。
　広島には、第二次世界大戦中、中国、東南アジア、太平洋地域の陸軍への補給物資を送り出す宇品港があった。さらに、米軍に応戦するための第2総軍司令部もあった。これらが、標的となった理由と言われている。
　自衛隊の海外派遣について、武器ではなく後方支援物資の運搬だけなら、戦闘行為と違って危険は低い、などと言う人がいる。敵の燃料の運搬や補給に手を貸すものを部外者とみなす戦争などありえない。

かつて、米国の大学院の授業中に、教材で『原子力時代』という30分近いドキュメンタリー映像を見たことがある。その中に、エノラ=ゲイがまさに原爆を積んでテニアン島から出撃するところの映像と、任務を完了して着陸した直後の映像が含まれていた。操縦席から敬礼する操縦士の、ちょっと緊張した笑顔。帰還して祝福される搭乗員たち。飛行場にいた軍関係者が大喜びで、総出で出迎えているような感じだった。
　重量の大きな「リトルボーイ」のせいで、離陸や飛行は難しいとされていた。太平洋戦略空軍指令官カール・スパーツ将軍は、その「快挙」に対し、自らティベッツに「殊勲十字章」をつけたという。
　しかし、その誉れの感覚が、今も息づいているとは…。
　見せつけられたわけではない。しかし、思いがけず、これ見よがしに見せつけられたような悔しさが、腹の底からこみ上げてきた。原爆に苦しんだ人たちが残した教訓が、少しも生かされていない。

伝わりやすい声/かき消される声

　ぎらぎらと陽炎がゆらめくエーブル滑走路の真ん中に立って、真っ青な空を見上げる。紆余曲折を経て展示内容がすっかり変わってしまった米国スミソニアン航空宇宙博物館の「終戦50年記念特別展示」を思い出す。
　アメリカの航空技術の発達を世界に向けて伝えてきたスミソニアンが、100万ドルをかけて原爆搭載機の一部を修復した。それを、終戦50周年の記念に、特別展示しようと企画した。
　展示内容には、原爆の被害を伝えるコーナーも加える予定だった。この展示内容全体の脚本が明らかになって、大論争がアメリカで起きた。米国政府やメディア、特に退役軍人会などの圧力によって、原爆による被害展示の部分を引っ込める結果に終わった（詳しくは、フィリップ・ノビーレ／バートン・J・バーンステイン『葬られた原爆展　スミソニアンの抵抗と挫折』三国隆志他訳、五月書房、1995年．などを参照）。
　軍事大国米国の核心に触れる出来事だった。米国では、もし原爆によって第二次世界大戦が終わっていなければ50万人以上の米兵がさらに亡くなっていただろう、という説が今も有力である。そのことを疑う言動に対する退役軍人

会などからの圧力はすさまじいものがある。
　原爆投下の正当性は、「リメンバー・パールハーバー」の意識とあいまって、真摯に省みられることがなかった。実は真珠湾攻撃があることを米国首脳陣が事前に察知していたことは、既に衆知のこととなりつつある。しかし、そこへ批判の矛先は向かわない。戦争終末期に原爆投下を指揮した政府を肯定し、「私たちの息子（兵士たち）を救ってくれた」と称える意見がアメリカ人の大勢を占めてきた。歴史を知る「学問の自由」や、展示内容に関する「表現の自由」より、米国軍人の偉業を称え、遺族の心を慰撫する主張の方が、戦後50年たっても強かったのである。
　人間は誰でも、自分に都合の良いことを積極的に聞き、意識する。聞きたくないことを、無意識に避ける。こういった情報行動を、専門的には「先有傾向」と言う。
　被害を生んだ側は、被害を受けた側の声に、なかなか耳を貸そうとはしない。公害でも薬害でも、戦災でも、その行動パターンは同じである。被害に関する情報は、被害を受けた側が声を上げなければ、なかなか世の中の知るところとならないのである。
　さらに、今日の戦争情報は、武器を使用された側と武器を使用する側という関係ではなく、力の強いほうの声が大きく伝わる仕組みになっている。そういった情報の流れの不均衡が生じていることを、情報を伝えることを専門とする職能にある人びとは、肝に銘じて欲しいと思う。
　「戦争では常に、戦争当事者にとって、被害者は目に見えては困るものなのだ」
　虐殺の現場に立ち、世界中の戦争を見つめてきた写真家・広河隆一さんの言葉である。

日本人村跡

人の気配

　旧日本人村跡は、深い木々の中に埋もれていた。舗装道路をそれて細道に入

ると、いきなり道の両側から大きな葉や枝が窓にぶつかってくる。下草も、戻れるか心配になるくらいの丈があった。時折、車体の腹底の鉄板になにかがゴツンとぶつかり、その度にガイドが舌打ちした。コンパクトなレンタカーでは通れない感じだった。

島の南側で立ち寄った神社の鳥居の残っていたところは、そんなに草の丈が高くなかった。観光用に駐車スペースもあり、奥の賽銭箱のようなところも多少手が入れてあった。しかし、こちらは、ジャングルにすっかり埋もれている。

日本村跡は、細道の右側一帯だったとガイドが言う。入口には、石のくぐり戸の枠のような形の門のようなものがあった。そこをまたいで中に入ると、いくつもの短い石柱のようなものが倒れていた。密林で下草まで日光が入らないので、石柱は既にどれも苔むす石となっていた。レンガ造りだったであろう建物のようなものには、つる科の植物が幾重にも巻きついていて、窓のようなところは土で埋まっている。入口付近の数歩より先は、木々に飲み込まれて、先が見えず、足元も瓦礫や小枝が下草に覆われていて、軽装では進めなかった。

戦前のテニアン島には、東洋第2の規模の南洋興発株式会社の精糖工場があり、主に沖縄から移住してきた人びとが働いていた。ここで生まれ、今もご存命の方がおられるかもしれない。収拾されずに眠るお骨もあることだろう。うっそうとした木々の中に、妙に人の営みの気配がただよう場所だった。今にも人が出てきそうな感触、というのは初めてで、足が止まった。

ウォッチング岬や旧日本軍の大砲（別名：小川砲台）がある洞窟方面は、道が閉鎖されていた。ホテルに近い海沿いの道に、韓国人慰霊碑、日本人慰霊碑、海軍二等兵の方の石碑などが点在していた。

誰がお参りするのだろうか、真新しい、淡いピンク色の花束とコップが3つ、韓国人慰霊碑にお供えしてあった。

日の出神社跡

居なくなった人々との対話

舗装されたメイン道路の北側の先端に、日の出神社跡がある。チャモロの人

たちが作ったという話もあるが、わからない。ちょっと開けた台地に、石の階段が数段。その先に、やはり石で正方形に囲んだ広い場所があり、その中心部に、かつて祭壇と木製の鳥居があった痕跡がある。

　神社跡の平らな敷地の外側は、うっそうと茂った背の高い木々に囲まれ、海は見えない。ドサーン、ズシーンという、波が岩に当たるような振動音。びゅうびゅうと耳をかすめる風。さまざまな鳥のさえずりとこおろぎのような虫の音が、とぎれとぎれに重なる。じっとすわって、目を閉じる。

　長いこと白人社会に植民地下されてきた島々にやってきた日本人は、学校を作ったり、病院を建てたり、地元の人びとに農作業の仕方を教えたりして、感謝されている。日本軍は最初、好意的に迎えられている。そういった島々の中には、米軍を侵略者と見なして、地元の島民が日本軍に自発的に加勢した場合もある。玉砕を覚悟した日本軍が、島民を強制的に別の島に移動させ、最後の戦闘に巻き込まないようにした例もある。

　テニアン島の日本人や精糖工場が、島の人びとにとってどのようなものだったのかは、正確にはわからない。しかし、日本軍がここで島民に残虐行為を働き、恨みを買っているような痕跡は見えなかった。観光のお得意様に対する営業スマイルとは異なる、なにげない親近感を感じることもあった。

　かつてこの地に住んでいた人びとは、社（やしろ）を建て、ここで何を祝い、何を祈っていたのだろう。人口の少ないこの島に家族ごとやってきた人びとは、戦争になる前、地元の人たちとどのような暮らしをしていたのだろう。日に焼けた、真っ白い歯でよく笑う、子だくさんの、アジアの家族風景がふとよぎる。

　テニアン島で亡くなっていった人びとの、その生活と人生をたぐり寄せてみる。一家全滅し、弔う人も、思い出を伝える人もいない。海に身を投げれば、お骨も残らない。痕跡のなくなったこれらの人たちに、もし今ここで会えたら、彼らは何を語り始めるだろう。

北マリアナ諸島（サイパン島・テニアン島）の概要
正式地名　北マリアナ諸島　The Commonwealth of the Northern Mariana Islands
面積　サイパン　約185km^2　　テニアン　約100km^2
人口　約8万1000人（北マリアナ諸島全体）
首都　サイパン
政体　アメリカ合衆国の自治領
民族構成　サイパンの先住民族はチャモロ族。現在、人口が多いのはフィリピン人、中国人、チャモロ人の3民族。
宗教　カトリック中心。
言語　北マリアナ諸島の公用語は英語、チャモロ語。
通貨と為替レート　通貨単位は米ドル$とセント₡。$1＝₡100＝約116円
気候　年間の平均気温は27度。年間を通して気温に変化が少ない。1年中泳ぐことができる。雨季は7〜11月、乾期は12〜6月。
日本からのフライト時間　直行便で約3時間。
時差とサマータイム　日本より1時間進んでいる。サマータイムは実施されていない。

サイパンの近・現代略史
1521年　ポルトガルのマゼランが世界一周の航海中に、北マリアナ諸島を発見。
1565年　スペインがマリアナ諸島領有を宣言する。
1783年　キリスト教の普及が進み、当時のチャモロ族との間に烈しい内乱が起こる。チャモロ族は50分の1にまで激減し、グアムへの移住を強いられる。
1898年　スペインがアメリカとの戦争で敗れる。
1899年　スペインはグアムを除くマリアナ諸島とパラオなどのカロリン諸島をドイツに売却する。
1914年　第一次世界大戦が勃発する。大日本帝国海軍が、ドイツ領であったミクロネシア諸島を無血で占領し、日本から数多くのさとうきび栽培や精糖業者が進出する。
1919年　第一次世界大戦が終結。
1920年　ヴェルサイユ講和条約が締結され、国際連盟決定の下、日本は赤道以北のドイツ領を委任統治する。
1921年　松江春次が南洋興発株式会社を設立。テニアンは、台湾をしのぐ砂糖生産地となる。
1939年　第二次世界大戦勃発。
1941年　太平洋戦争勃発。
1943年　御前会議で決められた「絶対国防圏」の中心的拠点となる。兵力増強が行なわれ、陸海軍合わせて4万3000人強もの守備隊が配備された。
1944年　アメリカ軍がサイパン・グアム・テニアン島に進出。日本軍潰滅。
1945年　第二次世界大戦終結。
1975年　住民投票でアメリカの自治領になることと、統一ミクロネアからの離脱を決定。
1986年　国連の信託地終了宣言。北マリアナ諸島連邦としてアメリカの自治による自治政府が設立される。
1995年　北マリアナ諸島における厚生省の遺骨収集が打ち切られる。

サイパン戦の玉砕に関わる年表

1944年
6月11日　米機動部隊サイパン島を空襲。
6月13日　米軍艦砲射撃開始。
6月18日　アスリート飛行場が占領される。
6月19日　マリアナ沖海戦、日本、航空機の主力喪失。
6月25日　大本営サイパン奪回作戦の中止決定。
6月26日　タッポーチョウ山頂を喪失。
6月28日　合同司令部、地獄谷に司令部を移動。
7月5日　合同司令部、総攻撃を命令。訣別電報を発電。
7月6日　南雲司令長官、斉藤師団長、井桁軍参課長ら地獄谷で自決。
7月7日　残存者総攻撃を決行、夕方には組織的戦闘終了。
7月8日　米軍北部地区を掃討（インパールで日本軍退却命令）。
7月9日　マッピ岬の玉砕続く。米軍サイパン占領宣言。
7月18日　東条内閣総辞職。
7月22日　小磯内閣成立。
7月24日　テニアン島上陸。
8月3日　テニアンの日本軍8000人玉砕。
1945年
8月6日　テニアン北基地発進のB29、広島に原爆投下。
8月9日　テニアン北基地発進のB29、長崎に原爆投下。
8月15日　日本降伏。

ベトナム

ベトナムの戦争

　20世紀のベトナムの歴史はまさに「戦争の歴史」である。戦った相手は、フランス、日本、アメリカ、中国、カンボジア。1887年に仏領インドシナ連邦の一部としてフランスの植民地に組み込まれてから1980年代の後半に至るまで、ベトナムは常にどこかの国と戦火を交えていた。

　ベトナム人が特に好戦的な人たちだというわけではない。戦わざるを得ない立場に追い込まれた歴史的経緯が確かに存在する。そして、彼らは常に、我慢強く、柔軟に戦い、けっして根を上げなかったのも事実である。

　ベトナムの北部は長く中国領だった。10世紀以降、いくつか独立王朝ができたが、どの王朝も南下する中国と戦った。ベトナムと中国との微妙な関係は根が深いのである。

　南部は、12世紀ごろまではカンボジアのアンコール王朝の領土だったが、ベトナムは南進して徐々に国土を広げ、逆にカンボジアの領土はだんだん縮小していった。カンボジア人のベトナムに対する悪感情もまた根が深い。

　フランスがベトナムに目をつけたのは、メコンデルタを中心とする南部の水田地帯の豊かさ、長い海岸線、中国の背後に迫る地の利などの理由によるものだろう。しかし、中国との長い戦いを凌いできたベトナム人は簡単な相手ではなかった。1930年、フランス留学中に共産主義を学んできたホー・チ・ミンを中心に、インドシナ共産党が組織された。

　1940年に日本軍がベトナムに進駐し、フランスを駆逐して、インドシナを手中に収めたが、1945年には降伏。フランスが再び戻ってきて、抗仏戦争（「第1次インドシナ戦争」と呼ばれる）が始まる。共産党政権が樹立された中国を牽制するために、米国がフランスの応援にまわった。しかし、1954年、北部山岳地帯のディエンビエンフーの戦いでフランスは惨敗を喫し、インドシナから手を引くことになる。

　ところが、今度は米国がフランスに代わって、ベトナムを支配しようとする。南に親米のベトナム共和国（南ベトナム）を発足させ、北の共産主義国家、ベトナム民主共和国（＝北ベトナム。1945年発足）を潰そうとした。東西冷戦の時代、共産主義が東南アジアに普及するのを米国は徹底的に阻止しようとしたのである。

北緯17度でベトナムは南北に分断され、1964年頃から、米軍は北ベトナム攻撃を本格化させた。しかし、北ベトナムも南部の解放民族戦線とともに戦いに本腰を入れ始める。この抗米戦争（いわゆるベトナム戦争）が「第2次インドシナ戦争」と呼ばれる戦いである。

　第2次インドシナ戦争には、米国の同盟国である韓国、オーストラリア、ニュージーランド、タイ、フィリピンも参戦し、日本の米軍基地からも米兵が多数飛び立っていった。いっぽう、北ベトナムには当初、中国、のちにはソ連が肩入れし、米国との代理戦争が30年も続くことになる。

　大量破壊兵器を駆使する米軍と、草の根のゲリラ活動による持久戦を続ける北ベトナム。世界の世論は大国アメリカに勇敢に立ち向かう北ベトナム支持に傾き、北ベトナムもまた外交の場でそれを巧みに利用した。日本などでは特に南の解放民族戦線に共感が集まったが、実際には、北ベトナムは冷徹に南の解放民族戦線を利用しただけだった。

　しかし、なんといっても、この戦争はベトナム人にとっては民族の誇りをかけた「理のある」戦いだった。米国にいくら軍事力があっても、ベトナム人は闘い続けた。長期戦になればなるほど、疲弊した米軍の被害は大きくなり、米国内でも「間違った」戦争に対する批判と厭戦気分が高まった。1975年、米軍はベトナムから逃げ出した。この敗戦は、その後、長くトラウマとなり、アメリカ人は「ベトナム症候群」から抜け出すことができなかった。イラク戦争とその後の混乱にもベトナムの影が見え隠れする。

　こうしてインドシナに平和が戻ったように見えたが、それも長くは続かなかった。1975年、隣国カンボジアではポル・ポト派がプノンペンを制圧し、恐怖政治が始まる。カンボジアは南部でベトナムへの越境攻撃を繰り返し、中国はポル・ポトを強力に支援した。1978年、ベトナムはカンボジアに侵攻、「第3次インドシナ戦争」が始まった。

　ベトナムのカンボジア駐留は10年に及び、1989年にようやくベトナムは撤退した。今度こそ本当にベトナムに平和が訪れた。しかし、100年もの戦争で失われたものは大きい。今、この国はいくつかの歪みをかかえながら、必死に他のアジアの国々に追いつこうとしている。

ベトナム

- ラオカイ
- ディエンビエンフー
- ハノイ
- 中華人民共和国
- ラオス
- トンキン湾
- 海南島
- ベトナム
- フエ
- ダナン
- ホイアン
- 南シナ海
- タイ
- コントゥム
- メコン川
- カンボジア
- ダラット
- プノペン
- クチ
- ホーチミン
- ミトー
- カントー
- ヴィンロン

N

ホーチミン

　2004年3月下旬、私はベトナム航空でホーチミンに向かっていた。
　「ディエンビエンフー　50年前…」
　機内誌の表紙に刷られた文字。表紙は、銅版レリーフと思われる兵士のアップの写真だった。サービスとリラックスを謳う機内誌で、戦争関係の匂いのするものはめずらしい。手に取ってみる。英語とベトナム語の2ヵ国語誌になっている。
　「ディエンビエンフー。馴染みのある言葉ですか？　ベトナムに来たことがなくても、聞いたことはあるでしょう？」
　巻頭のカバーストーリーは、こんなリードのついたカラー3頁の企画だった。ディエンビエンフーは、1954年にフランスから独立を勝ち取るためにベトナム軍が死闘を繰り広げた場所で、ベトナム北部のラオスよりに位置する。
　カバーストーリーの冒頭では、2万5000人のベトナム兵と3000人のフランス兵が亡くなったこと、1954年5月7日の勝利が、4月から始まっていたジュネーブ会議でのインドシナ休戦協定をめぐる交渉において、ベトナムにとって追い風となったことなどがコンパクトに述べられている。

パターン化された抗仏戦争の物語

　訪問時、ホーチミンでもハノイでも、フランスからの独立50周年を祝うムードに出会った。訪問時期が3月末で、5月7日の解放50周年記念日直前だったせいもあるだろう。テレビでは、このテーマがさまざまな切り口で取り上げられていた。
　山頂へ続く細い急斜面の泥道に、大勢のベトナム兵が2列に並んで、綱引きのように砲門を引き上げる有名な構図が、この戦いのシンボルとなっている。ドラマでも、ドキュメンタリー番組でも、その構図が再現されている。たとえば、4月に入ってすぐにハノイで見たベトナムテレビ（VTV 3）局の特番では、

ミュージカル仕立ての寸劇で大砲を引き上げるシーンがその場で再現され、それに対してスタジオの一般観客が大喜びで喝采を送っていた。

このシーンに加え、三点セットのようにして、ホーおじさんこと、独立思想の要となったホー・チ・ミン主席の姿と、ディエンビエンフー基地のフランス軍総司令部があったフランスの将軍ド・カストリーのかまぼこ型の地下壕跡が映像化されて出てくる。そのストーリー構成はパターン化されており、中国人民軍を宣揚する中国中央テレビ（CCTV 2）のようだった。

どこまでが国策によるプロパガンダかは、テレビを見ているだけでは、よくわからない。しかし、画面から伝わってくる明るい雰囲気は、ディエンビエンフー大勝利を祝う庶民のエネルギーにあふれていた。フランスからの独立が、50年もたった今日、大きな喜びとしてバラエティー番組のメニューになりうる歴史観は、予想外だった。

不思議な明るさの所以

時代順に、中国、フランス、日本、フランス、米国、カンボジアというように、次から次へと武力紛争の続いたベトナムは、国全体が戦跡とも言えるほどに戦争が続いた。戦争で身内を失い、自ら傷ついた人は多い。都市の中心部にも、戦争の歴史を語るモニュメントや博物館が多数ある。

そういった空間における戦争の語りは、中国のように、どこに行っても「日本軍の残虐行為」といった具体例を連ねて的をしぼった展開とは異なる。そうではなく、どんな相手にも負けなかった自らの民族的な意志や姿勢の強さを描く構成で貫かれている。

戦争の途上で起こった惨劇、苦労、工夫なども語られるが、敵の残虐さに憎悪を掻き立てられ、そこから戦争の持つ非人道的な普遍性へとつながるような展示空間は、ほとんど見あたらない。日本にいて目にする書籍などから察するに、ベトナム中部のクアンガイ省にあるソンミ村の虐殺記念館などがそれに該当すると思われる。しかし、都市部で目にする数々の戦争を扱った場では、戦争が持つ普遍的な苦しみや哀しみがあまり感じられない。

一言でいえば、戦争を語る空間に、ある種の明るさがある。訪れる人びとの雰囲気まで明るい。敵対した相手の国が多いので、敵の非道さをあげつらえば、

今日の経済外交の相手でもある世界の列強国を責めることになり、国策としての不利益もあるだろう。しかし、そういったことよりむしろ、戦場の壮絶さや戦禍の生々しさがあまり前面に出ない明るさなのである。

　カンボジアのツールスレーン虐殺博物館や、ポーランドのアウシュビッツ国立博物館といった、人間の持つ普遍的な凶暴性を見せつけられ、見学している方も居たたまれなくなって一様に押し黙る、といった空間がない。アジアでも突出して戦禍に見舞われてきた国だけに、そういった空間にあまり出会わないのは意外だった。特にベトナム戦争はさまざまな報道機関を通じて戦闘現場の生と死が表面化されているだけに、地元で接する明るさは相当にギャップがある。

　ギャップの理由をいろいろ推測してみる。独立後まだ30年しかたっておらず、本音を語るには時期尚早ということか。最も傷ついた人びとは、その苦しみを語る術も暇もない、もしくは、生きていない。また、社会主義国家の政策として、戦争に対するものの見方が統制され、戦争の多層性を語ることが許されていない…。

　ほんの数十年前、統一国家になる前は、北と南に分断されていた国である。ベトナム戦争だけを見ても、今は同じ国の人びとが殺しあっている。それ以前も、独立しようとする人びとと、占領するフランスや日本の側についた人びととがおり、支配勢力が変わるたびに利害関係や人間関係が変わり、命がけの衝突があったはずである。

　抗仏勝利50周年の明るさは、ベトナム戦争で分断されて戦った身内同士、という話に一切触れず、その代わりにそれ以前の抗仏・抗米で共に戦った同士、という括り方で徹底して民族をまとめる以外の選択ができない現状にある、と推測した方が妥当かもしれない。いずれにせよ、通りすがりでは計り知れず、しっかりと見極めねばならない戦争の歴史の語り方であり、「明るさの所以」である。

　ホーチミンは、車とバイクと人びとの喧騒にあふれた、大変活気のある街である。ベトナム戦争が終わった1975年までは、「サイゴン（西貢）」と呼ばれていた。統一国家としての独立を機に、長年ベトナムを解放へと導いてきた指

導者ホー・チ・ミンにちなんで、名前が変えられたのである。
　現在の人口は約 400 万人で、増加の一途をたどっている。フランス統治が長かったため、欧州文化のなごりと、今日の社会主義体制が混ざり合う。外国企業の参入や合弁が相次ぎ、経済的な活況を呈する一方、夜の繁華街の路上では、小さな子供がところどころに放置されたかのようにひとりで眠っていた。

・訪問時期　　2004 年 3 月～4 月。
・ホーチミンへのアクセス　　日本からの飛行機の直行便は数少ない。所要時間は、関西国際空港から約 5 時間 30 分、成田から約 6 時間。タンソンニャット国際空港から市内へは、バスかタクシーで 20 分から 30 分くらい。

ホーチミンの戦跡

統一会堂（旧大統領官邸）　Dinh Thống Nhất
住所　135　Nam Ky Khoi Nghia
開館時間　7：30〜11：00　13：00〜16：00
休館日　なし
入場料　1万5000ドン
無料の館内ツアーは所要時間約1時間。ガイドは英語・フランス語・ベトナム語。
連絡先　08-822-3652

戦争証跡博物館　Bảo Tàng Chứng Tích Chiến Tranh
住所　28 Vo Van Tan St., District 3
開館時間　7：30〜11：45　13：30〜17：15　＊最終入館時間は通常閉館時間の約60分前。
休館日　なし
入場料　1万ドン

連絡先　08-930-6325

ホーチミン作戦博物館　Bảo Tàng Chiến Dịch Hồ Chí Minh
住所　2 Le Duan
開館時間　8：00〜11：30　　13：30〜16：30
休館日　月・土曜日
料金　1万ドン
連絡先　08-822-9387

ホーチミン市博物館　Bảo Tàng Thành Phố Hồ Chí Minh
住所　65 Ly Tu Trong St., District 1
開館時間　8：00〜16：00
休館日　なし
入場料　1万ドン
連絡先　08-829-9741

クチの地下トンネル　Địa Đạo Củ Chi
・ベンディン・トンネル
場所　クチ区ニュアン・ドゥック村
連絡先　08-794-6442
・ベンユオック・トンネル
場所　クチ区フー・ミー・フン村
連絡先　08-794-8820

旧サイゴン市内中央にある統一会堂を中庭より臨む。1975年4月30日、ここでベトナム戦争が終結した。

ベトナム戦争を伝えた殉職カメラマンたちの報道写真（戦争証跡博物館の内部）。

戦争証跡博物館の屋外展示。

ホーチミン作戦博物館。従軍記者たちの偉業を示すパネル。

サイゴン川の夕ぐれを楽しむ。

クチの地下トンネルの狙撃口。

統一会堂（旧大統領官邸）

ベトナム戦争におけるサイゴン解放の象徴

「統一会堂」は、ホーチミン市の真ん中にある。南ベトナム政府の大統領官邸だったところで、さまざまな歴史の舞台になった。ベトナム戦争末期の1975年4月30日、解放軍の戦車が無血入城することで、ベトナム戦争が終結した。もともとはフランス植民地時代に建てられ、現存しているものは1962年に建てられている。

数々の戦乱をくぐり抜けてきた20世紀のホーチミンを、ずっと見つめてきた統一会堂。現在は観光客に一般公開されており、小型の観光バスが時折来ては、5人、8人と見学者を降ろしていく。訪問時には、ちょうど何かの行事があったようで、正面からは入れず、脇から入って地上部分だけが見学できた。

地下は行けなかったが、軍事作戦指揮のための施設などがあるという。手入れの行き届いた広い敷地内は静かで、赤いトンボの大群が飛び回っている。遠くから、ホーチミン市街のバイクの騒音がブワンブワンと響いてくる。

ちょっとさびれた昔の迎賓館、といった風情である。訪問した時の見学者の中に、ベトナム人らしき人びとは多くなかった。「戦争証跡博物館」やハノイの「軍事博物館」のように、観光客、地元の人びと、学生が入り混じってごったがえす、といった雰囲気からはほど遠い。

4階建ての上部は大統領家族の住居や仕事場がある。会議室や執務室なども、観光用に保存展示されている。屋上には2機のヘリポート跡がある。屋外には、サイゴン陥落の日に突入してきた北ベトナム軍の最初の戦車などが記念として展示されている。プレートには、「正面ゲートを打ち破って大統領官邸へ前進した。1975年4月30日」の文字とともに当時の搭乗員の名前が刻まれている。

第1射手　Ngo Sy Nguyen 中尉
第2射手　La Van Phuong 少尉
操縦　Nguyen Ban Tap 軍曹

どの階からも正面のレ・ズアン通り（4月30日通り）を見おろせる。通りの左前方に、かつて米国大使館があった。今は場所が移動しているが、サイゴン陥落の日、その大使館の屋上から沖合いで待つ米海軍戦艦に脱出者をヘリコプターでピストン輸送した。大統領官邸からも、大使館からも、南ベトナム政府に関わった要人たちが、われ先にと命からがらヘリに乗って、脱出していった。

　いつの戦争でも同じだが、戦争末期に混乱地から脱出できた人はいい。一方、脱出できなかった人びとのその後は、報道陣も含め、命がけの足跡を辿る。米軍に協力したベトナムの人びとも、同じような暗転の人生となったはずである。しかし、当時あったであろう喧騒は、今の統一会堂の静かなたたずまいだけからは、ほとんど想像できなかった。

ホーチミン作戦博物館

　ここは、1975年4月30日のサイゴン解放に向けて展開された「ホーチミン作戦」に焦点をあてた博物館である。市内中心部の北の端にある。部分的に中二階になっている、天井の高い一階建ての建物で、中ががらんとした感じになっている。

　ベトナムにとって、ホーチミン作戦の成功によってもたらされた、1975年のサイゴン陥落は、自国の解放と統一の扉を開く、輝かしい出来事である。館内には、その作戦に関する写真やパネルが展示されている。

　建物内部の正面入口を入った所に、胸の高さの大型模型で当時の街の様子が再現されており、サイゴン攻略戦の進攻経路がわかるようになっている。同様のもっと大型の模型が、ハノイの「軍事博物館」にもあった。模型の背後にスクリーンがあり、記録映像とナレーションで当時が伝えられていた。屋外には、ベトナム戦争で使用された兵器が数個、陳列されている。

　朝から頭がグラッとくるような猛暑のなか、中学生の課外授業だろうか、白いシャツ姿の二十数人の学生たちが先生に連れられて見学していた。それ以外は観光客らしき数人がいるだけで、ほとんど人気のない静かな博物館だった。

存在感の大きな北ベトナム軍の報道関係者

　奥の部屋には、当時の北ベトナムで情報活動に従事した兵士たちの遺影やフィルム、撮影機材、上映機材などの数々が、広いスペースをとって展示されている。ホーチミン市博物館、ハノイの軍事博物館や革命博物館なども同様だが、ベトナムで戦争の歴史を伝える展示空間に行くと、戦時下にあるベトナムの人びとの、日焼けした顔に真っ白い歯を見せて笑う誇りにみちた姿の写真によく出会う。

　銃を構える若い兵士。弾薬を運ぶ強い瞳の若い女性。銃を斜めがけし、大きな荷物を肩に担ぎ上げ、しかも爽やかで美しい自衛団の女性たち。束ねた長い髪が風にそよぐ。戦争の現実の悲壮さが存在しないかのような明るさである。戦場の緊張と恐怖を感じる状況のはずなのに、豊作の収穫に汗する人たちのような、精悍な眼差しとまっすぐな笑顔…。

　こういった写真や記事を作っていたのが、北ベトナム軍に従軍した記者やカメラマンたちである。北ベトナム軍の従軍記者は、事前にベトナム通信社で一年間の訓練を受けたという。目隠しをしたまま、写真機を分解して、また組み立てる訓練までしている。どんな場所でも現像ができるように、道具も工夫されていた。さらには、自らも武器を所持し、戦闘要員としても戦っている。記録では、250人以上の報道関係者がベトナム戦争で亡くなっているとも言われている。それだけ、北ベトナムの軍事広報は組織的に徹底され、前線に展開されていたということだろう。

　為政者の意向を伝え、戦意を高揚するために、厳しい訓練を受けたカメラマンたちの作った映像が、制作に携わった人びと自身の業績とともに、今日、当時の記録として各種の戦争関係の展示空間に場を与えられている。その扱いの大きさは、他国にはなかったものである。

　解放の指導者として尊敬されているホー・チ・ミン主席は、元は新聞記者である。社会主義体制では通常、報道の自由は存在せず、政府や軍指導部の意向を庶民に伝える道具として、新聞やテレビが存在する。そういったメディアに携わる報道人は、自由主義諸国とは異なり、日本で言えば広報担当の公務員のような役割を担っている。それが、ここまで徹底しているとは、予想していなかった。

米軍の軍事広報が行き着いた先

　現地を訪れるまで、私自身はベトナムに対して、ベトナム戦争中のベトナム庶民の苦しむ姿の印象が強かった。そのイメージは多分に、日本で接したベトナム報道の内容から作られている。米軍の情報担当将校や報道班に属する兵士は、米軍の戦意高揚のための情報操作に従事する。これは、北ベトナム側の従軍記者と同じ役割を果たしている。

　しかし、ベトナム戦争で米軍は、どこの国の記者にも最大限、制限や検閲なしで取材の便宜を積極的に図った。世界中へニュースを配信する通信社には、米国人以外にも、地元ベトナム人の記者やカメラマン、米国以外の国から来た報道関係者が写真や原稿を持ち込んだ。その結果、前線で双方が血みどろになる戦争の断層が、たくさん記録されてきた。その種の内容は、同じホーチミン市内では「戦争証跡博物館」などにある。

　ベトナム戦争の初期、米国は日本国内での報道内容に対して圧力をかけてきた。たとえば、日本の民放ドキュメンタリーの父と言われる牛山純一プロデューサーが手がけた『ベトナム海兵大隊戦記』3部作は、2部以降が放送中止となった。内容は、米軍に従軍し、敵の掃討や尋問、処刑が繰り返される前線をカメラで追ったものだった。日本人の反戦・反米ムードを懸念した米国大使から日本の官房長官に連絡があり、表向きには「残虐すぎる」ということで放送禁止になったと言われている。

　この作品で、前線で北ベトナムの兵士を殺傷していく南ベトナム側のリーダーも、米国人ではなくベトナム人である。今、当時の事情を知らずに映像を見れば、同じ民族の殺し合いに見える。当初、好戦的だった米国メディアも、友軍の誤爆に苦しむ米兵や、戦火に逃げ惑うベトナム庶民の姿を伝え始めた。米国内では、他人のけんか（北ベトナムと南ベトナム、同じ民族同士の内紛）に自分たちの命をかけるなんて嫌だ、という拒絶反応が出てきた。米国内世論の反戦ムードは高まり、ベトナムからの軍の撤退へと政府の方針も方向転換していった。

　米国の報道史では、ベトナム戦争を「アグリー・ウォー（醜い戦争）」、湾岸戦争を「クリーン・ウォー（きれいな戦争）」、あるいは、「ニンテンドウ・ウォー（テレビゲーム戦争）」、と呼ぶ。戦争にきれいも汚いもないが、これはメディア

で描かれたイメージの話である。

　米国政府は、1991年の湾岸戦争では、国内の反戦ムードに軍の撤退を余儀なくされたベトナム戦争と同じ轍を踏まないようにした。米軍は徹底して情報統制を行ない、ニュースでは、夜間にミサイルが飛びかうテレビゲームのような映像ばかりが流れ、傷つく人間のいるところへは報道陣を寄せつけなかった。見せない、という軍の情報統制は、米国国内メディアから批判を受けた。

　2003年のイラク戦争では、取材対象に関する厳しい統制と制限を設けながら、記者たちを積極的に米軍に同行させた。湾岸戦争のように見せないのではなく、見せたいものだけを見せ、見せたくないもののところへは行かせない、という状況を作った。各国の従軍記者たちは米軍兵士に命を守ってもらうことで、米軍兵士に共感していった。自然と、米軍が見せたいものが、比較的好意的に、世界のイラク戦争情報となって流れていった。

　米軍の捕虜などの映像が流れると、米国政府はメディアに抗議した。米国の意に反して、ミサイルが落ちた先の出来事を世界に伝えた衛星テレビ局アルジャジーラのバグダッド支局は、米軍に爆撃され、記者が亡くなった。報道の公平性に積極的だった通信社のカメラマンらも、米軍の「誤爆」で亡くなった。ミサイルの落ちた先を伝えようとする人そのものへの攻撃も、あめとむちのように、米軍によって始められた。

　結果から見れば、米軍は北ベトナム国内の広報スタイルをイラク戦争において世界規模で手に入れたようなものである。徹底した情報操作により、軍が流したい情報だけを流させる仕組みである。

記録されない記憶

　ベトナムで出会う北ベトナム側の戦時記録映像の中に、自然な明るさが感じられるものが多数ある。それは、撮影した記者たちの腕前と信条、さらに実際に被写体が持っていた雰囲気の、双方によるものではないかという感じがする。若い女性モデルたちを使ったと思われるものもあるので、その辺の見分けが微妙で難しい。

　ベトナム戦争において、米国国内では写真や映像の悲惨なイメージ（アグリーウォー）から厭戦ムードを形成した。ところが逆に北ベトナム側では、軍に

よって統制された写真や映像の明るい力強さ（クリーンウォー）から、本当に勝利を信じて果敢で粘り強い戦いを続ける気力を余計に保ち続けることになった、ということがあるだろうか。

報道力と広報力が紙一重であることは、既に米国ジャーナリズムでは、第一次世界大戦で実証ずみである。ナチスドイツは、1930年代前半に、報道関係者をアーリア人に限定し、情報伝達回路を完全に掌握することで、一時的にせよ国内の思想統制に成功している。

人は、徹底した情報操作によって、どこまで現実から乖離させることができるのだろう…。現地で当時を振り返る空間に立っていると、北ベトナム側のクリーンな映像を駆使した記憶の構成に無頓着だったこと、戦争が武器や兵器だけで行なわれるものではないことに、認識を改めさせられる。

今後ますます、戦場へ近寄ることができなくなる。戦争を多角的に記録し、検証することが難しくなる。ベトナム戦争を取材した人びとの記録、特に、同じベトナム人、あるいは戦争当事者ではない他国籍の報道人がひとりの人間として戦争に向き合った戦争の記録は、普遍的な価値を持ち続けることだろう。

同時に、短期間のベトナム訪問では目に触れなかった、北ベトナムの人びとが体に刻んだであろう戦争は、聞き取りなどで掘り起こされ、伝えられるべきものだと感じた。白い歯の笑顔とは別にあったはずの顔を、もっとこちらから探して歩かねば、本当のところはわからないかもしれない。

記録を辿り、当時を再構築する。それはそれで大事だが、記録が残るかどうか、そこに既に戦時の恣意的なゆがみが生じるなら、記憶もたぐり寄せねばならない。ところがその記憶さえも、当時作られた物語の中で体感されたものかもしれないのだ。記録や記憶の作られ方にまで遡り、ジグゾーパズルのように、記録や記憶に残っている部分と、残っていない部分があることを想定して、部分部分を探し歩いていくことで、初めて本当の全体像に行き着くことだろう。そういうことに気づかされる空間だった。

戦争証跡博物館

実物と報道写真で再現されるベトナム戦争の最前線

　「戦争証跡博物館」は主にベトナム戦争の被害を伝える博物館で、1975年9月に開館した。統一会堂の北側にあり、歩いていける距離にある。外にはバイクタクシーがたくさん待機している。ここは何日も時間をかけて通ったが、いつも、どの時間帯も、たくさんの来館者がいた。地元の人たちや学生集団も多かったが、白人観光客も多い。日本語ガイドから説明を聞きながら見学する日本人も、1時間に複数グループの割で見かけたような気がする。したたり落ちる汗をふきながら、メモをとる学生集団にも、日に何回も出会った。

　この博物館の特徴は、展示が自由意志でベトナムの戦場に入った世界各国の戦場カメラマンたちの遺作で構成されている点にある。国家の統制を受け、あるいは、軍の宣揚という使命を負った人ではなく、ひとりの人間として戦場に来た場合に見えるものが伝えられている数少ない空間と言える。

　ただでさえ暑いのに、屋内展示は人ごみで蒸し暑く、汗が流れてのどが渇く。屋内に入ると一瞬目の前が真っ暗になる。敷地全体は、早足で歩けば端から端まで3分とかからない距離じゃないかと思うくらいで、余り広くない。しかし、展示物の点数が多い上、丁寧な説明パネルがあり、きちっと読もうとすると時間がかかる。

　展示は、正面入口から見て左右2棟に分かれる屋内展示と、野外展示の3つのパーツに分かれている。

　資料館のパンフレットによると、ベトナム戦争で米国は、のべ650万人の若者を動員。785万トンの爆弾を投下、7500万リットルの枯葉剤（ダイオキシンを含む）を散布。およそ300万人のベトナム人が死に、400万人のベトナム人が負傷。5万8000人以上の米兵が死亡したと書かれている。数字の桁が大きすぎて、よくわからなくなる。300万人だとすれば、ナチのホロコーストの犠牲者数に匹敵するほどの数である。

　米軍はこのほかに、南部へ支援物資と人員が輸送されていたホーチミン・ルートを遮断するために、隣国ラオスにも、64年から73年までに約210万トン

の爆弾を落としたと言われている。合計約1000万トンの爆弾。

　この博物館で、米軍が使用した1000万トンの実物の断片を垣間見る。その生産と落下に至るまでに費やされた費用や労力と、爆弾が使用された人間に起こった惨事から、人類はいったい何を学んでいるのかを真剣に自問させられる。

予想を超える爆弾の大きさと種類

　野外には、戦車や戦闘機などのほか大小さまざまな爆弾が、展示というより、建物以外のスペース全体に所狭しと並べられている。半径500m以内の酸素を消滅させるという縦長の大型爆弾（CBU-55B）や、巨大な厚塗りの鉄製ドラム缶のような6.8トン級ミサイルなど。いずれも、人間の体をはるかに上回る大きさに、圧倒される。広島や長崎に落とされた原子爆弾よりも大きい気がする。いずれも、実際にベトナムで使用されている。酸素を消滅させる…？ SFの世界のような発想によって、現実の人間はどうなったのだろう。

　武器や兵器を多数展示している点では、各国にある軍事博物館と似ているが、決定的に違うのは、それらの武器がどのような仕掛けになっていて、どのように人間を傷つけるかについて、1つ1つに具体的な説明がついている点である。

　見学していくと、近代兵器がいかに合理的かつ確実に多数の人間を殺傷できるかにしのぎを削ってきたかが、よくわかる。その総体としての戦争の狂気に自然と気づかされる。

　爆弾は、腕くらいの大きさの小さなものですら、重くてなかなか持ち上がらない。それを、1発で何トンもの大きさにしても、人類はまだあきたらないのである。際限なく大量殺傷兵器を生み出す人間の、底なしの欲望を鎮めるには、よほどの覚悟が必要なのだと実感する。

　戦闘の現場で何が起きるのか。そこで、人間はどうなるのか。そのことについて、アジア諸国に多数ある戦争証跡の展示空間の中で、最もすぐれて説得力のある展示館の1つである。

子爆弾とホルマリン

　正面左側の屋内展示棟には、爆弾や銃の展示、戦争の前線で人間に起こることを写し撮った報道写真や、戦争の悪影響を受けた奇形児たちの様子などが、

パネルと現物で展示されている。

　屋内の左手奥のほうに、各種の仕掛け爆弾の現物が展示してある。その仕組みの詳細を見たのは、ここが初めてだった。その後、カンボジアのシェムリアップの「アキ・ラー地雷博物館」でも回収され処理済みのものを多数見たが、こちらは輪切り展示などがあり、使われ方の説明がわかりやすい。

　ベトナムの人びとを苦しめたボール爆弾は、予想していたよりもずっと小さいものだった。手のひらを丸めてグーにしたよりも小さい鉄球の中に、直径5mmくらいの小さな鉄球が無数に詰まっている。あるいは、太い腕ぐらいの大きさの注射器型の筒に、釘のような形の鉄の小さな棒が無数に詰めてある。子爆弾は、人間の胸部から頭部くらいの高さで破裂するように仕掛けられている。

　こういった子爆弾が、爆発時に15ｍも飛び散るように設計されているパイナップル爆弾は、長い6枚羽根がついていて、車両・人・動物を襲う。オレンジ爆弾は鮮やかなみかん色で、鉄片が飛び散る。蜘蛛爆弾は、8方向にそれぞれ7ｍもの紐が張り巡らされ、紐にひっかかると爆発する。戦車破壊用の爆弾になると、280個から300個もの子爆弾が飛ぶ。仕掛けはいずれも実に手がこんでいる。

　入って手前左側には、枯葉剤の影響を受けた小さな奇形児（胎児？）のホルマリン漬けもあった。手のひらに乗せられそうな小ささながら、はっきりと人間の形をしているおり、顔の造作が崩れている。

　アフガン戦争で使われた劣化ウラン弾の影響で奇形児が次々と生まれており、その報告映像を見たことがある。映像でも見るのと見ないのとではインパクトが違うが、ホルマリン漬けになっているにせよ、実物に至近距離で接する体験は強烈である。

　誰と誰の赤ちゃんだったのだろう。こうして、何十年もホルマリンの入ったビンの中から、たったひとりで戦争の不条理を訴え続けている。直視に耐えないその顔つきを、あえて捉えて耳をすます。もし話すことができたら、この子は何を言いたかっただろう…。同じような想いで闇に流れていった無数の胎児と、その母親のうめきが伝わってくるようだった。ビンの左右には、大きく引き伸ばされた写真で、奇形を負って生まれた子供たちの生き様も映し出されて

いる。枯葉剤を作り、それを撒いた人間ひとりひとりが、自分たちの行為の結果を、ここに来て直視した方がいい。それでも、やり続けるべきだ、あれは正しかったというなら、もはやそれは人間ではない。

　展示の奥の右側には、1965年から68年まで、まる4年間、サイゴンに滞在してベトナム戦争を記録した報道カメラマン石川文洋氏の、戦争の極限に向き合い続けた報道写真も複数展示されていた。米兵が農民と見られるベトナム人を引きずり出し、あるいは、兵士たちが敵兵を殺しながら前進していく様が写真に焼きつけられている。

前線の非日常が凝縮された報道写真

　正面右側の展示棟は、戦場で殉職したり行方不明となった報道写真家たちの作品だけを集めた展示「レクイエム（鎮魂歌）」で構成されている。報道写真がメインだが、同じ場所で同時に撮影された動画（ショートフィルム）も上映されており、当時の状況がより立体的にわかる。

　レクイエムの展示は、4つのコーナーに分かれている。「遥かなる戦争」「段階的拡大」「泥沼」「最後の日々」。中ほどに、故澤田教一氏のピュリッツアー賞受賞作「安全への逃避」や、故一之瀬泰造氏の被弾したカメラの写真なども展示されている。国籍を問わず大勢の人びとが、大きく引き伸ばされた「安全への逃避」の前で、「ああ、あの写真だ」「サワダの写真だ」と親しみをもって眺めている。

　このサワダの写真の親子は、何人もの報道関係者が撮影していたという。逃げてきた一家はそんなに必死の形相ではなかったが、砲弾の音が響いた一瞬の表情の変化を、大勢いた報道関係者の中で、サワダが最も的確に映像化した、ということである。その一瞬にベトナム戦争の意味が凝縮されていると感じてシャッターを押したサワダの眼力に、世界の人びとが共感した、ということだろう。サワダは、1970年10月28日に、プノンペン南方の国道2号線沿いで銃撃を受けて亡くなっている。

　「レクイエム」の手前の動画コーナーでは、ナパーム弾に背中を焼かれた女の子が素っ裸で両腕を広げて泣きながら走り逃げてくるカラーのショート・ニュースが上映されていた。同じ場を捉えた世界的に有名な報道写真がある。そ

こには、フィルムを入れ替え中の別のカメラマンも写っている。複数の報道関係者が予想した爆撃であることがわかる。

　まわりを歩く兵士たちの比較的緊張感のない様子と、そのすぐ手前で恐怖に顔を引きつらせて逃げようと走ってくる小さなベトナムの子供たち。大人には予想された出来事であり、地元の子供たちにとっては、避けることもできずに体を焼かれ、逃げ惑う突然の恐怖。なぜ、人間がこんなふうに人間を傷つけて許されるのだろう。大人が子供を守らなくて、平気になってしまうのだろう。平時であれば重罪行為であるのに、どうして戦争だと許されるのだろう。

　1972年6月8日に、南部でヒュン・コン・ウット氏が撮影したその少女は、その後、報道されたがゆえに米軍の手厚い治療を受けて命をつなぎ、北からは米軍の非道さのシンボルとして、南からは手厚い米軍の看護の実例として、双方から宣伝に利用されている。ここにも、戦争の記録とその後のその記録の使われ方によって生じる記憶のゆがみが端的に現われている。戦争の実相を見極めることは、実に難しい。

遺影が語る報道写真家たちの生と死

　展示の中ごろに、小さいが目を引いたショットがあった。1965年11月4日に、世界各地で戦場カメラマンとして経験を積んでいたディッキー・チャペル（ジョージェット・ルイーズ・マイヤー）が、チュライ近郊で地雷を踏み絶命した。フリーとしての活躍も多いが、亡くなった当時は『ナショナル・オブザーバー』の特派員で、46歳だった。ウィスコンシン州生まれで、1945年の硫黄島戦や沖縄戦では、米国海軍に従軍している。

　撮影したのは、同じく著名な戦場カメラマンのアンリ・ユエである。アンリ・ユエも、71年2月10日にラオスで亡くなっている。

　写す側のカメラマンが、死んで被写体になっていた。ディッキーは半分うつ伏せで、首あたりを中心として、乾いた大地にべっとりと血だまりができ、そこだけ光っている。液体を素早く吸い込むあの土に溜まったのだから、相当に大量の出血だったのだろう。海兵隊のパトロールに同行取材していたという。ディッキーの最後の言葉は、「いつかこうなると思っていた」だった。

　戦争の当事者となる兵士双方、戦禍に巻き込まれる住民たち、戦争を伝える

人、いずれにも、戦場の死は容赦ない。「レクイエム」に写されている戦場の人びとは、みな、血みどろで戦い、絶命していく。

　ひとりひとりの被写体を、自分の家族に置き換えてみる。ベトナム戦争は、日本が当事者でないだけに、日本人にとって素直にアジアの戦争の実相を見つめられる数少ない事例でもある。人間が人間を極限まで傷つけるに至った行為は、それを傍観した人びとにも、いずれ何かしらの形で容赦ない結果をもたらすのではないかと思う。

　この博物館に展示されている写真については、写真集『レクイエム』（集英社）に詳しい。それによると、ベトナムでは、1950年代の抗仏戦争から1975年のベトナム戦争（抗米戦争）終結までに、はっきりわかっているだけで南北合わせて135人の報道カメラマンが死亡あるいは行方不明になっているという。カンボジア人やベトナム人カメラマンの占める割合が高いが、国籍は10ヵ国に及ぶ。

　1930年代から40年代にかけての日本の戦争では、記録に残っているだけで350人前後の、報道機関に所属する日本人従軍記者が亡くなっている。これは驚異的に多い数字である。日本の場合は、従軍した報道関係者のひとりひとりの仕事にスポットを当てることもなく、その死に至る経過も彼らが撮った写真もほとんど明らかになっていない。日本の戦場が実際のところどうなっていたかを伝えるものは、戦中の情報統制と戦後の自己規制によって、表にあまり出てきていない。情報の送り手の姿が見えないということは、情報の送り手がいた場の姿も本当には見えないということだと改めて思う。

　ベトナム戦争の展示「レクイエム」は、戦後、生き残った仕事仲間が行方不明となった同僚への追悼のために長い時間をかけて追跡調査する中で、作られていったものである。カメラマンたちの殉職直前のフィルムには、戦争は人間に何をもたらすのかが克明に刻み込まれている。

　「レクイエム」の最終コーナーに、報道写真家たちの遺影がずらっと並ぶ。戦争を見つめた彼らの顔を今、戦争を知らない自分が見つめ、戦争とは何かを繰り返し問いかけてみる。

クチの地下トンネル

タフさと智恵、ベトナムの底力

　「クチ・トンネル」は、ホーチミン市から北西に約70km、車で約1時間30分くらいの距離にある。南ベトナム解放民族戦線が米軍に抵抗するために築いた大規模な地下トンネルで、地元のパンフレットには革命歴史遺跡だと説明されている。トンネルは、うっそうとしたジャングルの下に、アリの巣のように張り巡らされている。全長は200kmを超え、周辺の町までつながっていたという。

　このトンネルに、米軍はとてもてこずった。複雑なトンネル内はまさに迷路で、各所に罠が仕掛けられていた。地上は見渡す限りのジャングルだが、足を踏み入れると、どこからともなく狙撃され、ゲリラに襲われた。地雷も大量に埋められており、難攻不落だった。

　そこで、魚を捕まえるには水を抜けばいいという発想で、米軍はゲリラが潜むジャングルそのものを消滅させるために、猛毒ダイオキシンを含む大量の枯葉剤を空から大量に散布した。戦闘状態が終わった後も、その影響で奇形児や流産などの後遺症に人びとが苦しんでいる。

　今、クチは、旅行会社のツアーに手軽に込みこまれている有名な観光地である。ホーチミン市からクチのみの半日ツアーで、4米ドルから。カオダイ教寺院とクチを回る1日コースも、同じく4米ドルからある。日本語ガイドや、夕食付きなどで、値段にはかなり開きがあり、100米ドルくらいする1日ツアーもある。

　観光地になっているにせよ、戦争の跡がそのまま残っており、市内から半日で行き来できる距離にあることから、戦争を考える上では、一度は見ておくべき場所だと思う。行けば、ベトナムの人びとの驚異的な粘り強さや、ジャングルそのものを枯葉剤で消滅させないと勝てないと米軍が考えた理由も、ある程度は理解できる。

　現在公開されているトンネルは、サイゴン川のほとりにあるベンユオックと、そこから東に15km程先に行ったところにある、ベンディンの2ヵ所である。

ベンディンはツアー客らしい観光客が多かった。ベンユオックは欧米の観光客がカップルや小グループで訪れているようで、のんびりとした感じがした。

ベンユオックは、タクシーのドライバーがどうも行きたがらない。しきりに、ベンディンと同じだと言う。無理して行ってもらって、理由がわかった。ボコボコの悪路なのである。舗装されていない赤茶けた凹凸の激しい悪路をゆっくりと走っていくしかない。しかし、苦労して行くだけの価値のある場所だった。

3層での抵抗

着いた時、そこはただのジャングルにしか見えなかった。

入口で中年の軍人と思われる制服を着たベトナム人に、トンネルの仕組みについて、模型とショートフィルムを使った説明を受ける。

トンネルは3層構造になっている。上の通路はおとり、2番目は竹やりの先端を上にして突きさした落とし穴などに利用されている。実際には3層目を行き来していた。細いが、大変な長さのトンネルである。それを、まさか3層構造でくりぬいてあるとは、とても想像できない。その智恵と忍耐力に驚いた。

1960〜75年の様子を写した軍事広報写真集を売っていた。北ベトナムのバック・ジャ・ディン通信社などの写真を元に作られている。

トンネルを作っている途中の様子も写されている。人がやっと1人通れるくらいの幅の溝を深く掘り、土を小さな竹籠に入れて、上にいる人が引っ張り上げる。それを3層にして、上に土をかぶせ、落ち葉をかぶせ、全然わからないようにしていく。ところどころに、トンネルへの入口や、ジャングルに入ってきた敵を地下から狙い撃ちするための、小さな穴が作られている。

穴を掘り、竹で作った大きな釘を上向きにして仕掛ける。兵士にまじって、女子供の姿が多い。竹製の大釘に磨きをかけているのは、小学校低学年くらいの小さな子供たちである。地雷を作るために、米軍が落としていったミサイルの不発弾から火薬を取り出す女性。再利用するために、破壊した米軍の戦車の砲身をのこぎりで切り取る中学生くらいの男の子たち。前線へ食料などの補給品を運ぶ女性。負傷兵の手当てをする婦人。家族総出で、自分たちの日々の生活を営んでいるように見える。

家に帰りたいと思いながら「正義のため」に戦う米兵と、家族ぐるみで毎日

の生活のために戦う北ベトナム兵では、自ずと底力が違ってくるんじゃないか、と思わされるような光景が、いくつも写っている。

棺おけのような通路

　実際にトンネルに入る。通路は、ほとんどしゃがんだ姿勢で前進せざるをえない高さで、幅も体ぎりぎりある。体が細くて小さなアジア人にしか通れない。体の大きな白人が追ってくると、途中で挟まって身動きできなくなったというが、想像できる。高温多湿の真っ暗闇で、いくつも枝分かれしており、ガイドについていくのに必死である。

　細身で小柄な私でも青くなったくらいで、トンネルに入った外国人や男性は、一様に汗みどろになって、ゼイゼイ言いながらトンネルから這い出てくる。トンネルのところどころが広くなっており、作戦会議室、司令官室、病院や炊事場などとに使われたと説明された。

　地下の真っ暗闇は、沖縄の地下壕やガマも同様だったが、クチ・トンネルは、その細さ・低さがぎりぎりで、立ち止まると、生き埋めにされているような錯覚に陥る。地表を触ると、硬い乾いた土である。これが大雨になると、どうなるのだろう。動力の道具を使わず、しかも200 km以上に渡って掘って穴状にし、崩れずに3層も作れるものなのかと、とても人間わざに思えないようなトンネルだった。

　今日、ホーチミンを訪れてまず驚くのは、市内のバイクの多さと、信号がほとんどない交通ルールである。相手の目線を見ながら、タイミングを見計らいつつ、何車線もある道を横切って、車もバイクも人も往来していく。1台のバイクに何人も乗って、大勢が車道を横切ったりUターンしながら流れている様は、壮観ですらある。

　先進諸国は、信号という機械に頼ることで、状況観察力や判断力を失ってしまったのかもしれない。交渉によって物の値段を決める日常のタフさも同様である。この種の生活力は、クチの地下通路を3層構造にして生き残ったベトナム人民のタフさに、あい通じるように思う。

　見学の終わりに、当時の兵士たちが食べていたものが出された。筋ばった味のない芋のようなものが2種類と、小さなカップに入った麦茶のようなお茶。

この環境で長い戦いを勝ち残った、当時の兵士たちの精神力は、一体どこから来たのだろう。自動車で移動し、ハンバーガーやコーラを食している人たちでは、とてもかなわない。叩かれても叩かれても、けっして根をあげずに抵抗し続け、粘り勝ちした北ベトナムの兵士たちの痕跡を、確かに感じた地下トンネルだった。

ライフルに体がふっとんだ

　入口から少し進んだところに、ライフルの射撃コーナーがあった。試してみた。1発いくらという計算方法だったので、5発の弾を入口で買って、射撃場の柵の中に入る。1発1.5米ドルくらいだったかと思う。長さが4～5cmの親指くらいの大きさの弾で、重みがある。中年の兵士のような男性のインストラクター（？）が、鼓膜防護用のイヤーカバーを頭にかぶせてくれた。

　地面から腰くらいまでの長さの銃を渡される。見た目より相当に重量がある。私は腕力に乏しいのだが、それにしても重い。銃の片方を肩に乗せて、筒の先を下から支え持って…、とインストラクターが持たせてくれるが、重くてぴたっと支えられない。しかたないので、柵の上に銃の先を乗せて、ぐらぐらしないようにしてから、動物の絵の的を狙って撃った。

　一瞬、音がしなくなって、のけぞっていた。ものすごい反動だった。インストラクターはイヤーカバーもしていないが、こちらはカバーをしていても、あまりの衝撃に耳が聞こえなくなった後、ぎりぎりーっと痛んだ。後ろに銃ごと身体がふっとんだような感じだった。

　最初は痛くて怖くなったが、3発目からは落ち着いて狙えるようになった。衝撃で銃口が揺れてしまうので、的には全然当たらない。たった5発だが、撃つなら的に当てたいと欲が出る。的が自分の大切な身内や仲間を殺した憎い敵だったら、弾が当たれば、やった！と思うかもしれない。生きるか死ぬかの戦闘状態にいたら、もっと正確に、1発で急所を、と思うだろう。ふっとそんなことが納得できるような気になってしまう不気味な道具だった。

　これだけ重量のある武器を担ぎ、弾をたすきがけにして身体に巻きつけ、命を狙われながら、炎天下のジャングルの中を兵士たちは歩いて行った。人間を殺傷する道具を携帯しているのか、携帯しないか。護身なのか、先制攻撃なの

か。どの位の殺傷能力をもった道具なのか。ひとつひとつの状況が、持ち主の精神状態を大きく変える気がした。

ハノイ

　首都ハノイは、政治・文化の中心都市で、1000年の歴史を持つ古都である。市内には古いお寺なども多い。今日、数々の戦争を戦ってきた足跡を伝える記念館や博物館が、市内に点在する。市街のデザインは、フランス統治時代の影響が強い。

　20世紀の現代史で、北部ハノイは、フランス、日本、米国、カンボジア、中国と、抵抗する相手国との紛争の司令塔でありつづけてきた。そのために、街全体が戦闘に巻き込まれてきた。ベトナム戦争（抗米戦争）は、ハノイを中心とする北爆から本格化した。爆撃は、鉄道のハノイ駅や、ハノイから北東に抜けていく鉄道の橋（ロンビエン橋）などの輸送経路を遮断するとともに、政府や軍の指導部などを壊滅させるために繰り返され、見渡す限りの焼け野原になった地区も少なくない。

　30年後の今日、市街には家々が軒を並べ、多くの人びとが暮らし、ホーチミンほどの活気はないようだが、バイクや車でごったがえす道路事情などは変わらない。ほんの数十年前、市街地が一面焼け野原だったようには見えない。

　街の中央に比較的大きなホアンキエム湖があり、おだやかな憩いの場となっている。湖の南側は繁華街、北側は旧市街地である。カップルが肩をよせる水辺の北側の一角に、戦没者記念像がある。ベトナムのために亡くなった人びとのモニュメントで、年号を表す1946の数字が刻まれている。

・訪問時期　　2004年3月〜4月。
・ハノイへのアクセス　　日本からハノイへの直通便は、成田空港などから出ている。所要時間は約5時間30分。最寄りのノイバイ国際空港から市内へは、バスかタクシーで約40分。飛行場から市街地までのあいだに、しばらく田園風景が広がる。その一帯も、ベトナム戦争時に激しい空爆にあっている。

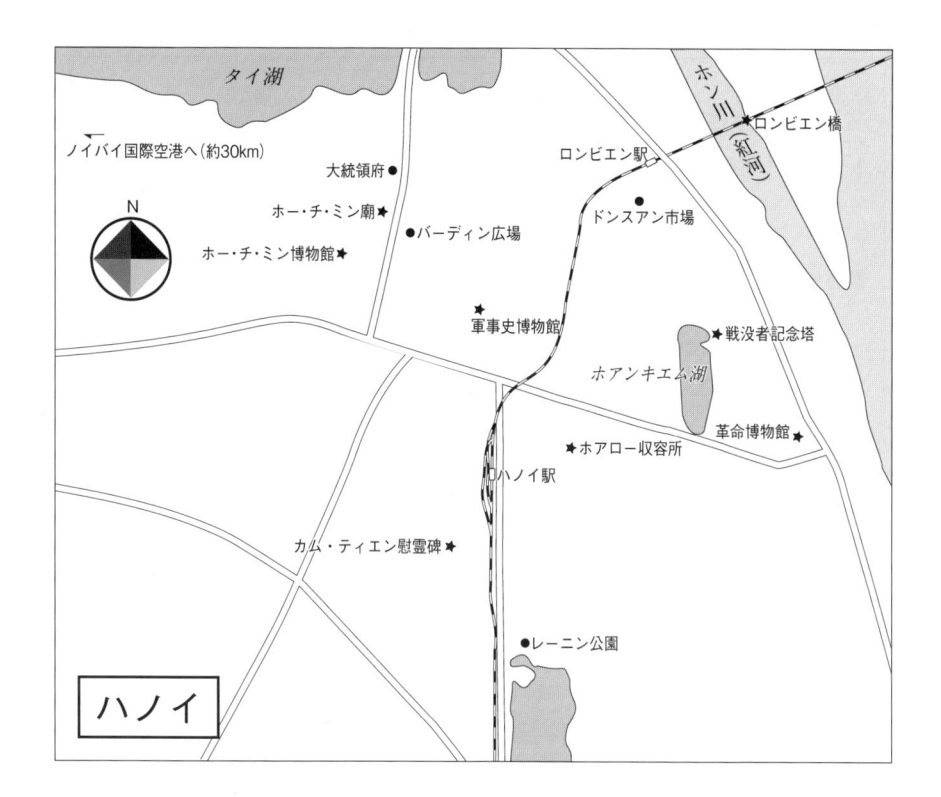

ハノイ

- タイ湖
- ノイバイ国際空港へ（約30km）
- 大統領府
- ホー・チ・ミン廟
- ホー・チ・ミン博物館
- バーディン広場
- ホン川（紅河）
- ロンビエン橋
- ロンビエン駅
- ドンスアン市場
- 軍事史博物館
- 戦没者記念塔
- ホアンキエム湖
- 革命博物館
- ホアロー収容所
- ハノイ駅
- カム・ティエン慰霊碑
- レーニン公園

ハノイの戦跡

ホーチミン廟　Lăng Bác
場所　ハノイ市の北側

軍事史博物館　Bảo Tàng Lịch sử Quân sự
住所　28 Dien Bien Phu
開館時間　8：00〜11：30　13：00〜16：30
休館日　月・金曜
入場料　1万ドン（他に持ち込み料としてビデオ1万ドン、カメラ2000ドン）
連絡先　04-823-4264

ロンビエン橋　Cầu Long Biên
場所　ロンビエン駅からすぐ。

ホアロー収容所　Nhà Tù Hỏa Lò
住所　1 Hoa Lo, Hoan Kiem
開館時間　8：00〜11：30　13：30〜16：30
休館日　月曜日
入場料　5000ドン
連絡先　04-824-6358

カム・ティエン慰霊碑　Đài Tưởng Niệm Khâm Thiên
場所　ハノイ駅に近いカム・ティエン街。

革命博物館　Bảo Tàng Cách Mạng
住所　216 Tran Quang Khai St.
開館時間　8：00〜11：45　13：30〜16：15
休館日　月曜日
料金　1万ドン
連絡先　04-825-4151

ハノイ

ホーチミン廟の正面。ハノイで最も厳かな所である。

ホアンキム湖のほとりにあるモニュメント。

ベトナム

軍事博物館の中庭。右奥にあるのは戦闘機の残骸

ハノイ市内と川向こうを結ぶロンビエン橋。幾多の爆撃を生き残ってきた。

北爆の犠牲者を慰霊するカム・ティエン慰霊碑。ハノイ駅近くにある。

ホーチミン廟

日本軍の徴用による餓死者200万人

　1941年から45年の敗戦まで、日本はインドシナからフランスを追い、ベトナムを手中に収めた。しかし、フランス側の抵抗も根強く、日本軍は糧食などの物資調達に苦労した。折しも1944年から1945年にかけて、ベトナム北部は天候不順で大凶作だった。戦乱によって食物が豊かな南部からの供給が途絶えたまま、日本軍によるベトナム米の強制徴用が行なわれたこともあり、200万人の餓死者が出たと言われる。

　そういったことを、日本でほとんど聞いたことがなかった、あるいは忘れてしまったのは、どうしてだろう。

　この大飢饉については、1945年9月2日にハノイの街の西側にあるバーディン広場でホー・チ・ミンが行なったベトナム民主共和国独立宣言にも、盛り込まれているという。今日、バーディン広場の向こう側に、ホー・チ・ミンの亡骸を安置したホーチミン廟が横たわる。

「独立と自由ほど尊いものはない」
「解放したら、100倍も美しい祖国を作ろう」
　ホー・チ・ミンの言葉は、ベトナムの人びとの支えとなってきた。

　1965年2月7日、米軍はハノイを空爆した。この「北爆」がベトナム戦争の本格的な始まりだった。それ以来、市内全域に爆弾の雨が降り注ぎ、焼け野原となった区域もある。

　一見、街は活況である。だが、その気になって見れば、美しい祖国を信じて戦い続けてきた人々の記憶をとどめる場がいくつもある。

軍事博物館　（現在の名称は軍事史博物館）

地元に根付いた博物館

　「軍事博物館」は、ハノイ駅の北0.5km、ホーチミン廟から東約600mの

ところにある。ベトナムに6館ある国立博物館のうちの1つで、1959年12月22日に開設された。敷地内には、1805年に築かれたハノイ宮殿の国旗掲揚塔が移設されている。高さ180mで、そんなに高い塔ではないが、階段を伝って上まで登ると博物館全体やまわりが見渡せる。博物館には、ベトナム共産党の指導のもとに戦ったベトナム人民の抗仏・抗米戦争の歴史を中心に、ベトナムの戦争に関する資料、写真、兵器、兵器などが多数展示されている。

屋外には、武器・兵器の類と、打ち落とした米軍爆撃機の残骸が展示されていた。半年間に124機を撃墜した対空戦車。1968年から72年にかけて敵の爆撃機を5台撃ち落とした85mm対空砲。1972年12月20日の夜に、B52爆撃機を3機打ち落としたロケット砲…。1つ1つのプレートについている説明が細かい。

実に多くの武器がある。戦争の当事者でない者から見ると、その道具によって殺傷された側にも思いが至るので、こういった展示を見ていて、誇るような気持ちには全然ならない。中庭の大きな残骸は、1967年8月23日に打ち落とされたF4型爆撃機、と書かれている。他にも、フランス軍機を7機落とした、米国軍機を124機落とした、と延々と武器の展示が続く。抗仏戦争も抗米戦争も入り混じっている。

屋内には、サイゴン解放の時に大統領官邸に入った843型戦車や、多数のパネル展示、当時の記録映画の上映などもやっていた。2階の展示室は、当時の新聞や地下組織の活動状況、兵士の様子などがわかるようになっており、遺品なども多い。大型の絵画もある。敵の戦車に枝や瓦礫をもって体ごと突っ込んでいく若い兵士など、ベトナム版肉弾三銃士のようなものが描かれている。

命がけで祖国を守る兵士の逸話は、戦争末期における日本軍の命がけの攻防戦とほとんど変わらない。しかし、この空間が持つ活気は、日本の博物館が一様に持つ鎮魂や慰霊に特有の静かな重たい気配とはかなり異なる。

屋外・屋内を含めると、かなり広い敷地（約1万m²）だが、見学している市民でごったがえしている。フランスに勝利して50周年の記念としても多すぎるんじゃないかと思うほどの人出だった。深いモスグリーン色の軍服を着用した十数人単位の兵士の集団も3組くらいいる。その顔は、休日のようななごやかさである。駐車場には大型観光バスが4台駐車しており、他のバスがまた到

着する。博物館の敷地全体が「生きている空間」という印象だった。

多くの国に、その国の防衛や戦時の功労を称える場として、軍事博物館がある。中国でも韓国でも、広大な敷地をともなう軍事博物館があり、家族連れなどが立ち寄り、戦闘機や戦車をカッコイイと思う幼児が大喜びで写真に収まるような場所だった。ハノイの軍事博物館も目的は同類と察せられるが、訪れている人びとの笑顔が、あの戦時広報ポスターのように、本心から楽しそうなの人が多いように感じる。ここでもまた、例の不思議な「明るさ」に出会い、その所以について考える。

地上戦が長く続いた土地だから、個人の体験としては、それぞれが大きな悲しみや苦しみを抱えているはずである。身内や親戚に長年の戦争の犠牲者がいる人が多いはずだ。それでも、領土拡大のための争いではなく、独立のための抵抗だったという戦いの起点が、戦争の記憶にある種の誇らかさを持たせているのだろうか。あるいは、やっていることが同じでも、結果としての敗北と勝利が、この空気の違いをもたらすのだろうか。

展示の中で、「北も南も両方ともよく戦った」といった英文の文字を目にする。パンフレットには、「1944年12月22日に、ベトナム解放軍のプロパガンダ・ブリガード（戦時広報班）結成」の記念写真、「1946年12月、国の存続のために死を覚悟して戦う兵士の像」などが記載されている。

イラク戦争のように、戦争を始めた動機そのものが実際には根拠がなかった場合、それで亡くなった加害者としての米兵の遺族も、それに巻き込まれて傷つく被害者の庶民も、その理不尽さゆえに、精神的にも苦しみ続けるだろう。行動の起点としての動機について、行動の終点に命そのものが関わることからも、さまざまな局面を考えさせられる博物館だった。

ロンビエン橋

幾多の爆撃に耐え20世紀を見つづけた鉄橋

ロンビエン橋は、長さ約1700mの、ハノイで一番古い鉄橋である。街の北部から北東部へ抜ける紅河（ハー川）に架かっている。1902年、フランス統治

下で、パリのエッフェル塔を設計したギュスターヴ・エッフェルによって設計された。

歩道のすぐ脇を電車が通る構造になっており、かなり古くなっているが、今もハノイと対岸地区を結び、ハイフォンに向う高速道路へつながる。日が暮れると治安が良くないという話だったが、昼は大きな荷物を自転車に乗せた人びとが次から次へとやってくる。

この鉄橋は、ハノイへの重要な補給路であり、ベトナムの人びとが不屈の抵抗を続けたことを象徴するような存在の1つである。何度となく米軍の爆撃を受けて多くの個所を破壊されたが、そのたびに修復されてきたという。ハノイの革命博物館などでも、命がけで橋を守った人びとのことが写真入りで紹介されていた。

ホアロー収容所

ハノイ・ヒルトン

ホアロー収容所跡は、ハノイ市内のほぼ真ん中、ハイバーチュン通りに面した三角形の区画内にある。もともとの監獄は、1896年、インドシナを植民地支配していたフランスが、抵抗するベトナム人を裁き、収監するために造った。その当時、仏領インドシナ5ヵ所に作られた監獄の中で最大規模のものだった。

ベトナム戦争中は、南ベトナム政府の要人や、ハノイを爆撃して撃墜されたパイロットなどの米兵捕虜が収監されていた。初代駐ベトナム米国大使ダグラス・ピーターソンやジョン・マケイン上院議員などもここに収監されていたことが、地元の案内パンフレットに記載されている。

米兵捕虜たちは、この収容所に高級ホテルのヒルトンから取った、「ハノイ・ヒルトン」というニックネームをつけた。もちろん「高級」とは正反対の意味を込めてである。今は近隣の区画整理と高層ビル化で敷地の3分の2は既になく、道路に面した部分が歴史的な遺産として保存されている。

館内で最も印象深かったのは、植民地時代のフランスから持ち込まれたギロチンだった。多くのベトナム解放の闘士を処刑していったという。処刑文化ま

でフランス流だった。思ったよりも小さな機材で、刃が予想以上に鋭角で、重量感もあり、ものすごく切れそうだった。遺体受けの網かごが横に置いてある。屋内に展示されているものは、実際に使われていたものなので、どのくらいの血を吸い込んでいるのだろうと、気味が悪くなった。

屋外にも、「ベトナム人民の寄付でモニュメント化された」との説明書きのあるギロチンが設置されていた。

中にはさまざまな拷問用の器具、手かせ足かせなどの道具、当時の写真パネル、監獄などが展示されており、人形をつかって囚人たちの様子が再現されている。屋外にはレリーフなどがあった。

訪れる少し前から、急に強い雨が降ってきた。収容所のくぼみのあちらこちらに、大きな水溜りができて、足がびちゃびちゃとぬれた。収容所全体がじめじめと蒸し暑く、匂うような、暗くて気持ちの悪いところだった。

カム・ティエン慰霊碑

無差別縦断爆撃に抗議しつづける母子像

米軍のハノイ空爆を記憶にとどめ、慰霊する「母子像のモニュメント」は、ハノイ駅に近いカム・ティエン街にあった。着いた時は夕方4時を過ぎていて、モニュメントのある小さなスペースの入口の鉄門が閉まっていた。バイクタクシーのおやじさんが近所を聞き回って、慰霊碑の建て主か管理人と思われる中年の男性を連れてきてくれた。男性は、鉄の鎖でしめた鉄城門の鍵を開けて、中へ入れてくれた。

それは、息絶えたばかりと思われる幼児を両腕に抱き、毅然と前を向いた母親の像だった。台座には1972年12月26日の米軍による爆撃と刻み込まれている。

爆撃直後のカム・ティエン街を写した報道写真を見たことがある。完全にあたり一面が瓦礫の焼け野原となっていた。街路樹も焼けこげ、先が焦げて細くなった短い箸が地面からところどころにつき立ててあるような感じだった。家や人が密集している今のカム・ティエン街からは、全く想像できない、無人の

焼け野原になっていた。

　私がモニュメントに向かって合掌すると、男性は黄土色の長い線香を持ってきてくれた。戦禍を受けた母子像は世界各地にあり、これまでも多数見てきたが、どれも痛々しい。抱かれているのは、かわいい盛りの、小さなやわらかい幼児のようだった。

　モニュメントの前で、鍵を開けてくれた男性に、少し話を伺った。53歳だという。ベトナム語での話をバイクタクシーのおやじさんがカタコト英語で伝えてくれるので、細かいところはわからない。しかし、低い静かな語りの中から爆弾で家や家族が吹き飛ばされていった無念さが伝わってきた。話の途中で、32歳だという息子さんも連れてきてくれた。爆撃当時、2歳だったことになる。

　モニュメントの横には、当時、カム・ティエン街周辺の三角形のエリア内で、爆弾の落とされた場所を示すパネルが展示されていた。それが今、自分の立っているこの街と同じなのかと思うほど、たくさんの爆弾の印が地図上にあった。パネルには、被害者の人数が示されている。一辺が500mもない三角地での人数である。

　死者287人（老人40人、乳幼児56人、女性94人、男性97人）負傷者290人（老人26人、乳幼児31人、女性104人、男性129人）

　この爆撃で両親を失った子供が178人、祖父母を失った子供が66人…。

　パネルの後ろは、慰霊碑を作った人の家族と思われる人たちの写真や、爆撃される前や当時の街の写真が数点あった。爆撃は夜中にあったようで、12月26日は、クリスマス休暇中で疎開から戻ってきていた子供たちが数多く犠牲になったと言われている。北ベトナムの戦う意志を殺ぐための、市街地への爆撃だったとも言われている。

メコン・デルタ

メコン・クルーズ

「それが戦争でしょう?」と、ジュネは言った。

ジュネは68歳だという。フランス人の父と、ハノイ生まれのベトナム人の母の間に生まれた。ベトナムとフランスで育ち、ひとときは日本で仕事をし、今はフランスで孫たちのそばで悠悠自適の暮らしだという。

ジュネとは、ホーチミンの旅行会社シン・カフェ主催のメコン・クルーズに参加した時に、隣り合わせた。ひとり旅行中だった。小柄で痩せており、ショートカットに木綿の服を着た、よくしゃべるおばあさんだった。後ろからだと白髪混じりのベトナム人にも見えるが、瞳の色が緑がかった灰色で、顔立ちも西洋風の、コスモポリタンな、不思議な感じだった。ツアー参加者の中でひとりどうしだったので、自然と隣になった。

月並みの、「どこから来たの?」との挨拶。フランスなまりの英語でちょっと聞きづらい。「日本です」と言ったら、「オー、ジャポネー…」とすこし微妙なニュアンス。それから元気よく笑顔で言った。

「しばらく日本で働いていたことがあるのよ、京都でね」

私は、ジャーナリズムの研究者でフィールド・リサーチをしていること、日本軍がベトナムに駐屯していた時のことをあまり知らなかったことなどを話した。きっとベトナムの人にとってつらいことがいろいろあっただろうと思うと申し訳ない気がする、とも言った。そこで、社交辞令的なジュネの笑顔が消えて、少し真顔になった。

「私の父は日本人に捕まったことがあるのよ。でも、日本軍は父にとても丁寧だった。着替えるのをきちっと外で待っていて、車に乗せて連れて行く時も丁重だった。時折、父に会いに行くと、40歳くらいの日本人将校がいつも立

ち会っていた。ある時、その将校が私を抱き上げ、膝にすわらせた。びっくりして、将校の顔をのぞいたから、よく覚えているの。将校は私をすわらせたまま、遠くの空を見ていた。私は、この人は自分の家族を思い出している、と思った」

ジュネが一方的にどんどん話している間、私はこれまでアジア各地の前線で死んでいった日本兵たちのことが目に浮かんできて、急に泣けてきた。ツアーバスの中は陽気なのに、いきなり涙がこぼれて止まらなくなった私を見て、ジュネは、あなたの身内に戦争で亡くなった人がいるのか、と聞いてきた。そうではないが、いろいろ見てきたから…、と口ごもる。父親を捕まえた日本兵の方に共感する日本人が話し相手では、嫌な気持ちになるだろうと思ったが、ジュネはさっきよりもっと距離を縮め、真顔になった。

それから1日、メコンデルタツアーの間、ジュネは自分の人生を話し続けた。ジュネの話によって、ベトナムやカンボジアをはじめ、アジア各地の戦跡で断片的にこれまで見てきたものの一部が、プラモデルが組み上がるかのように、つながっていった。

フランスとベトナム、2つの故郷

ジュネの父はフランス人で、フランス統治下のハノイで高官だった。第二次世界大戦中に日本軍が来て、ジュネの父は軟禁された。ジュネの父は、ジュネの母と結婚する時、母の地元にお寺を寄進していた。日本軍が荒れ出した時、ジュネの家族はそのお寺に身を寄せた。ある日、日本軍がやってきた。お寺の床下に隠れていた。探しに来た日本兵と目が合った。見つかったと思って覚悟した。しかし、その日本兵は何も言わずに、立ち去っていった。

日本が負けて八月革命（インドシナ共産党によるベトナム独立のための全国蜂起）が起きた時、ジュネの家族は今度は、ベトナム人たちから命を狙われた。日本軍から解放された父は、ベトナム人に腿を撃たれた。ずっと家族ぐるみで親しくしていたベトナム人の住み込みメイド一家は、父に毒を盛って、いなくなった。母は、父を必死に看病し続けた。しかし父はそれ以来、ベトナム人を悪く言うようになり、母はよく泣いた。だいぶ後で、そのメイド一家が市場で乞食をしているのを見つけた。私は訴えようと言ったが、母は、もういいから、

と言って、彼らに大金をあげた。その時は、母の気持ちが全然わからなかった。
　やがて、フランスがベトナムから撤退することになり、命からがらフランスへ行った。父の身体は良くならなかった。ある朝、母も眠るように死んでいた。フランスで、ベトナム人の母がどんな扱いを受けたかはわからない。ジュネは、母は睡眠薬自殺だったと思っている。ジュネもその外見から、フランス社会にすぐには馴染めなかった。20世紀後半に、景気の良くなった日本でも仕事をした。今回はハノイにある母の実家とお寺にお参りに来て、そのついでのホーチミン旅行だと言っていた。
　ミトー、カントーと、シン・カフェのツアーはメコン・デルタを船でゆっくりと上がっていく。折り返し地点となるビンロンの市場は、色とりどりの果物にあふれていた。ジュネは、そのままツアーを続けるバスに乗って行った。別れ際に、写真を見に来てね、とフランスの住所をくれた。
　私は、日帰り組用のホーチミン行きのバスを、待ち合わせ場所となっているホテルクーロンＡの脇にあるカフェで待っていた。ジュネの話の一コマ一コマに、戦場とは別のところで戦い続けた家族の哀しみと苦しみと、それでも確かに生きてきた人間の姿があった。「それが戦争」。ジュネは、自分に言い聞かせるように、時折繰り返した。
　ジュネの記憶のどこまでが、史実と呼ばれているものと合致するのかはわからない。ジュネが自らの体験を、どこまで正確に記憶し、語っているのかはわからない。しかし、ジュネが、戦争を考えようとしている異国人に、自分の人生と戦争をどう語ろうとしているのかは、とてもよく伝わってきた。
　では、私にとって、子供たち、若い人たち、まだ見ぬ孫たちにとって、戦争とはどのようなものになっていくだろう…。
　ベトナム戦争でもイラク戦争でも、米軍の一部は日本の基地から発進していった。戦闘部隊の出撃地であり、燃料・食料・輸送・装備などに関わる軍需物資の供給地として、日本は米軍の軍事戦略の一翼を担っている。
　戦争は、勝者に利権をもたらす。戦争は、経済的特需という漁夫の利を、間接的な関係者にも生み出す。日本の一部企業は、朝鮮戦争に続きベトナム戦争でも、米国が必要とする軍需用品を提供することによって、特需の恩恵を大きく受けている。ベトナムに爆弾の雨を降らせ、人びとを吹き飛ばした戦争の

「成果」を、巡り巡って、私もたくさん享受している。
　一方、米国の戦争に対して日本が提供する多額の援助金の財源は、国民の税金である。それは日本で、一家の大黒柱が過労死し、公害でボロボロになり、あるいは家族崩壊しながら、捻出されてきた。戦後の日本は、常に経済戦争を戦い続けてきた。
　20世紀を戦い続けてきたベトナムには、武力を使う人間の、智恵や誇り、愚かさや哀しみ、原点となる自然の摂理が詰まっているようだった。もっと足を運んで、表に届いていない人びとの声に耳を傾けよう。そこに、未来を考えるヒントがたくさんあるだろう…。「不思議な明るさの所以」について、大きな宿題をもらった旅となった。
　メコン河に面したオープンカフェに、風が行き渡る。ベトナムコーヒーを運んできてくれた若い女性が微笑み、その真っ白い服が風に揺れた。

ベトナムの概要
正式国名　ベトナム社会主義共和国
英語名　Socialist Republic of Viet Nam
面積　32万9247km²
人口　約8400万人
首都　ハノイ（人口約270万人）
政体　社会主義共和国
民族構成　キン族（ベト族）約90％、他50以上の少数民族。
宗教　仏教徒約80％、キリスト教徒約0.8％、他イスラム教、ヒンドゥー教など。
言語　公用語　ベトナム語
通貨　単位　ドン。USドルも一般に流通している。
為替レート　1円＝約131ドン　1US＄＝約1万5500ドン
気候　全体としては高温多雨で、熱帯モンスーン気候。
時差　日本の2時間遅れ

ベトナムの祝祭日
1月1日　元旦
旧暦の大晦日と1月1日～1月3日　テト
2月3日　ベトナム共産党創立記念日
4月30日　南部解放記念日
5月1日　メーデー
5月19日　ホー・チ・ミン生誕記念日
8月19日　八月革命記念日
9月2日　国慶節（独立記念日）
9月10日　祖国戦線創立記念日
旧暦8月15日　中秋節
12月25日　クリスマス

ベトナムの近・現代略史

- 1802年　阮（グエン）朝の建立（都はフエ）。
- 1882年　フランスによるハノイ占領。
- 1884年　フランス領インドシナ連邦の一部に。
- 1930年　ホー・チ・ミン、ベトナム共産党（後にインドシナ共産党）を発足させる。
- 1940年　日本の北部ベトナム進出。
- 1941年　ベトミン（ベトナム独立同盟）結成。
- 1944～45年　北部で大飢饉。
- 1945年　第二次世界大戦終結。阮朝の崩壊。
  インドシナ共産党による全国蜂起（八月革命）。
- 1945年　ベトナム民主共和国独立宣言。
- 1946年　フランス軍の攻撃が始まる（第1次インドシナ戦争）。
- 1949年　中国とソ連がベトナム民主共和国（北ベトナム）を承認。アメリカ、インドシナのフランス軍への援助を開始。
- 1954年　ディエンビエンフーの戦いでフランス敗退。
- 1954年　ジュネーブ会議。北緯17度線を境界とした南北ベトナムの分裂。
- 1960年　南ベトナム解放民族戦線の結成。
- 1964年　トンキン湾事件。
- 1965年　アメリカ軍北ベトナムを報復爆撃（第2次インドシナ戦争＝ベトナム戦争勃発）。
- 1968年　ベトナム軍・解放戦線によるテト攻勢。
  米軍によるソンミ村虐殺事件
- 1970年～　中国との関係が悪化
- 1973年　パリ和平協定。アメリカの撤退が決定。
- 1975年　サイゴン陥落（第2次インドシナ戦争＝ベトナム戦争終結）。
- 1976年　ベトナム社会主義共和国が成立。
- 1978年　ベトナム軍がカンボジアへ侵攻（第3次インドシナ戦争勃発）。
- 1979年　中越紛争。
- 1986年　ドイモイ路線の開始。
- 1989年　カンボジア駐留ベトナム軍撤退終了（第3次インドシナ戦争終結）。
- 1991年　中国との国交正常化。
- 1995年　アメリカとの国交正常化。ASEANに加盟。

カンボジア

カンボジアの戦争

　カンボジアのアンコール王朝は、東南アジア史上最大の帝国で、12〜14世紀の最盛期には、インドシナ半島のほぼ全域からタイ北部までを支配していた。しかし、14世紀以降はタイとベトナム双方から圧力を受け、その領土は縮小の一途をたどることになった。19世紀、かすかに命脈を保っていたカンボジア王朝は仏領インドシナ連邦の一部とされるが、ノロドム・シハヌーク王が巧みに国際世論を味方につけて「カンボジア王国」として独立する。

　シハヌーク国王は、第二次大戦後の東西陣営の対立の中で、中立路線を標榜しながら、なんとか独自の道を歩もうとしたが、結局はベトナム戦争（第2次インドシナ戦争）に巻き込まれてしまう。1970年、シハヌークの中国接近を嫌った米国の支援で、親米のロン・ノル政権が誕生。左派クメール・ルージュと組んだシハヌーク派との間に激しい戦いが起き、内乱は全土に広がった。

　そして、1975年から79年にかけては、中国の支援を受けてプノンペンを制圧したクメール・ルージュのポル・ポト派が、中国の文化大革命を真似た改革を断行した。しかし、強制移住・強制労働や知識人粛清など、あまりに極端で無計画な改革だった上に、激しい内部抗争が加わって、170万とも300万とも言われる国民が亡くなった。実に、国民の4人に1人が犠牲となっている。

　ポル・ポト派はベトナム戦争の過程で仲たがいしたベトナムの南部をひんぱんに攻撃し、カンボジア国内でも多くのベトナム人が虐殺された。ポル・ポト派がベトナムに対して執拗に攻撃を続けたのは、中国の強力な後ろ盾があったからでもある。

　1978年12月、ベトナム軍はポル・ポト政権打倒のために、カンボジアへ侵攻。79年1月7日、首都プノンペンを制圧し、ポル・ポト派はタイ国境へ後退した。ベトナム軍は89年9月まで駐留して、反ベトナム三派連合（シハヌーク派、フンセン派、ポル・ポト派）と戦った。

　ベトナム軍撤退後、今度はポル・ポト派とシハヌーク派とフンセン派の間で、内戦が続いたが、1993年、国連の監視下で初めて総選挙が実施された。そして、シハヌークが再び王位につき、政治の実権はフンセンが握るという形が徐々に固まってきた。長い内戦で荒廃したカンボジアに、ようやく平和の光が見えてきたようだ。

プノンペン

　カンボジア王国の首都プノンペンは、人口100万人弱。カンボジア王国の政治と経済の中心地で、メコン、トンレサップ、バサックの3つの川が交わる流域にある。たくさんの仏教寺院とフランス統治時代に建設された洋館が混在する。

　プノンペンに都が移されたのは、15世紀前半。ペンは人の名前。プノンは丘という意味である。王都は転々とし、19世紀半ばに再びプノンペンに遷都され、フランス植民地以降は、洗練された商業都市として隆盛を誇った。

　カンボジアがベトナム戦争に巻き込まれてからは、100万人以上の難民がプノンペンに流れ込んできた。そして、1975年4月15日、クメール・ルージュが入城してくる。プノンペンの一般の人びとは最初、彼らを解放者として期待を思って迎え入れた。しかし、クメール・ルージュは直ちに旧政府関係者を処刑、すべての市民を「下放」して強制労働に就かせた。その後しばらく、プノンペンは完全にゴーストタウンと化した。

　戦争と病気により、国民の半数以上は20歳以下という異常な人口構成になってしまったカンボジア。「ツールスレーン虐殺博物館」や「キリング・フィールド」にさらされる頭蓋骨の山。激しい内戦は、時として、家族や仲間をも殺すしかないという状況を生み出してきた。カンボジアの戦跡には、戦い続ける人間の、生々しい傷の感触があった

・訪問時期　　2004年3月〜4月。
・プノンペンへのアクセス　　日本からプノンペンへの直行便はない。プノンペンと近隣都市のバンコク、香港、ホーチミン、シンガポールなどには直行便があるので、これらの都市を経由して行くことになる。

　プノンペンのポチェントン国際空港から市内への公共の交通機関は、タクシーかバイクタクシーを利用する。15分から20分かかる。空港出口の所にあるカウンターでエアポートタクシーを頼むこともできる。

カンボジア

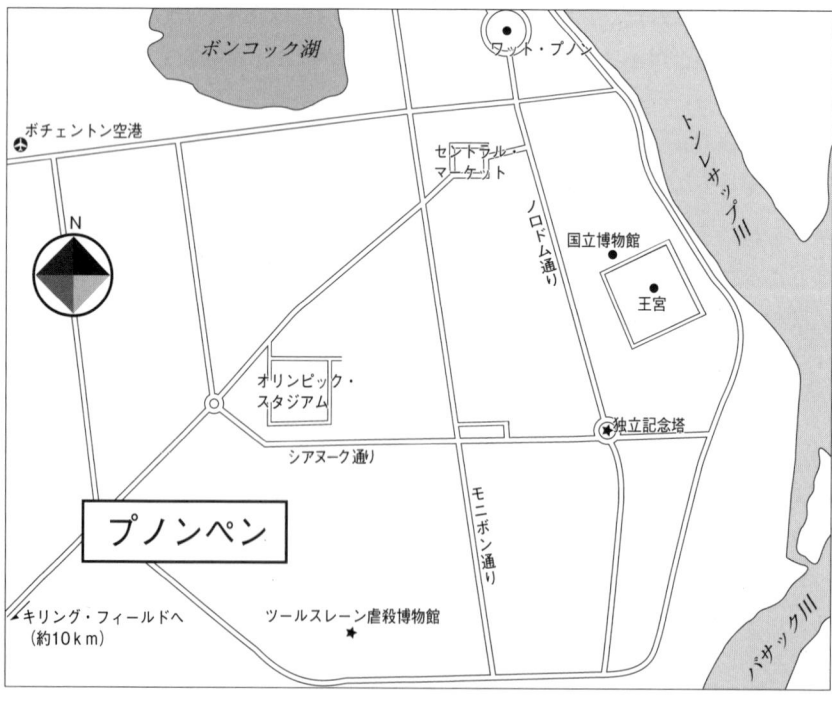

プノンペンの戦跡

ツールスレーン虐殺博物館　Toul Sleng Genocide Museum
住所　St.113, Boeng Keng Kang 3, Chamkar Morne
開館時間　7：00〜17：30（11：30〜14：00は休憩）
休館日　なし
入場料　施設維持費として2 US＄
連絡先　023-300698

キリング・フィールド　Killing Field
行き方　公共の交通機関はないので、車をチャーターするか、バイクタクシーで行く。市内から片道約30分。
開館時間　7：00〜17：00
入場料　2 US＄
休館日　なし

独立記念塔　Victory Monument
場所　シアヌーク通りとノロドム通りが交わるロータリー。

ツールスレーン虐殺博物館。収監された人たちの記録写真。

ツールスレーン虐殺博物館。独房の扉。元は学校だった。

キリング・フィールド（プノンペン）。処刑された人たちがあたり一帯に埋められている。

ツールスレーン虐殺博物館

人間の残虐性に言葉を失う

　「ツールスレーン虐殺博物館」は、プノンペン市内の南側に位置し、王宮から2〜3kmのところにある。舗装道路から土ぼこりの立つぼこぼこ道に折れて2ブロックくらい行くと、塀の切れ目に入口があった。看板などはない。

　ベトナム戦争の混乱がカンボジア国内に広がり、内戦状態となった後の1975年に、ポル・ポト政権が中国の支援を受けて樹立された。そのころの中国では、「文化大革命」と称して、都市の知識階層を地方での肉体労働に従事させる懲罰的な下放運動が行なわれていた。その影響を受けたポル・ポト派は、その極端な形として、原理社会主義体制の樹立を目指し、知識人・文化人を一掃するための虐殺を行なった。前政権の為政者側の人びととその一族、および、教師や医師、僧侶などの知識階層とその一族を、改革推進の邪魔になるとして徹底的に殺害していった。西洋文明、伝統文化のいずれをも排除していったのである。

　プノンペン市民は、入院していた病人なども含め、全員農村地帯へ強制移動させられた。最初は米軍の空爆があるから急いで街から出るようにと言われて始まった強制移動だった。歩けずに殺される人、立ち止まることを許されずに出産しながら亡くなる人の亡骸が、移動の行列の脇に転がっていたという。農村部へ移動後、都市部の市民は過酷な労働を強いられ、理不尽な暴行を受けた。政治犯はツールスレーンのような各地の刑務所に入れられ、取り調べとは名ばかりの拷問により殺されていった。

　ポル・ポト政権下で亡くなった人の数は、170万人とも300万人とも言われている。同政権は1975年4月から1979年1月までの3年8ヵ月続いたから、単純計算すると年間50万人の虐殺である。

　諸説あるものの、ドイツが合理性を極めて欧州で広くユダヤ人を虐殺してようやく同じような数字になるので、ポル・ポトの虐殺の実態がどうかはいま少し専門的な研究が必要だと感じる。いずれにせよ、むごたらしい虐殺が繰り返されていたのは確かだろう。

「ツールスレーン虐殺博物館」は、クメール・ルージュの為政下ではS-21号刑務所と呼ばれ、刑務所としては1976年5月から機能していた。もともとは1962年に建てられた地元の学校の敷地や校舎を刑務所に転用したものだった。ここで死刑と判断された人びとは、まとめてプノンペン周辺へ移動させられ、処刑されていった。「キリング・フィールド」とは、その処刑地のことである。

1980年から、虐殺博物館として開館されているこの建物は、今も当時のように校舎全体がするどい針のついた金網で覆われたままとなっている。コの字型に配列された4棟の建物が監獄で、そのうち一番左の棟の一階が尋問室となっていた。

当時のままに保存されている訊問室には、鉄パイプ枠だけのベッドが残されている。この上の階は女性用の収監に使われていた。女性の囚人は幼児を伴っていることが多かったが、いっしょに処刑されていったという。

正面の棟には収容された人びとの顔写真群、別の部屋には、処刑直後の写真群が展示されている。上の階には、床に人びとを寝かしたまま固定する足かせのついた雑居房や、教室内をいくつも小さく仕切った房がある。

ここには約2万人が収容されたが、開放直前に証拠隠滅のために収容者が一気に抹殺されたので、生き残ったのは6人と言われている。そして、人びとが収容された時と、何のためか、虐殺された時の記録写真が大量に残っていたのである。

40度をこえる猛暑の中で、人間が人間になしうることの極限を切り取った写真を、まさにその行為が行なわれた部屋の中で見続ける。うめき声や臭気や、血や肉が壁から噴き出してくるようで、見ているのがつらくなる。特に、処刑されたあとの遺体の形相が、すさまじい。絶望と恐怖を固めたような、どす黒くはれた頭部である。パネル一面に、無数に写真が貼ってあり、ひとりひとりのその瞬間に至るまでの体験を追う気力すらも失せてしまう。

入口でもらった英語のパンフレットによると、約1720人がこの収容所のために働き、そのうちの54人が尋問を担当していた。収容者は、男性、女性、子供（10歳から15歳）のグループに分けられ、子供たちはクメール・ルージュに仕えるために訓練されて、人間性を失っていったという。

収容された人びとの国籍は多岐にわたっている。ベトナム、ラオス、タイ、

インド、パキスタン、英国、米国、カナダ、ニュージーランド、オーストラリアなど。もっとも多いのはカンボジアの市民である。

収容期間は通常2ヵ月から4ヵ月、政治犯として拘束された場合は、拷問が半年以上続くこともあったという。収容されたら数ヵ月で亡くなっていることから、ここが文字通り、ナチのガス室と同じように、始めから生かすことを想定していない虐殺キャンプだったことがわかる。

惨状を伝えねば、外からの助けは来ない

展示されている写真の中に、ひとりの若い白人男性の笑顔が写されていた。たぶん展示写真でただ1人の白人である。プノンペン市内にある代表的なもう1つの戦跡、「キリング・フィールド」にも、同じカットの小さい写真が貼ってあった。そのコーナーには、フランス人、米国人、オーストラリア人の写真が数枚貼ってあり、キリング・フィールドのガイドに訪ねたら、いずれもジャーナリストだと説明された。ポル・ポト政権下でプノンペンに残った数少ないジャーナリストたちで、虐殺されたという。

その白人男性は1946年生まれのオーストラリア人で、デビッド・L. スコットという。1978年11月に拘束され、ジャーナリストだったとも、スパイだったとも言われており、資料センターに自筆の書類が残っている。

アウシュビッツでも、収容所内で行なわれていることを、監守見習役が命がけで撮った3枚の写真——ガス室へ裸になって追い立てられる女性たちの様子を写した1枚と、ガス室で虐殺された人たちの野焼きの様子を写した2枚の写真——が、地下組織の手によって外部へ伝えられたことで、欧州各国が動き出した経緯がある。

戦場の惨状を撮って見せる人の気がしれない、とむごい写真から目をそむける人たちがいる。もちろん、興味本位は別の話だ。しかし、抗いようもないほどの巨大な暴力に踏み潰された人たちは、「この惨状を世界に伝えてくれ」と、ジャーナリストに訴える。託す人がいて、託された人がいる限り、それを受け取ることは、同じ地球上で同じ時間を生きることになった人間の責任だと思う。

ジャーナリストは、敵国にとって邪魔だけではない。軍部に都合の悪い取材をして前線に送られた従軍記者の話は、世界中にいくつも残っている。今も、

ジャーナリストが各地で殺されている。イラク戦争ではアラブ系放送局が米軍に「誤爆」され、記者が亡くなっている。知る権利と機密の保持は、永遠にしのぎを削る。

　スコットの遺影から、他の遺品や遺影が発するものとは何か異なる語りかけを聞いたような気がした。呼び止められたような気がして、何度か戻ってみた。今日の世界情勢を見たら、スコットは誰に向かって、どんな取材記事を見せてくれるだろう。スコットは、どんな思いで拷問を受け、どんな殺され方をしたのだろう。聞いてみたいと思って写真を見上げていたら、拭いても拭いても自分の汗が目に流れ込んできて、彼の素朴で親しみやすい微笑に黄色い穴がボツボツと空いてしまった。

訪れた人たち
　正面右側の建物の２階に、来館者ノートの置いてある部屋があった。英語、アジア諸外国の言葉、日本語のメッセージなど、いろいろな国の言葉で、たくさんの記述がある。
　「なぜ、こんなことが起きたのか知りたい」
　「自分が生まれた年に、こんな残酷な事があったなんて、今まで知らなかった。生きたくても、生きれなかった人もいる…」
　「ポル・ポトの軍人が今、普通に生きているなんて…。今も苦しんでいる人がいることが理解できた」
　「正直、こんなの見たくなかった。カンボジアの人たちの笑顔はとっても好きだけれど、人を簡単に殺してしまう人たちのようには、見えなかったからだ。この国がより平和に。子供たちの笑顔が本物であることを祈ります」
　「私は何も知らずにここに来たが、何事が行なわれたかはわかったつもりでいる。だが、なぜ行なわれたのかは、全く知らない。なぜ、このような過ちが起こったのか。それを知らなければならない」
　「残酷すぎる。何のために人が生まれてきたのか、これじゃわからない」
　「本当に人は弱いと思う。気をつけていないと、自分がいつ、殺す側、殺される側に回ってしまうか、分からない…。今を生きている我々は、過去のこのような悲惨なできごとから、今、何を大切にすべきなのかを考え続けなければ

いけないと思う」
　「過去の悲惨さと向き合って、事実を知ることが重要である。そして、その悲惨な事実を後世にわたって語り継ぐべきではないだろうか…」
　ノートに残された思いの多くは、平和を望む声と、こういうことが起きた理由を知りたい、というものだった。
　この博物館の特徴は、虐殺のあった場そのものの保存と、そこで使われていた道具や虐殺した側が記録用に撮影していた写真の展示のみ、というところにある。因果関係も、歴史的・政治的背景も、それなりに納得できるような解説もない。ただ、死が染みついた場があるだけだ。
　ここを訪れた人びとは、人間の所業の痕跡だけを、まざまざと見せられる。
　たとえば、人種が違うといった屁理屈でもつけば、まだわかりやすいかもしれない。ツールスレーンの場合は、内戦である。同じ親族や身内同士の場合すらありうる。宗教的信念のぶつかり合いとも異なる。確固たる政治思想があったようにも見えない。大量破壊兵器のような技術の発展に伴う残虐さとも全く異質である。1970年代に棍棒や紐、斧、あるいは素手で同族を叩きのめしていった人間の所業を目の当たりにして、言葉を失う。
　なぜ、人間はここまでするのだろう。
　どうして、そこまでしてしまうのだろう。

キリング・フィールド（プノンペン）

頭蓋骨から漂う異臭

　「ほら、ここだ、ここ。丸い穴があいている。棒で頭をつかれて殺された人だ」
　人びとは竹やり、ハンマー、棒などで処刑されていったという。自分の両親も1977年の7月に38歳でここで処刑されたと、テープのように早口の大声で、入口にいた自称ガイドの中年男性がまくしたて、額を棒で突き飛ばすしぐさをした。
　「ここら一帯から出てきた骨だ。今だって、ほら、歯が出てくる。酷いだろ」

今度は地面にかがんで、少しほじくって、人の歯を何個が拾ってこちらに見せ、また埋め戻した。かなり観光化されている。しかし、中央に建てられている慰霊塔の胴体部分に無数に置かれている頭蓋骨からは、変な匂いがした。何十年たっても、匂いは残るものなのだろうか…。そうだとするすると、骸骨になる途中の異臭は、いかほどのことだったのだろう。膨大な数の遺体。想像しかけて、気分が悪くなってしまった。
　一通り説明し終わり、自称ガイドがチップを要求した。
　「親のいない子供がたくさんいる。1ドルあれば子供ひとりが学校に行ける。10ドル寄付してくれ」
　この自称ガイドにお金を渡して寄付となるようには思えなかったが、3ドル渡して引き取ってもらった。
　小学生以下と思われる子供たちが十数人くらいでたむろしていて、三々五々寄ってきては、「学校に行きたいの」と手を出してくる。中には、6歳くらいだろうか、アルファベットをAから順に言ってみせて、「もっと一生懸命勉強しますから。マダム、お願いです」と、丁寧な英語で食い下がってくる小さな女の子もいた。皆、生きるのに必死なのが伝わってくる。
　「キリング・フィールド」は、プノンペンとシェムリアップの両方にある。プノンペンのキリング・フィールドは、市内中心から約12kmほどのチョエン・エック村の中にある。ツールスレーンから尋問を終わって連れてこられた人々の虐殺現場だそうで、頭蓋骨を納めた慰霊塔と、掘りおこした土のあとが広がる。自称ガイドの説明はこうだ。
　キリング・フィールドとは、虐殺が行なわれた荒野、といった意味だ。ポル・ポト政権下に大量虐殺が行なわれ、遺体はあちらこちらにまとめて埋められていた。平和になって、発掘され、それらの遺骨を弔う記念塔が建てられた。シェムリアップにも同様のものがあり、似たような形の塔の胴体部分に頭蓋骨が納められている。ここには数千の頭蓋骨を納めてある。まだまだ地中から出てくる…。
　どこまで本当かはわからないが、たくさんの頭蓋骨を至近距離で見た。確かに、頭蓋骨の額のあたりに丸い穴のあいているものが多かった。酷暑で、見ながら日陰で風が吹けば汗が渇き、日なたに立てば汗が滝のように噴き出す。

慰霊塔のある一角の向こう側から、男の子たちの歓声が聞こえた。虐殺の場に不似合に感じて、声の方へ行ってみた。盛った土の向こう側に、茶色の泥の小さな川のような大きな水溜まりがあった。素っ裸の少年たち5、6人が、泥しぶきをあげながら、数頭の牛の世話をしていた。少年たちは同じように、細身の筋肉質だった。中学生くらいの男の子2人は、泥水に腰の上まで浸かって、牛の体を泥水で洗ってやっている。牛は、じっとされるがままに佇んでいる。

そのまわりに、もっと小さな男の子たちがいて、追いかけっこをしている。ドボーンと相手を泥の中に投げ込んだり、飛び込んだり、泥水をかけ合ったりして、大笑いしている。日本だったらたぶん、受験準備でもして青白くなっているような年頃のようだ。平日の昼間である。カンボジアでは、学校は午前か午後の半日と聞いていた。

大きい子たちは、牛の世話をしながら、弟（？）たちの面倒も見ているようにも見える。すぐ隣に、大量虐殺の丘があり、地中には頭蓋骨がごろごろと入っている。そこらの土を掘れば、骨が出てくるかもしれない。男の子たちは、どのようにして生まれ、暮らし、どのような人生観を持ち、これからどのような人生を歩んでいるのだろう。キリング・フィールドの何を知り、何を知らないのだろう…。一見、屈託のなさそうな彼らの、濡れた褐色の肌が、強い陽射しをきらきらと照り返し、元気な歓声が響く。

彼らと、頭蓋骨になった人たちと、物乞いの小さな子供たちの間には、どのくらいの関係性があるのだろう。もっと正確にいろいろなことを知りたいと思ったが、ほとんど英語の通じないその場では、これ以上の手がかりは得られなかった。

シェムリアップ

　シェムリアップは、プノンペンから北西へ約250 km、飛行機で約45分のトンレサップ湖の北側にある。アンコール遺跡群の観光拠点として急速に開けた都市だが、はるか昔から歴代の王が都城を築いた地であり、周辺に数々の遺跡が点在している。

　シェムリアップの町は、南北に流れるシェムリアップ川を挟んで、両側に開けている。アンコール・ワットは町の中心部から約7 km、車で約10分の距離にある。

　訪れた時には、豪華な大型リゾートホテルの建設ラッシュの真っ最中だった。移動は、自転車にホロのついたシクロ、バイクタクシー、自動車と、値段しだいでいろいろあり、観光地化している分だけ動きやすかった。乾季だったので、舗装されていない道路は赤茶けて、土ぼこりが舞い上がった。

　ポル・ポト派の拠点となって荒廃が進んだアンコール・ワットだが、城壁の彫刻には、戦いの構図が多数モチーフとなっている。広く捉えれば、アンコール・ワットそのものも戦跡と言えるかもしれない。

　シェムリアップ周辺にある20世紀の戦跡としては、ベトナム・カンボジア戦争（第3次インドシナ戦争）やカンボジア内戦の武器の墓場のような「戦争博物館」、あらゆる地雷が展示されている「アキ・ラー地雷博物館」、1975年から始まったポル・ポト政権の大量虐殺の現場であり、慰霊の場ともなっている「キリング・フィールド」などがある。

・訪問時期　　2004年3月～4月。
・シェムリアップへのアクセス　　日本からの直行便はないので、タイのバンコク、ベトナムのホーチミン市、シンガポール、香港、マレーシアなどから乗り継ぐ。プノンペンからも飛行機が頻繁に出ている。空港から市内へは、空港の出口付近にいるエアポートタクシーなどを使う。

シェムリアップの戦跡

アンコール・ワット　Angkor Wat
場所　町から北へ約7 km。車・バイクタクシーを使用すれば所要約10〜15分。
開館時間　早朝5：00〜19：00
休館日　なし
入場料　1日券：20 US＄、3日券：40 US＄、7日券：60 US＄

キリング・フィールド　Killing Field
場所　シェムリアップの街からアンコール・ワットに向かって左手。
開館時間　早朝6：00〜19：00
休館日　なし
入場料　無料（拝観後に少額の喜捨を）

戦争博物館　War Museum
場所　Kacam Village
開館時間　8：00〜17：30
休館日　なし
入場料　3 US＄（10歳以下は無料）
連絡先　012-873666

アキ・ラー地雷博物館　Land Mines Museum
場所　町からアンコール・ワットへ続く道を東側に約400 m、さらに北へ500 m。
開館時間　7：00〜17：00
休館日　なし
入場料　無料（見学後少額の寄付を）
連絡先　012-630446

キリング・フィールド（シェムリアップ）。祈る人々が後を絶たない。

戦争博物館。野ざらしのまま山積みになった使用済み爆弾。

シェムリアップ

戦争博物館。古い兵器の廃棄場のようだった。

アキ・ラー地雷博物館。さまざまなトラップがある。

アキ・ラー地雷博物館の入口。ディスプレイも地雷。

地雷博物館で暮らす地雷被害者。学校へ行き、将来の夢に近づこうと努力している若者が多い。

アンコール・ワット

一之瀬泰造の菩提樹が揺れる

　シェムリアップの遺跡の中で最も有名なのが、アンコール・ワットである。市内から、車やバイタクで約10〜15分程度のところにある。遺跡エリアに入るには、チケット購入が必要だ。1日券や3日券、1週間券などもある。1日券が20米ドルである。

　アンコール・ワット正面右の菩提樹の下に、カンボジア戦争を取材中に行方不明となり、後に死亡が確認された一之瀬泰造カメラマンの遺骨の一部が埋葬されているという。今日、アンコール・ワットは一大観光地となっているが、ほんの30年前は、人を惹きつけて止まない秘境中の秘境だった。同時にそこを拠点とするグループ同士の内戦も続いていた。

　正面の参道は540mにもなる。中には三重の回廊があり、東西200m×南北180mの第一回廊の壁面には、一面に彫り物がしてある。クメール建築の集大成だそうで、遺跡として見学すべき醍醐味もあるようだった。私は、一之瀬泰造カメラマンが何に惹かれたのか知りたかった。

　アンコール・ワットの一番上にのぼって、夕日が沈むまで見ていた。飛行機で一緒になった韓国の女性と一緒だった。足をすべらしたら間違いなく死にそうな、塔のかなり上部まで登れる。落ちなくて良かったが、途中で動けなくなって泣いている白人女性もいた。上の回廊から、カンボジアの大地が遥かかなたまで見える。かつて、この高さまで登れたのは、ごく限られた権力者だけだった。これだけのものを作るために、いかほどの人びとの労力が費やされたことだろう…。権力とは何だろうかと、数々の権力抗争を体験してきた遺跡の上で考える。

　訪れた時が乾季で、遺跡のまわりに水がほとんどなかったので、美しいという感じとは違った。回廊の日がささない場所は、ホームレスのような匂いがする。大勢の観光客がいるが、ひとけが途絶えると、周囲を抜ける風の音がする。遺跡として捉える時は、水を満々とたたえる季節に改めて訪れ、シヴァ神と壁画のモチーフの意味を、じっくりと考えたいと思った。

キリング・フィールド（シェムリアップ）

お彼岸にお墓参りするように

「キリング・フィールド」はシェムリアップの街からアンコール・ワットに向かって左手にちょっと行ったところにあった。プノンペンのキリング・フィールドと異なり、こちらは参拝するカンボジアの人びとであふれた場所だった。まさに地元に根付いている、という感じだった。

この地でも、ポル・ポト派による大規模な虐殺が行なわれ、数千とも数万とも言われる人々が殺された。ポル・ポト時代には刑務所として使われていた建物が、今は僧院となっている。敷地内に僧侶の生活空間や修行場もあり、その一角に記念の塔が建っている。

寺院脇に建てられた慰霊塔の中には、頭蓋骨が遺品とともに納められている。訪れた4月がちょうどカンボジアのお正月直前で、たくさんの人びとがお参りに来ていた。虐殺された人びとの遺族だろうか。慰霊の塔に向かってひざまずき、大きな長い黄土色のお線香をあげて、じっと頭をたれ、祈る人びとの列。誰を思い、合掌しているのだろう…。虐殺が歴史の中の過ぎた出来事ではなく、今も身近なものとして、体温を伴って迫ってくる。

それにしても、カンボジアで目にする、このおびただしい数の頭蓋骨は何だろう。あちらにもこちらにも頭蓋骨がたくさんあって、感覚がマヒしてしまい、生きていた人間と結びつかない何か置物のような気がしてくる。さまざまな角度に無造作に積まれた頭蓋骨は、籠に入れられた学校の体育館のバレーボールかなにかのような感じすらしてくる。

アウシュビッツや沖縄、9.11の惨事、ヒロシマ・ナガサキなど、世界中でたくさんの被害者が出る惨事が起きている。その犠牲者のひとりひとりの名前を掘り起こし、その人生に思いを馳せる試みが各地で少しずつなされている。ところが、カンボジアの頭蓋骨は、そういったひとりひとりの人格を伴う掘り起こしができない。数が多すぎて、どこのだれかもわからず、女か男かもわからず、ただ頭蓋骨に色や大きさの違いがあるにすぎない。

生命そのものを尊重し、生き様を大切にする。それゆえに引き出されるはず

の喜怒哀楽の感情が、湧いてきにくくなってしまう。人間と言ったって、所詮、最後はみんな同じただの骨なんだ…。そんなふうに、一瞬でも感覚が麻痺しうるとは、恐ろしいことだ。

戦争博物館

武器や兵器の墓場

　アンコール・ワット遺跡群の手前を飛行場方面に右折し、ノコールプノン・ホテルの角をさらに右折していくと、「戦争博物館」がある。これは、軍によって運用されている博物館とのことだった。博物館というより、大型の戦車や爆弾、地雷、戦闘機など、使用済みでもう用のない兵器類を集めて荒地にそのまま並べてあり、錆びて朽ちつつある、といった感じである。

　入口らしきところに、茶屋のような小屋があり、そこでお金を払う。数人の関係者と、数人の欧米の観光客がいるだけだった。数ヵ所に屋根のついた見世物台があり、たくさんのライフルや爆弾がそのまま置きっ放しになっている。地雷も網をかけたリヤカーに山盛り積まれたままになっている。

　それぞれの武器に、簡単な説明板がついている。

1945年ソ連製、76 mm砲
1946年中国製、85 mm砲
1953年米国製の105 mmロケット砲、カンボジア内戦で使用
1960年ソ連製、陸水両用船

　人気のない大地にさらされた兵器の数々に、国際関係が如実に反映されている。インドシナ戦争時に使用された大小さまざまな兵器も展示されており、その中には戦車や装甲車といった大型兵器も並んでいる。

中国製のミグ19型爆撃機。1978年に破損
1945年旧ソ連製の戦車T-54型。1979年以降の内戦で使用され、1994年に

ポル・ポト派の機雷に接触して損傷

　カンボジア製の兵器も武器も見当たらない。カンボジアの人びとは、世界各国のその時々の思惑から、武器を提供され、それを使って身内同士で殺し合いをしていたことを、残された兵器群が物語っている。

　戦争博物館の一番奥の方に、普通の民家のようなところがあり、人の気配がした。民家の先に池があり、小学校低学年あたりに見える子が、もっと小さな子供たち３人の面倒を見つつ、池に葉っぱを投げていた。みんな男の子で、近づいてみると、池の中に魚がたくさんおり、投げた葉をつつきあって水中に引き込んでいた。遊んでいるのではなく、魚にエサをやっているところだった。

　手持ちのノートに魚の絵を描いてみせると、小さな子たちがキャッキャッとよく笑う。こんな子供たちも、大勢が戦禍に巻き込まれたことだろう。地雷の被害も続いている。子供が働いている姿、子供がもっと小さな子供の面倒をみている姿を、よく見かけた。

　暑いせいもあるが、シェムリアップ郊外で見かける子供たちの衣服は、プノンペン市内と違って、どこもとても簡素だった。郊外の遺跡へ移動する途中で通った村落には、いたるところに裸の幼児がいて、小さな子供が幼児や赤子の世話をしていた。

　とても暑いので服など不要ではあるが、住宅事情も含めて実に簡素である。子供をあやす大人の姿はほとんど見かけず、赤ん坊から６、７歳くらいに見える子供たちが、１０人、１５人とたむろする。

　夕方に立ち寄ったトンレサップ湖畔でも、たくさんの子供たちだけの集団を見かけた。大量虐殺の結果、日本なら孫を見守ってくれる祖父母がいなくなってしまった国のようだった。

アキ・ラー地雷博物館

生きる道に、選択の余地がない

　「アキ・ラー地雷博物館」は、日本でも時折紹介されている地雷の施設展示博

物館で、1999年に開館された。館長のアキ・ラー氏は、ボランティアで地雷撤去作業を続けながら、地雷問題の啓蒙に取り組んでいる。観光ガイドをしながら資金をため、博物館のための敷地を買い、地雷を取り除き、小屋を自分で建て、除去した地雷を展示している。これまでに除去した地雷は5000個にのぼるという。

博物館は、シェムリアップの市内からアンコール・ワットへ続く道を東側に折れて1 kmくらい行ったところにある。

道路沿いに小さな看板が出ている。敷地内には、アキ・ラー氏の家族と、地雷の被害にあった子供たち十数人が暮らしている。手や足を失い、家族のお荷物ともなっていた子供たちが、ここで学校へ通えるようになり、新たに生きる希望と人生の目標を見出し、蘇生していく。

アキ・ラー氏の人生は、カンボジアの地雷の由来と重なる。博物館のパンフレットに、自己紹介がある。アキ・ラー氏は小さい時に両親をクメール・ルージュに殺害された後、クメール・ルージュの兵士として育てられた。銃の使い方、地雷の仕掛け方、爆弾の作り方などを教えられ、10歳で兵士になった。13歳で住んでいた村をベトナム軍に襲われ、今度はベトナム軍に徴兵されてクメール・ルージュと戦い、1990年までベトナム軍にいた。

ベトナム軍がカンボジアから撤退する時に、今度はカンボジア軍に入って、さらにクメール・ルージュと戦い、やがて戦闘状態が終わってからは、国連の平和維持軍で地雷撤去の仕事をした。自分がかつて埋めた地雷を、今度は自分で撤去している。

1998年にポル・ポトの死亡が確認されて完全にポル・ポト勢力が消滅するまで、カンボジアでは内戦状態が続いていた。孤児たちは兵力の補い手として、どの軍でも強制的に徴用された。政局の変化に沿うように所属する部隊は変わったが、兵士として人を殺傷する人生に選択の余地はなかった。ほんの7年前まで、そうやって生きてきた。両親のいない大勢の子供たちが、武力衝突の最前線で銃を持たされてきたのだ。

兵士たちは地雷が怖いので、小さな子供たちを先に歩かせたという。地雷で死んだり、敵に打たれた仲間を大勢見ている。しかし、一番怖いのは、味方から撃たれるときだという。戦闘となった場で、敵の中に仲間や知り合いを見つ

けることもあったという。

　ベトナム軍は、クメール・ルージュを倒すために仕掛けた地雷に住民が引っかかってしまった場合、地雷を無駄にしたということで住民に弁償させていたとの記録もある。家族を傷つけられ、さらに弁償までさせられる理不尽さ。

　アキ・ラー氏によると、地雷は身を守るための道具だった。夜襲を防ぐために、野営地が決まるとその周辺に地雷を設置し、移動する時にまた地雷を撤去する。しかし、戦況が逼迫している時は、そのまま地雷を放置して逃げる。地雷を仕掛けた兵士が死んでしまえば、撤去されずに先へ進んでいった。ジャングルの中での戦闘は困窮を極め、自分の尿にひたして米をふやかしたり、戦闘で死んだ人間の肉を調理して食べたりして、生き延びる場合もあった…。生き残ることもまた、壮絶だった。

戦いあう人間の底なしの業

　撤去した数々の地雷には、説明書きが添えられている。展示されている地雷を見ていると、戦いあう人間の底なしの業を見るようである。

　たとえば、「バウンシング・ベティー」。上部を踏むと、小さな爆発が起きて、1～1.5ｍ跳ね上がり、2度目の爆発が起きる。今度は中に入っている鉄の破片や鉄球が飛び散り、人間の上半身や頭部に致命傷を与える仕組みになっている。1発で10人くらいまで殺傷する。「クレイモア」は、1発で40人くらいまで殺傷する。400kgくらいの重みで爆発する大型の対戦車地雷などもある。

　今日、カンボジアに残っている地雷は600万個と推定され、除去にはこのままだと50～100年かかると言われている。シェムリアップだけで、既に2万7000人もが地雷の被害にあっている。その多くが農民だという。地雷原だとわかっていても、生きるために、農民はジャングルに入っていく。小さな子供たちは、注意されていても、遊びに夢中になっていて、つい地雷原に入ってしまう。

　アキ・ラー氏は除去した火薬などを吸い、体が弱ってきていると伝えられている。国の力ではなく個人の力で地雷除去を続けたいという願いを支援する輪が、広がりつつある。戦争を考え、できることからやりつづけることの重みを考えさせられる場でもあった。

旧満州で、60年前に放置された毒ガス被害が続いている。カンボジアで地雷の被害は、まだまだ続くことだろう。戦闘状態だけが戦争ではない。戦争が起これば延々と悪影響が続くのだと、カンボジアの大地は訴えている。

カンボジアの概要

正式国名　カンボジア王国
英語名　　Kingdom of Cambodia
面積　18万1035km²（日本のほぼ半分）
人口　約1400万人
首都　プノンペン（人口約100万人）
政体　立憲君主制
民族構成　クメール人90％、ベトナム人5％、華人1％、ほか20以上の少数民族4％。
宗教　約95％が仏教徒（上座仏教）。そのほかイスラム教、カトリックなど。
言語　公用語はクメール語。旅行関係機関では英語、フランス語なども通じる。またベトナム語、タイ語、中国語が通じる所も多い。
通貨と為替レート　通貨単位はリエル。1US$＝約4000リエル、100リエル＝約3円。カンボジアではUSドルも一般に流通している。バッタンバンを中心にした北西部ではタイバーツも流通している。
気候　熱帯モンスーン気候。乾季と雨季に分けられる。旅行のベストシーズンは、11月〜1月。
時差とサマータイム　時差は日本の2時間遅れ。サマータイムはない。
出入国　入国にあたってはビザが必要。ビザはカンボジア大使館、または名誉領事館で申請し、受け取りは3〜4日後。プノンペン、シェムリアップの空港、また陸路の国境でも所によっては発給されるが、事前に取得しておくのが望ましい。通常の観光ビザ（シングルビザ）で1ヵ月の滞在が可能。

カンボジアの祝祭日

1月1日　インターナショナル・ニューイヤー
1月7日　虐殺政権からの解放の日
2月5日　ミァック・ボーチァ祭
3月8日　国際女性の日
4月13日〜16日　カンボジア正月
5月1日　メーデー
5月3日　ヴィサック・ボチェア祭（仏陀生誕記念日）
5月7日　釈迦誕生日
6月1日　国際児童の日
6月18日　王妃記念日
9月24日　憲法記念日（国王再即位記念日）
10月12日〜14日　プチュン・バン（お盆）
10月23日　パリ和平協定調印記念日
10月30日〜11月1日　シアヌーク国王誕生日
11月9日　独立記念日
11月25日〜27日　水祭り
12月10日　国際人権の日

カンボジアの近・現代略史

802年　ジャヤヴァルマン2世即位。アンコール朝創始。
1113年　アンコール・ワットの造営。
1145年　アンコール朝のチャンパ支配。
1177年　チャンパ軍アンコール都城占領。
1181年　ジャヤヴァルマン7世登位。アンコール・トム造営開始。
1351年　シャム軍の第1回アンコール攻略。
1557年　アン・チャン1世、2万の大軍でシャムを攻略。
1841年　ベトナムの阮朝、カンボジアを併合。
1863年　フランス・カンボジア保護条約調印。
1887年　仏領インドシナ連邦成立。
1907年　タイよりカンボジアにアンコール地方が返還される。シェムリアップなど西北部3州が仏領となる。
1941年　シアヌーク国王19歳で即位。
1949年11月　フランス連合の枠内での限定的独立を獲得。
1953年　フランスからの完全独立を達成。
1955年　シアヌーク国王退位、王位を父スラマリット殿下に譲る。
1970年　右派ロン・ノル将軍のクーデター。外遊中のシアヌークは国家元首を解任される。米軍と南ベトナム政府軍のカンボジア侵攻によって、内戦が始まる。南ベトナム国防省、カンボジア進撃を発表、米軍もカンボジア進攻。米軍は6月には引き揚げ。
1975年　ポル・ポト派クメール・ルージュがプノンペン入城。
1978年　ベトナム軍がカンボジア領内に侵攻。
1979年　民主カンプチア政府プノンペンを放棄して、タイ国境に逃走。
1979年　プノンペン「解放」。人民革命評議会議長ヘン・サムリンがカンボジア人民共和国の樹立を宣言。
1982年　反ベトナムの「民主カンプチア連合政府三派」発足。
1984年　ベトナム軍、タイ国境沿いで乾季大攻勢。
1987年　シアヌーク殿下とフン・セン首相による「カンボジア問題」解決のための直接会談。
1990年　ジャカルタ会議において、カンボジア四派による「カンボジア最高国民評議会」（SNC）のプノンペン設置案合意。
1991年　パリ和平協定調印。
1991年　シアヌーク殿下が12年ぶりにカンボジアに帰還。「カンボジア最高国民評議会」が正式に発足。
1993年　新憲法の公布。
1993年　シアヌーク国王を国家元首とする新生「カンボジア王国」が誕生。

日本

日本の戦跡

　日本で、近・現代における戦争の跡と言えば、私たちはすぐ、唯一の地上戦が繰り広げられた沖縄、原子爆弾が投下された広島・長崎などを思い浮かべるだろう。しかし、外国から旅人の視線で日本の戦争をたどろうとした場合、他の国とはかなり違うことに戸惑うかもしれない。

　外国では、戦争にまつわる記憶の場は、激戦地となったその場所か、首都にあることが多い。その国における戦争の位置づけを知るには、まず、国立の歴史博物館の類へ行くことになるだろう。首都東京で同じような役割を担う空間を探すとなると、東京エリアに限ったものであれば江戸と東京の足跡を描いた江戸東京博物館があるが、こういった空間の全国版がない。

　また、戦争に関わった国では、街の中心地に戦没者慰霊塔の類があり、しかるべき記念の日にそこで式典を催すことが多い。軍隊を持つ国には、軍事力を宣揚する立派な軍事記念館と軍人のための手入れの行き届いた墓苑がある。さらに、戦時下の惨事を記録し、恒久平和を願って作られた民間の慰霊塔や記念館がある。これら主旨の異なるいくつかの固定空間のバランスと、運営母体が国立か民間かによって、その国その国のスタンスが見えてくる。

　日本は憲法九条によって戦争を放棄したことから、今のところ、国民の税金で運営される国立の軍事博物館や軍人専用の国立墓苑はない。戦争を放棄する前までの軍人は戦前の護国神社だった靖国神社に祀られているが、そこが神社という宗教の場であること、Ａ級戦犯も合祀されていることなどから、国内外で問題となり続けている。

　戦争関係の記念館は、平和を祈念するものから武勲を表彰するものまで、各地に多数あり、運営母体もさまざまである。日本の風土や思想に馴染みのない人々には、どこに何があるのかわかりにくいかもしれないが、実は、日本各地に戦争の跡そのものが今もたくさん残っているのだ。

　戦争遺跡保存全国ネットワーク、歴史教育者協議会、写真家の安島太佳由氏ほか、多くの人びとが、それぞれの視点で戦跡の丁寧な掘り起こしを続けており、大変参考になる。

沖縄

　沖縄は、島の至るところに戦争の痕跡を残している。

　今日の沖縄は、面積約2300 km²、人口約130万人。日本の最南端の県で、一番大きな本島と、周辺の数々の島からなる。全体の約4割を自然林が覆う南国の島で、1945年の敗戦によって米国の支配下に入り、1972年に日本へ返還されている。約8割を米軍の軍事施設が占める基地の島でもある。

　米軍は、1945年3月26日に上陸、6月23日に日本軍の牛島満司令官ほかが自害し、3ヵ月に及ぶ組織的な戦闘が終わった。上陸の前年夏、サイパン島が玉砕してから空爆が始まり、本土決戦に備えて、学童疎開、日本各地から守備隊の集結、住民の守備隊への動員と、急速に戦闘態勢に入っていく。

　沖縄戦の使命は、本土決戦の準備時間を稼ぐことにあり、持久戦になったために、捨て石となった島で激戦が繰り広げられることとなった。

　沖縄戦に参加した米軍兵力は54万8000人、うち1万2520人が亡くなっている。日本側の沖縄戦戦没者総数は約19万人で、軍人と民間人がほぼ半数ずつとなっている。軍人の4人に1人も沖縄県民だった。

　米軍は日本軍の約4倍の兵力と圧倒的な兵器によって進撃を続け、首里城の地下にあった指令部に近づき、日本軍は摩文仁の丘まで追いつめられて、玉砕した。上陸戦に備え、沖縄県に住んでいた男子学生は、中学3年生以上が鉄血勤皇隊、それ以下が通信隊などに、女学生も学徒隊などに組み込まれ、看護などの役目を負って戦った。

　『「沖縄戦の全学徒たち展」報告書』（ひめゆり平和祈念資料館、2000年）によると、男子学徒は12校1559人中1321人、女子学徒は9校439人中396人、合計では1717人の死者が出ている。今日の感覚では、とうてい許容できない数字である。

　米軍へ投降せず、集団で手榴弾や刃物などによって自決する。あるいは、逃げ場を失って海から飛び込む。武器がなくなって、最後には万歳突撃していく。

投降する住民を、背後から日本兵が撃つ。隠れている壕の中で、赤子が泣くと見つかってしまうと口をふさぐ。アジア各地で繰り広げられてきた戦場の、ありとあらゆる惨事が、沖縄でも繰り広げられている。

沖縄戦で戦闘に巻き込まれた島の住民の運命については、地元の報道機関や各種団体などの努力により、掘り起こしが続けられている。

各地に遺骨が残っており、NPOなどによる発掘調査も続いている。戦争体験のある住民が減少していく中で、米軍が撮影した資料映像を皆で少しずつ買い取る運動や、語り部として後世に語り継ぐなど、記録の保存や伝承の試みが続けられてきた。

2005年夏に、地元新聞社琉球新報が「沖縄戦新聞」を発刊し、当時の記事と当時知らされていなかった状況や当時の体験談などを立体的に組み合わせ、沖縄戦の総合的な再構築を試みている。

それによると、上陸地点となった座間味諸島では、住民だった女性と子供の8割が集団での死を選んでいるという。皇民化教育の成果と、日本軍が中国でやってきたことを既に耳にしており、米軍が日本で同じことをすると信じて、死以外の選択ができなかったとの見方もある。

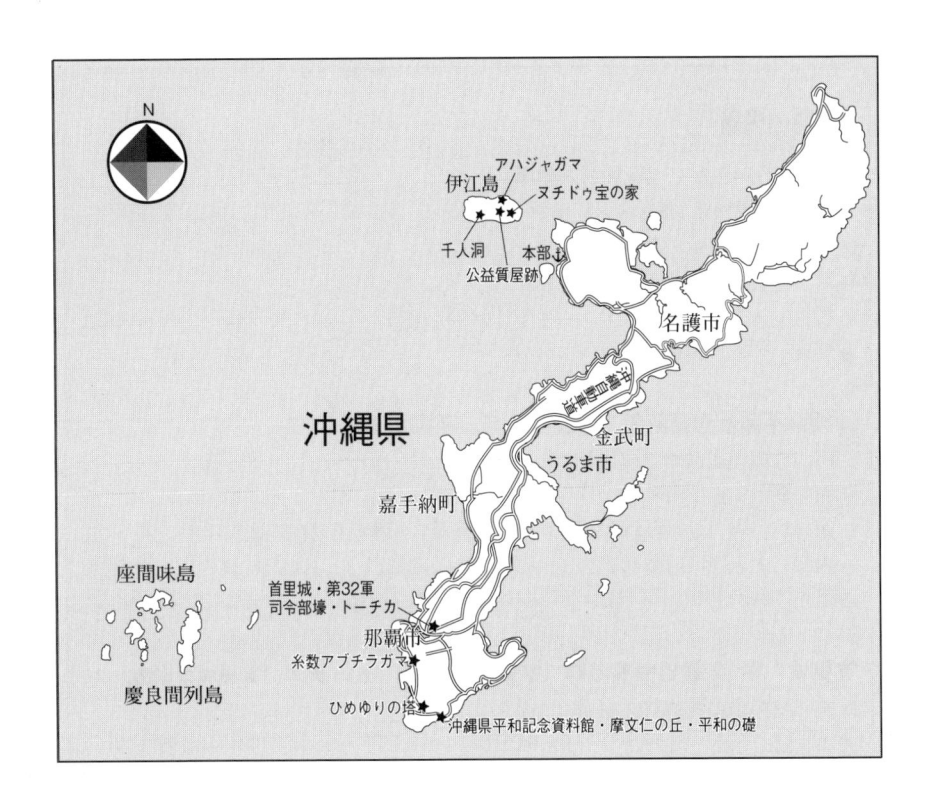

沖縄

沖縄県

- 伊江島
  - アハジャガマ
  - ヌチドゥ宝の家
  - 千人洞
  - 本部町
  - 公益質屋跡
- 名護市
- 金武町
- うるま市
- 嘉手納町
- 座間味島
- 慶良間列島
- 首里城・第32軍司令部壕・トーチカ
- 那覇市
- 糸数アブチラガマ
- ひめゆりの塔
- 沖縄県平和記念資料館・摩文仁の丘・平和の礎

沖縄の戦跡

糸数アブチラガマ（玉城村糸数壕）
住所　沖縄県島尻郡玉城村字糸数 667-1
開館時間　9：00〜17：00
休館日　月曜日
入場料　大人 200円(160円)　小人 100円(100円)　（ ）は団体 20人以上の場合。
連絡先　098-852-6466

沖縄県平和祈念資料館、摩文仁の丘、平和の礎
住所　沖縄県糸満市字摩文仁 614番地の 1
開館時間　9：00〜17：00
休館日　月曜日(月曜日が休日の場合は開館)。年末年始の 12月 29日〜1月 3日。
入場料　大人 300円(240円)　小人 150円(100円)　（ ）は団体 20人以上の場合。
連絡先　098-997-3844

首里城、第 32軍司令部壕跡（首里城公園内）、トーチカ（首里城公園内）
住所　沖縄県那覇市首里金城町 1-2
開館時間　正殿　3月〜6月 9：00〜18：00　7月〜9月 8：30〜18：30　10月〜11月 9：00〜18：00　12月〜2月 9：00〜17：30
休館日　なし。但し、年 2回（3日）程度の臨時休館日を設ける場合がある。
入場料　大人 800円（640円）　中人 600円（480円）　小人 300円（240円）　6歳未満無料。（ ）は団体 20人以上の場合。
連絡先　098-886-2020

奉安殿、忠魂碑（美里児童園）
住所　沖縄市知花弁当原 528-3（美里児童園の中庭・旧美里尋常高等小学校跡）

ひめゆりの塔、平和祈念資料館
住所　沖縄県糸満市字伊原 671-1
開館時間　9：00〜17：00
休館日　なし
入場料　大人 300円　高校生 200円　小・中学生 100円
連絡先　098-997-2101

沖縄本島の南端、摩文仁の丘。玉砕地である。

摩文仁の丘にある平和の礎。沖縄戦の犠牲者の名前が、延々と続く。

戦中に天皇・皇后の御真影を奉安、日々敬礼していた奉安殿。

戦中の忠魂碑。どこの小学校の敷地内にも建てられていた。

米軍の艦砲射撃のすさまじさを物語る公益質屋の跡（伊江島）

米軍の空爆から島民を守った千人洞（伊江島）

米軍従軍記者アーニー・パイル殉職の記念碑（伊江島）

糸数アブチラガマ（玉城村糸数壕）

気の遠くなる暗さ。ガマを体感する

　糸数アブチラガマは、本島南部先端にある、南北に細長い全長270mの大きな洞穴である。地元の人たちはここを「アブチラガマ」と呼んできた。ガマ（洞窟）の南半分は、沖縄戦の末期に第一から第三まであった野外病院の分院となった。ガマの北側半分には、住民の避難所などがあった。

　その暑さ、湿気、暗さ、静けさ、カビくさい匂い。五感が、かつてここで決死の戦いを繰り広げていたであろう人と私を少し近づける。入口は人間の胴回りを大きくしたような形の穴で、人がようやくひとり通れるくらいの大きさである。そこから削って作った階段を、後ろ向きになって、真下へ降りる。

　内部のたいへんな広さと高さに驚く。部分的には、学校の体育館くらいはありそうな天井の高さである。出入口に近いところに、暴風よけの壁がある。

　入って右奥が、脳症患者や破傷風患者用の空間になっている。入って左側が北に続くおおきなガマで、空気孔や便所、病室や手術台となっていた岩陰などがある。さらに奥深く進むと、水が湧く丸い井戸があり、その横には丸くくりぬいたかまどが2つ。そこまででガマ全体の半分ほどで、その先に橋がある。橋の先には行けないが、当時は住民の避難場所となっており、食料倉庫などもあったという。

　話を聞き、資料や写真などで学びながら、その場に足を踏み入れていく。

　日本軍は1944年12月にガマの内部測量をして、米軍の上陸に備えて内部を整備し、日本軍の陣地として食料や衣服などの備蓄もしていた。住民は昼間ガマの中に隠れていて、夜になると家に戻って食事などをしていたという。6月以降は夜間にガマの中でかろうじて食事をしながら命をつないだ。シラミやノミが多かったという。

　分院としては、中重症患者が担架などで運ばれてきた。5月25日の退避命令では、歩けない重症患者百数十名が毒薬とともに置き去りになった。ここの配属となったひめゆり学徒隊は16名で、ここから移動した後、7名が戦死、9名は負傷などにより米軍に収容されたという。

分院としての機能がなくなってからは、残された重症患者に、住民がおにぎりなどを炊いて配っていた。米軍によるガマ攻略が始まってからは、それも途切れた。

戦後の発掘では、ガマ内の病棟の丸太で作った二段ベッドの上下に多数の白骨があった。患者のほぼ全員が亡くなったと言われている。ガマが湿っていて焼けず、入口を塞がれても天然の空気孔があり、内部には水も食料もあったので、住民は生き延びた。最後まで残っていた住民約50名が米軍の収容所に移動したのが、8月22日だった。

壕内に、高校生くらいの男女学生たち50人くらいが平和学習で訪れており、壮年男性が説明している。一緒に混じって、話を聞かせていただく。見学できるのが、野戦病院の分院となっていた側なので、その様子の話が多い。真っ暗な中、うじ虫が肉を食うシャクシャクという音、おなかを壊している人の排泄の音や悪臭、重傷者のうみの匂い、麻酔もないまま手足を切断される兵士の絶叫。

学生たちが足元用の懐中電灯を消すように言われ、1分間、黙って暗闇にいた。たったの1分。長い長い1分間だった。がやがやと元気だった学生たちが、説明を聞いて、1分間黙って暗闇にいた後は、皆一様に神妙になっていた。学び、その場で立ち止まる時間を持った記憶は、きっと残ることだろう。

沖縄県平和祈念資料館、摩文仁の丘、平和の礎

名前の彫られた石碑に花々

「摩文仁の丘」は本島南部の先端の東よりにある。この一帯は、沖縄戦の最後に人々が行き着いた地である。現在、国定公園となっており、「沖縄県平和祈念資料館」、「平和の礎」、「沖縄平和記念堂」、「国立沖縄戦没者墓苑」などが、点在する。

訪れた日は2月の晴天だった。空も海も青く、風が強かった。丘は海に面して切り立っており、高さがある。柵があるので、テニアン島のように、下を覗き込むことはできない。

この丘で、1945年6月23日に、沖縄戦の指揮をとった第32軍司令官牛島満中将と長勇参謀長が自決している。ライトに照らされているような遺体の、米国陸軍の手による記録写真が残っている。軍司令部のあった洞穴がどこかはわからなかった。「悠久の大義」という言葉の広がりとはほど遠い、物が散乱した暗闇での死のようだった。

広々とした丘の、追悼の場となっている敷地内のあちらこちらに、人がいる。新しい2階建ての資料館が、傾斜した斜面に立っている。沖縄の建物にも似たデザインを明るい色調で作り変えたリゾートコテージのような建物である。

「沖縄県平和祈念資料館」は1975年に設立され、2000年にリニューアルオープンした2階建ての資料館である。映像や大型のスクリーンパネル、ジオラマなど、マルチメディアを多数使用した新しさがあった。

2階に常設展示がある。その構成は、「沖縄戦への道」「鉄の暴風」「地獄の戦場」「証言」「太平洋の要塞」となっている。多数の写真展示や、南洋諸島での敗戦時の映像、艦砲射撃の映像などの前で、立ち止まって見ていく人たちが多い。ここは、リニューアルの際に展示内容の変更について物議があったところでもある。1階には、情報ライブラリー、記念ホール、ショップの他、企画展示室などがある。

沖縄は国策によって、多くの移民を南洋諸島に送り出した。資料館のデータによると、1940年に海外在住沖縄県民は5万6000人に達している。1945年の敗戦時に満州にいた沖縄県人は、開拓団が約2350人、青少年義勇隊が約600人だった。サイパンやテニアンの玉砕地では8000人以上、ペリリュー島では3432人の県民が亡くなっている。逆に、沖縄本島に朝鮮半島から連れてこられた慰安婦で、沖縄で亡くなった人もいるという。

南洋諸島での玉砕、満州引き揚げ、移動船の沈没、沖縄本土および周辺の島々での地上戦と、沖縄では戦争による犠牲者の割合が非常に高い。海外移民のあいつぐ玉砕報道につられて、家族が戦地で亡くなったと思いこみ、沖縄本土に残っていた家族の集団自決に拍車がかかったとも言われている。

沖縄では1939年に沖縄独特の名前を日本本土にあわせて改名する「改姓改名」が行なわれて、皇民教育も徹底されていた。

「平和の礎」には、平和の火を中心に弧を描くようにして立てられた黒い石

碑が続く。どの石碑にも、びっしりと戦没者の名前が刻み込まれている。国籍や軍人、民間人の区別なく、沖縄戦での戦没者の遺骨18万余柱が納められている。沖縄戦集結50周年を記念して建設されている。説明によると、戦没者の追悼、戦争体験の教訓の継承、安らぎと学びの場という3つが基本理念となって、一帯が整備されている。

黒い石碑に刻まれた名前をずっと辿っていく。同じ苗字が延々と続く。もともと沖縄には同じ苗字が多いこともあるが、地上戦は家族、親戚を根こそぎ殺していくのだということを、改めて悟る。

石碑の所々に、追悼の新しい花束が置かれていた。

首里城、第32軍司令部壕

首里城の地下に指令本部

赤い独特の様式を持つ「首里城」が今の姿になったのは、リフォームされてからのことである。訪問した時は、閉館間際だったせいか、観光客でごったがえしていた。

沖縄戦で、首里城は米軍の猛烈な砲撃を受けて炎上した。米軍が当時空から写した写真で見ると、首里城は跡形もない。首里城のある丘のまわりの平野部もすっかり焼け野原となっており、爆撃の跡に水がたまって、大地が水玉模様になっている。首里城の近くにあったラジオの電波塔がなぎ倒されているのがわかる。その様子は、ベトナムの米軍による空爆跡のようでもある。

1944年3月より、首里城の地下に、南西諸島方面の防衛を担当する「第32軍司令部」が置かれていた。司令部は、1945年5月27日に首里城から南風原町津嘉山へ撤退する。5月30日に糸満市摩文仁に移動し、6月23日に牛島司令官以下司令部将校が自決して沖縄戦は収束に向かうのである。

「第32軍司令部壕」は、首里城につながる坂の左側にあるちょっとした公園のようなところの奥にある。わかりづらいが、隣にある学校敷地内で人に尋ねたら、教えてくれた。首里城とは対照的に閑散としている。落盤のため、司令部壕への入口は鉄格子がはめられており、今は入ることができない。

誰が置いていくのだろう。木々に埋もれた小さい方の入口に、ペットボトルの水と、半分透き通った凍り砂糖の入った小さな袋が、お供えのように置いてあった。

今も周辺の公園内にはトーチカなどの遺物が点在し、数々の弾痕が当時の気配を伝える。熱帯雨林特有のガジュマルの木がうっそうと繁り、コンクリートの分厚い固まりが埋もれかかっているが、陥落当時、首里城周辺に木は残っていない。第32軍を追い詰めていた米第10軍の撮影した記録写真には、砕け散った瓦礫にまじって散乱している日本兵の亡骸が写っている。吹き飛ばされたような遺体損傷のはげしさから、防戦のすさまじさが伝わってくる。

奉安殿、忠魂碑

今見れば、異様だが…

かつて三里尋常高等小学校（沖縄市知花弁当原）があったところに、「奉安殿」と「忠魂碑」の両方が保存されている。奉安殿は天皇・皇后の御真影（写真）を保管してあった建物で、教育勅語の発布と前後して全国の学校に建てられた。児童生徒は、そこを通るたびに最敬礼した。空襲の火災の時に御真影を守るために亡くなった校長もいるという。そのようなことが、沖縄戦終了後に行なわれた御真影焼却処分の頃まで続いた。

現在の沖縄県で完全な形で残っている奉安殿は2ヵ所。児童園の敷地内にあるその1つを訪ねた。

時折、空に爆音が響く。軍用機の飛行音で、バリバリと振動がある。こういった音を日常的に聞きながら子供たちは育っているのだと知った。

奉安殿はしっかりしたコンクリート製だった。大人の背丈よりやや大きめに作られている。屋根の部分が三角形になっているコンクリート製の小さな物置のような感じだ。鉄のドアがあり、鍵がかかっていて、開けることはできなかった。階段数段の上に建てられているので、おのずと見上げることになる。この中に写真を入れ、それに大人も子供も最敬礼するという時代だったのである。

忠魂碑も、数段階段を上がった上にあり、こちらは奉安殿よりずっと背丈が

ある。四角い台座に巨大なクーピーペンの先を乗せたような形で、コンクリート製のようである。砲弾の模型とも言われる。こちらは、天皇に忠義を尽くして亡くなった兵士の魂を供養する意味で、やはり全国各地の学校や役場の敷地内に建てられたという。前に立つと、やはり天を仰ぐような格好になる。この忠魂碑は1937年11月に建てられている。

今となっては、両方ともただのコンクリートの物体である。日光に照らし出されてほのかに温かい。当たり前だが、何度触っても、本当にただのコンクリートの塊である。たとえば、石仏や、人間をモチーフにした遺跡のレリーフのように、そこに彫り込まれた顔の表情や姿態からなにかしらのメッセージや文化を感じ取れるわけでもない。

シンボルとは恐ろしいものだ。ほんのひと時、このコンクリートの塊に強烈な意味を大多数の日本人が感じたのは、何故だろう。どのような条件がそろった時、人は、打ちそろって同じ価値観に縛られることになるのだろう。

ひめゆりの塔、ひめゆり平和祈念資料館

体験者の証言で再構成される戦場

沖縄の戦跡で最も著名な場の1つが「ひめゆりの塔」である。塔は、第三外科病棟壕のあった伊原にあり、塔に隣接して「ひめゆり平和祈念資料館」も建てられている。資料館は、在りし日の学び舎を模倣したデザインになっている。

米軍の沖縄上陸作戦が始まった1945年3月23日深夜、沖縄師範学校女子部・沖縄県立第一高等女学校の生徒221人、教師18人は、那覇市の南東5kmにある南風原の沖縄陸軍病院に配属され、3つの外科病棟と糸数の分院で看護の任務についた。戦況悪化に伴い、撤退や移動もあった。6月18日、壊滅状態の日本軍は戦場の真っ只中で隊の解散命令を出し、女学生たちをむりやりガマから出した。戦闘状態が終わるのは、6月23日である。たった5日間で、生徒たちの大半が命を失っている。

第三病棟壕のあった伊原一帯も焼け野原となり、壕の中には数十体の少女たちの遺体が重なり合っていたという。その後、半島に離散していたひめゆり学

徒隊の遺骨を集め、塔に合祀した。訪問は3回目だったが、いつも訪問者がたくさんいる。

ひめゆりの塔の前には、第三外科病棟のあった壕の入口が実物大で複製されており、資料館の地下が病棟壕を復元したジオラマとなっている。1946年1月に沖縄島民の収容所暮らしが解除され、その後に遺骨の収集が始められた。ジオラマで再現された第三外科壕は、この時既に米軍によって焼かれていたという。ジオラマから上を見上げると、壕から外を見上げるのと同じになるように設計されている。

資料館は、生き残った沖縄の人びとの、戦争を忘れてはいけないとの思いで作られた。館内は、5つの展示室——「沖縄戦前夜」「南風原陸軍病院」「南部撤退」「鎮魂」「回想」——と130㎡のガマのジオラマから構成されている。

一番印象に残ったのは、「鎮魂」の展示である。犠牲となった学徒206名のひとりひとりの遺影が壁一面に並ぶ。その手前には、生き残った学徒隊員が綴った当時の様子を集めた証言集が、いくつもおいてある。

証言集によると、最後に1袋の乾パンが配られ、「壕を脱出して、それぞれ自分の考えで行動しなさい」という命令を受けたという。6月18日の夜のことだった。動員されてからこの日までの90日間に亡くなったのは21名、その後の数日間に被弾や自決で、学徒隊の学徒・職員あわせて、9割をこえる219人が亡くなった。

「命令を聞いた時、私はどうしようもない怒りが、ムラムラとこみ上げました。懸命に涙をこらえました。生きるも死ぬも一緒だ、と信じてやってきたのに、敵に囲まれてしまってから、出て行けというけど、一体どこに行けばよいのか。憤懣やるかたない思いです。あちこちでざわめきが起こりました。みんな同じ気持だったと思います」と、当時18歳だった生徒が綴っている。既に壕が敵に包囲されてからの夜のことだった。この時の様子を、他の何人もが綴っている。

この夜、米軍が打ち上げる焼夷弾の合間を縫って、学徒たちは小グループでばらばらに壕を出て行った。外は死体だらけだった…。牛島軍司令長官が出した「最後の一兵まで戦って悠久の大義に生きよ」という指令、すなわち無期限戦闘の命令の結果だった。投降も許されず、戦場のど真ん中で解散となったの

だ。傷ついて壕を出られない学徒は、そのままおきざりになった。

こういった証言の掘り起こしと、記録の保存、語り伝えの努力が、戦後ずっと続けられてきた。

伊江島の戦跡

8歳の捕虜

　伊江島は、本島（本部港）からフェリーで約30分のところにある小さな島である。島内に大きな滑走路があることから、激戦地となった。ここでも守備隊はほぼ全滅し、住民を含めて推定3500人が犠牲となっている。そのうちの1500人が島の住民だった。

　米軍は4月16日に上陸作戦を開始して、艦砲射撃を続け、湾岸を徹底的に叩いてから上陸してきた。小さな島全体が激しい攻撃を受けて、村の建物はことごとく崩壊した。かろうじて原形をとどめていたのが、分厚いコンクリート製の公益質屋の建物で、今も当時のままの姿で残っている。壁のあちらこちらに残る砲弾の跡がすさまじい。上陸戦は同月21日の総攻撃で終わった。

　米国の湾岸警備隊の記録写真には、伊江島に上陸した第77歩兵師団が分厚いわらぶき屋根に火を放ち、民家が炎上している様子が写っている。

　また、米陸軍航空隊が撮影した記録写真には、仮設の大きな滑走路が海の近くに建設されており、滑走路の両脇に交互に作られたスペースに戦闘機が無数に駐機している様子が写っている。地ならしされた広大な土地は、民家をなぎ倒して整地したものと思われる。

　フェリー乗り場で地図をもらい、タクシーを頼んで、島の戦跡をぐるっと回ってもらった。フェリー乗り場側の海沿いにある広い「千人洞」は、戦争中は住民の防空壕として利用され、多くの人を収容した。

　島の反対側に近いところには、「アハジャガマ」がある。100人以上の住民が集団で自決しており、そんなに奥行きのない洞窟だった。「ヌチドゥタカラの家」には、戦争中の生活品や遺品、米軍の銃弾など、戦争を記録するものが多い。反戦のメーッセージを掲げ、平和資料館の役割を果たしてきた。「芳魂

之塔」には、戦争に巻き込まれた村民と軍人約3500人分の名前が刻まれた大きな石碑が、いくつも立ち並んでいる。

　著名な米軍の従軍記者、アーニー・パイルもここで殉職している。手入れのされた慰霊塔があり、毎年セレモニーが行なわれているという。数々の前線で兵士に密着し、その心情を記事にしていたアーニー・パイルは、米国で人気の高い従軍記者だった。その記者が亡くなったことで、米国の一般市民は沖縄戦の激しさを再認識し、日本憎しの国民感情を強めた。そういった感情が、原爆投下の正当性を後押ししてきている。

　案内してくれた島育ちのタクシーのドライバーは、こちらの行き先が戦跡に特定されており、あれこれお尋ねしたことから、目的を察して個人的な話をして下さった。

　「ある日、顔を負傷した兵隊さんがいた。よくよく見たら、親しかった日本兵の顔だった。はれ上がって、全然違う顔だった。今でも、それを夢に見る」

　「日本兵？　小さい島だから、敵が来たらみんな死ぬんだと思っていた。だから、階級もなくなる。みんなやさしかった」

　「子供は投降しろ」と言われて、隠れていた洞窟から出され、「8歳で米軍の捕虜になった」。島の人びとは、小学校の子供たちを助けようとしたのかもしれない。さまざまに受け取れる「捕虜」という言葉の背景に、親御さんたちへの思いが滲む。

　「今、戦争になったら？　そりゃ無茶だ。戦争すると、本当に貧乏になる。最初は戦死者が少ないから、1人いくら、と言っていられる。でも、その数が戦争だと急激に増える。日本は払えない」

　この答えは、予想外だった。戦後、米軍基地建設のため土地を強制接収され、住む家も耕す土地も焼き払われて、長い間、生活苦と戦い続けた島の人からの、とても重たい直言だった。

　戦後、島内の基地に対して、反対運動が繰り返されてきた。今、基地があることの代替で支払われる予算によって、港だけは新品のようだった。島に来た時には気づかなかったそのきれいさが、島を出る時に痛かった。

東京

　20世紀における日本の戦争の記憶と東京を重ね合わせると、即座に2つのことが思い浮かぶ。

　1つは、街のど真ん中の大きな面積を天皇の住まい（皇居）が占めている、という地形である。地図を広げた旅人は、天皇を頂点とする軍国日本の本丸がここにあり、天皇がいる限り、この街は死守されねばならなかっただろうということをすぐ視角的に理解するだろう。

　戦争末期には、皇居の長野県への移転計画が実行され、大陸から強制的に連れてこられた人々の力を集中投入して広大な地下壕（松代大本営跡）が建設されている。地下壕建設だけで7000人近い朝鮮半島の人々が動員されていたという。東京で時間を稼ぎつつ、全滅する前に中枢機関を海岸沿いの都市からもっと内地へ移して、なお戦おうとする軍部の意志があった。

　もう1つは、1945年3月10日の夜中に起きた東京大空襲である。1晩で約10万人が亡くなった。ヒロシマ・ナガサキやオキナワとはまだかなり差があるが、戦災地としての東京も徐々に認知されつつある。

　東京大空襲は大虐殺であり戦争犯罪に値すると、20世紀後半の米国の国防政策を指揮してきたロバート・マクナマラも述懐している。空襲は全国各地で大きな被害をもたらした。日本本土での地上戦はなかったものの、国土は戦争末期、既にあらかた焦土と化していた。東京大空襲はその代表的な記憶の場として位置づけられる。

　東京大空襲については、粘り強く事実の掘り起こしが続けられてきた。真冬の深夜の下町で、強風に煽られた烈火の嵐の中を、人々がどのように逃げたのか、どのような状況で亡くなっていったのか、犠牲者ひとりひとりの足取りが解明されつつある。終戦60周年のテレビやラジオの記念番組などでも、当時の状況を克明にたどったものがいくつかあった。

　たとえば、東京大空襲のあった深夜、家族と離れ離れになりながら夢中で逃

げた人の回顧。どこもかしこも火事になった。猛火で炎が渦を巻いて襲ってくる。その少年の逃げ込んだ学校のプールで、たくさんの人が溺れた。溺れて沈んだ人が足元で積み重なり、その上で溺れずに助かった人たちもいた。後になって、自分の妹がそのプールに沈んで亡くなったことがわかる。「自分が妹を殺したようで…」と絶句する老人。

　別の女性の回顧。真冬の川に飛び込み、何とか赤ちゃんと生き延びたと思い、気を失ってしまったお母さん。気づくと、背中の赤ちゃんは亡くなっており、そのぬくもりで自分はかろうじて助かってしまったと感じている。

　体験者の証言に接するたびに、際限のない戦争の苦しみに、胸が痛む。自分の生まれ育った街での、ほんの数十年前の出来事を、どうしてこんなに知らないのだろう…。

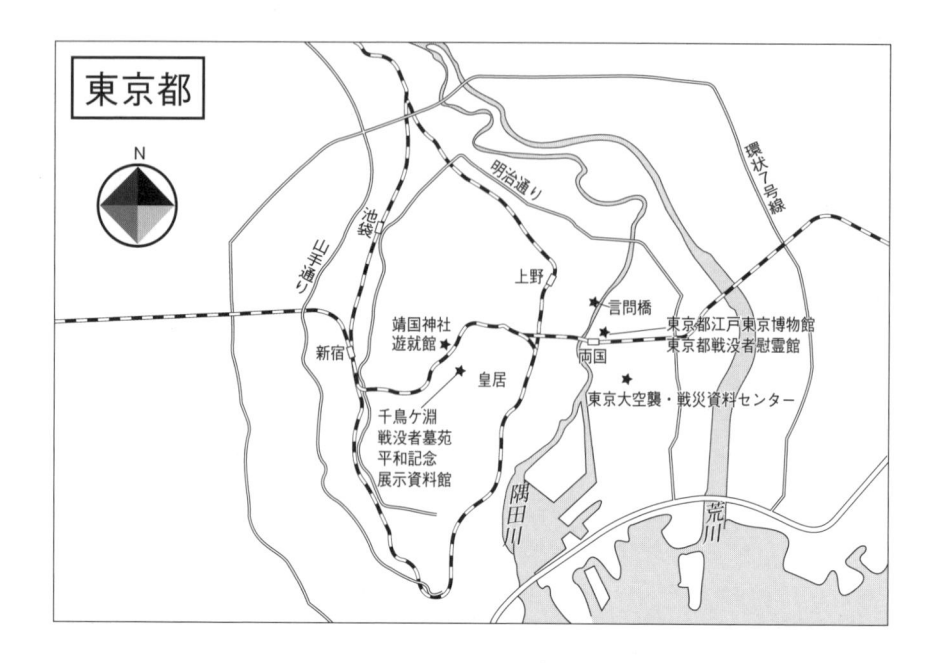

東京の戦跡

東京大空襲・戦災資料センター

住所　東京都江東区北砂1丁目5-4
開館時間　12：00～16：00
休館日　月曜日・火曜日　年末年始（12月28日～1月4日）
　　　　夏期休館日は別に定める。3月9日・10日は曜日にかかわらず開館。
入場料　一般300円　中・高校生200円　小学生以下無料
連絡先　03-5857-5631

言問橋

台東区と墨田区の間を流れる墨田川にかかる橋

江戸東京博物館
住所　東京都墨田区横網1-4-1
開館時間　9：30～17：30　土曜日のみ19：30まで
休館日　月曜日（月曜日が祝日または振替休日の場合は、その翌日）
　　　　年末年始（12月28日～1月4日）
入場料　一般600円　中・高校生300円　学生480円　65歳以上300円

靖国神社遊就館
住所　東京都千代田区九段北3-1-1
開館時間　3月～10月9：00～17：30
　　　　　11月～2月9：00～17：00
休館日　なし（年に数日間の臨時休館日がある）
入場料　大人800円　大学・高校生500円　小・中学生300円　（20名以上の団体は2割引）
連絡先　03-3261-8326

千鳥ヶ淵戦没者墓苑
住所　東京都千代田区三番町2
連絡先　03-3262-2030

近衛師団司令部跡
場所　皇居近く。北の丸公園内。現在は、国立近代美術館工芸館として保存活用されている。

360　　　　　　　　　　　　　　日本

東京大空襲・戦災資料センター入口のモニュメント。

東京大空襲の時、大惨事となった言問橋。

重厚な御紋。靖国神社。

日本

江戸東京博物館に展示されている風船爆弾の模型。

東京大空襲・戦災資料センター

東京大空襲を刻む

「東京大空襲・戦災資料センター」は、作家の早乙女勝元館長の下、紆余曲折を経ながら、民間の寄付を中心として建てられた。センターの正面には、子供を守ろうとする母子像。3階建ての館内には、戦火に巻き込まれた東京の住民たちの生活や、空爆の様子を伝える遺物、展示、絵画などがある。総床面積80坪とそんなに広い記念館ではないが、関連書籍の図書室などもある。

1945年3月10日未明、約300機のアメリカ軍爆撃機B29が東京に飛来した。下町地区を目標にした無差別爆撃は、真夜中の人口過密地帯を焼き尽くし、罹災者は100万人を越えたと言われている。

大空襲で焼けた一帯は、海側から見ると皇居の右側の後方にある。焼け野原になった地域と皇居は、直線距離にして2km位しか離れていない。米軍がその気になれば、すぐに皇居そのものを爆撃できたことは明らかだ。

煙にまかれ、炎に焼かれ、逃げまどった果てに亡くなっていった10万人の命は、いったい何のために使われたのか。

3月10日を含め、その後の東京は100回以上もの空襲にあい、市街地の約6割が焼失している。米軍は、木造家屋の多い日本の住宅事情に合わせて、焼夷弾に細工を施している。落下した焼夷弾が破裂すると、油が飛び散り、それに一気に火がついて燃え広がるようになっていた。低空飛行で焼夷弾を落としていく飛行士と目が合った、という話が各地の体験談に出てくる。これは、ベトナム戦争で米軍機の低空飛行に農民が狙い打ちされたのと同じ構図の光景だ。

言問橋

浅草の言問橋(ことといばし)は、東京大空襲の夜、橋の両方から逃げてきた人たちが猛火に巻かれ、約1000人が亡くなったと言われる戦跡である。今も、人々がこの橋を利用して、生活を営んでいる。橋は長さ約240m。渡り切るのに徒歩で470

歩くらいの大きな橋である。橋の下をゆっくりと墨田川が流れる。川沿いに柳が揺れている。

　8月には入ったばかりのある日の午後、隅田川沿いにずっと歩いていき、すっかり日が暮れるまで言問橋の上にいた。真夏の暑い日で、途切れ途切れに浮かんだ雲の間で、沈む太陽の光が鮮やかに色を変えていく。ひっきりなしに車が通り、自転車に乗った人や歩行者も橋を渡っていく。服装も規模も違うが、ベトナムのロンビエン橋や南京の長江と同じように、今も庶民に活用されている生きた橋だった。

　言問橋の欄干は、すすけて油っぽい、角のとれた大きな石のブロックでできていた。猛火に撒かれた当時のままである。

　当時、浅草側の人びとは対岸の隅田公園を目指し、公園側からも火焰に追われた避難民が橋の上へと詰めかけた。人びとの大荷物を乗せた大八車などでいっぱいの橋の上を、浅草側から発生した大火流が襲ったという。川の上に折り重なって浮かぶ亡骸、橋の上に積み重なる遺体。

　東京大空襲直後の写真で見た人々の様子が、橋の上にいると動き出すかのようだった。赤子を背負って逃げていたお母さん。煙にまかれて気絶してうつぶせに倒れ、そこを炎が襲う。お母さんの背中側と赤ちゃんの胸側だけが白く残り、他の部分は炭化していく…。

　混乱の中で、あったはずの身内の遺体すら失ってしまった人。せっかく戦火を免れながら、疲労とショックで息たえていく妻や子供になすすべもなかった男性たち。大勢の人が避難したまま、灼熱地獄となった防空壕。空襲があった各地で繰り広げられた惨事だった。

　言問橋から隅田川沿いに両国駅方面に歩いていくと通りかかる横網公園には、東京都慰霊堂がある。戦災と関東大震災の罹災者を合わせて記録し、慰霊する都営の場のようだった。

　両国駅のすぐ側には、「江戸東京博物館」がある。常設展示室には、数々の大型の実物資料や複製模型などがあり、大きな展示空間が広がる。江戸東京の都市の歴史と文化と、そこに暮らした人びとの生活が展開されている。

　戦時中のコーナーもあり、日本が米国に向けて飛ばした風船爆弾の見本があって驚いた。実物は、長さが22 m、気球の直径が10 mという巨大なもので、

戦争末期に千葉の海岸などから9000個が飛ばされた。和紙をこんにゃく芋の粉を錬った糊で貼り合わせて作った気球に爆弾を結びつけて飛ばしたというものである。数個の爆弾が米国の西海岸にまで届いたとの記録を、米国側の資料で見かけたことがあった。そんなことがありえるのか、いったいどんなものだろうと思っていた。

同じころ、米軍の高角砲には、電波を発信しながら飛来するものをキャッチして追いかけていくような装置が既についており、命中せずともかなりの確立で砲撃を成功させるほどになっていた。これによって、特攻機もその多くが撃墜された。

日本の特攻攻撃は300回を数え、海軍2500人、陸軍1900人が出撃したが、目標を達成したのは2割に満たない、という説がある。鹿児島県知覧町の「特攻平和会館」には、沖縄戦に出撃して還らなかった陸軍関係の1035名が記録されている。

風任せの紙風船のような爆弾まで作って抗戦した日本の、戦争末期の困窮ぶりが、痛々しい。

江戸東京博物館自体は、家族連れや若い人など多くの人が訪れ、視覚的にわかりやすい展示空間を楽しんでいるようだった。

靖国神社（遊就館）・千鳥ヶ淵戦没者墓苑

戦没者を悼む2つの場

「靖国神社」は、1869年に東京招魂社として建てられ、1879年に神社となり、20世紀前半の軍国日本の精神的な支柱として機能した。

JR飯田橋駅からしばらく歩くと境内にたどり着く。広い敷地の正面に、本殿がある。手前の大きな木戸に、金色の立派なご紋がついている。境内に入り、対象物が今ひとつよくわからないまま、正面に向かって掌を合わせる。手続きをとれば、中まで入ってお参りすることができる。

靖国神社の境内の一角に「遊就館」がある。幕末から第二次世界大戦までの日本を日本軍の歩みを中心にたどった軍事博物館である。軍人・軍属の手紙や

遺品、武器や兵器などがたくさん展示してある。人間魚雷「回天」や、ロケット特攻機「桜花」にも照明が当たっている。いずれも、特攻機である。
　魚雷の中で人間が操縦し、そのまま敵の船に突っ込む、という人間魚雷は、黒光りする、予想外に長くてすごく大きなものだった。隊員が乗り込むと、外部から密閉して発射する。軌道修正は魚雷の中で人間が行なうことで、標的に当たる確率を上げようとした人間兵器だった。
　兵器開発の実験で殉職した人、敵艦に迎撃された人、目的を果たした人。発射された後、標的に行き着く前に何らかのトラブルで海底に沈んだまま動けなくなれば、隊員は自分では艦の外へは出られないので、酸素がなくなって死んでいくことになる。そのような時のために、自殺薬も持って出撃した。実際に目的を達することはまれで、隊員の死はいずれも凄惨を極めたという。
　家族を守りたいと願う20歳前後の若者に、100％死ぬことを前提にそのような行為を強いた軍国日本。そこには、原子爆弾とは別の、しかし同類の戦争の狂気が、極限に体現されている。
　館内では、「ドキュメント映画　私たちは忘れない――感謝と祈りと誇りを――」を上映していた。企画・制作は日本会議・英霊にこたえる会で、後援が靖国神社となっている。
　館の入口でもらったパンフレットには、「日清・日露の大戦から大東亜戦争まで…。わが国近代史の戦争の歴史を、当時の貴重な映像で再現し、東京裁判で歪められた歴史の真実に迫るドキュメント映画」とあった。日本軍の足跡を軸として、戦争の正当性や兵士の戦いぶりなどで構成された50分間のビデオである。来館者10数人とともに無料上映を見た。
　「私たちは忘れない！」との情熱的なナレーションのもと、「戦場に散華し英霊となった」兵士たちの「命をかけて国を守った誠のすばらしさ」が訴えられていた。いわゆる「靖国用語」の使い方が、映画によってわかってきた。
　映画の中では、日本がアジアで展開した戦争によって命を落としたアジアの人々のことは触れられていなかった。エモーショナルで丁寧な編集方法、効果的な音の処理。潤沢な資金で作成されたもののようだった。

人間が神になる時

　映画を見終わって、階下の展示室へ進む。「神々の部屋」が何部屋も続く。部屋には、軍人の遺影が壁一面に掛けられている。1枚1枚に本人の名前が書かれ、いずれも最後に「命(みこと)」とつけられている。圧倒的に多い男性の遺影。10代と思われるような若い男性の顔も多い。さっき私が掌を合わせたのは、実はこの人たちだったのか…。

　九州の高千穂神社に行った時、祀られているのは天照大神を表す鏡のようなものだった。靖国神社の本殿にも、ご神鏡と呼ばれる鏡のようなものがあるという。何かそういった形で神社が一元的に表現しているものがあるのかと、勝手に思い込んでいたが、「神々の部屋」の神は、実にたくさんの「命」のパネルだった。

　戦時中、現人神(あらひとがみ)だった天皇は戦争が終わった直後に人間宣言し、国の「象徴」という公務に従事する人間になった。古来の神話の世界を除き、人間が神になりうるという考え方は、天皇の人間宣言によって死滅したのかと思っていた。日本人だが神社に縁がなかった私には、靖国神社における御祭神という存在は、とても意外なことだったし、大きな発見だった。

　ひとりひとりの顔を見ていく。きっと遺族の方々がここを、この人たちに会いに来るような想いで訪れてきたのだろう…。ふと、日本の婦人参政権が男性と同格で認められたのは、1945年12月の選挙方改正以降だったことを思い出す。欧米諸国では、婦人参政権はおおむね20世紀前半に整備されている。今、平和憲法と呼ばれ、改正議論が続いている日本国憲法は、1946年11月3日に公布され、47年5月3日から実施されている。戦前・戦中の日本は、女性の声が政治に届かない仕組みだった。

　大切な夫や息子が死地へ赴く時、笑顔で手を振って見送るという行為は、大きなトラウマになっただろう。選挙権がない、すなわち、政治的発言権がなく、変える術のない社会で強いられる無理。自ら送り出した子供や夫は、手の届かない、しかし思いつく限りで最も崇高で良いところに行くのでなければ、自分の行為のつじつまが合わない。戦死者を神として扱ってくれるのが、トラウマを抱えた遺族にとって、せめてもの慰めとなったかもしれない。

　慰霊の場は、遺族だけでなく、生き残った元兵士の、戦友を想う気持ちの行

き場としても必要なものだと察せられる。死んで靖国で会おうと誓い合い、自分は生き残ってしまったという気持ちがあればなおさらのこと、約束の場へ行こうとするのは自然なことかもしれない。

　展示を見終わって、外へ出る。真夏の境内は木々の緑が豊かで、せみの鳴き声がいくつも重なる。資料によれば、ここに祀られている「御祭神」は、のべ246万6000人。内訳は、明治維新以降、西南戦争、日清戦争、台湾征討、北清事変、日露戦争、第一次世界大戦、済南事変、満州事変、支那事変、大東亜戦争と続く。最も「御祭神」が多かった戦役・事変は、大東亜戦争で、213万柱以上にのぼる。次は日露戦争の約8万8000柱。20世紀前半の日本は、こんなにも戦役続きだった。

　女性や多国籍の人で日本軍の一員として戦死した人は御祭神に含まれるが、戦災に巻き込まれて亡くなった一般人は、御祭神にならない。御祭神になるかどうかは、遺族の自由意思による申告ではない。戦没者を扱う国の行政機関が作成した「公務死」名簿を基に、神社側が御祭神として合祀するのである。

　ひとたび御祭神として祀られると、信仰上の違いや、日本軍に強制徴用された遺族の心情などから、合祀をやめてくれとの申し出があっても、聞き入れてもらえない。台湾出身の帝国軍人の家族が訴訟を起こすなど、問題になっている。

　2005年10月に、小泉首相は5年連続で靖国神社に参拝した。日本の最近の司法判断では、政治の最高責任者である公人が1つの宗教法人を公に参拝するのは、政治と宗教を分離すると定めた憲法に違反するという主旨から、違憲となった。公人の公務はすべて国民の税金でまかなわれており、持っている権限、行動の影響力、責任のいずれも大きいことから、一般の私人よりも厳しく、その行動の社会的責任を問われる立場にある。

　中国と韓国からは、A級戦犯という、極東国際軍事裁判（東京裁判）で日本の戦争責任を最も問われた人たちが一緒に祀ってある場所に、一国の政治的指導者である首相が公に参拝するのはおかしい、と非難されている。

　首相は、日本のために戦って亡くなった人に感謝の誠を捧げ、不戦の誓いを新たにする、と説明する。

　一般の人々の反応としては、感情論のレベルで意見が分かれているように見

える。亡くなった人のお参りくらい、どこでしてもいいじゃないか。首相の行動について、外国政府に文句を言われるのは面白くない。こういった賛成論や、文句言われるくらいなら、とりあえずやめておけばいいのに…、という否定論まで。しかし、なぜ物議をかもすのかがよくわからないまま感覚的な判断をする前に、意見の対立が起きている原因について各々が明確にしておいた方がいい重要な課題の1つだと思う。

　天皇の国のために戦えば、戦死しても御祭神となって靖国神社で再会できる。この文章を外国語に翻訳すれば、宗教上の信念に見えるだろう。文脈から辿れば、御祭神は、軍神とも置き換え得るだろうか。日本を初めて訪れた外国人が靖国神社を歩けば、建物の形、参拝の仕方、関係者の服装、内容、いずれも宗教的伝統色の強い独自性があることから、ここが日本固有の軍神を祭る神話の世界だと感じるだろう。

日本にもあった無名戦没者の墓

　小泉首相の参拝先のもう1つの選択肢となる「千鳥ヶ淵戦没者墓苑」は、靖国神社からゆっくり歩いていける距離にある。1959年に厚生省が建設した国立の墓苑である。配布されているパンフレットによると、「先の大戦において海外で亡くなられた戦没者の御遺骨を納めるため、昭和34年国により建設された『無名戦没者の墓』です。ここに納められている御遺骨は、昭和28年以降政府派遣団が収集したもの及び戦後海外から帰還した部隊や個人により持ち帰られたもので、軍人軍属のみならず、海外において犠牲となられた一般邦人も含まれており、いずれも遺族に引き渡すことのできないものです」とある。

　遺族のない35万柱。ひと家族6人として単純計算すると210万人の遺族が背景にいることになる。家族もろともということもあるだろうし、一概には言えないが、それにしても膨大な数である。

　墓苑は5000坪とのことで、うっそうとした木々の緑の中央に、モノトーンの慰霊堂が静かに佇む。敷地内には、「くにのため　いのちささげし　ひとびとの　ことをおもえば　むねせまりくる」との昭和天皇の言葉が刻まれた石碑がある。

　2004年8月15日に近いある日、人影のない慰霊堂に、菊の花がいくつもた

むけられ、ほのかな香りが広がっていた。誰もいないお堂の花代箱にコインを入れて、菊の花をお供えし、掌を合わせる。木陰のベンチで、せみの声を聞きながら、しばらく休む。

慰霊の場の混乱を避ける方法について、考えてみる。

一般人と軍人で分ける。戦争遂行の責任者と、それ以外の兵士や庶民に分ける。敵味方の国籍で分ける…。しかし、このように戦争加害者と戦争被害者で分ける方法は、加害と被害の線引きの仕方がいろいろあるので、全体合意には至らないように思う。宗教ごとと無宗教で分ける。身寄りのある人はそれぞれで引き取ってもらい、身寄りのない無名戦没者だけを国営で引き受ける（千鳥が淵のように）。

あるいは、こういった一切の分類をやめて、戦争がもたらした死そのものを悼み、一元的に慰霊する。この手法で作られた空間としては、ドイツのノイエ・バッヘ（ドイツの戦没者を慰霊する国営の場）などが著名である（ノイエ・バッヘについては、「まえがき」に書いた）。

いずれにせよ、権力が慰霊の場を利用して、人間の最も弱いところに入り込みやすいことは、世界の歴史が物語っている。傷ついた心の喪失感を慰める場が必要な事態になった時には、この人間の習性を充分に理解した上で、話し合いながら、その時代とその国にあった慰霊の場を形成していくしかないのだろうと思う。これは、死者の生前の思想や信仰の問題ではなく、今生きている人たちの、きわめて政治的な課題なのだと、2つの慰霊の場を訪れて強く感じた。

広島、長崎

広島と長崎の戦跡

広島平和記念資料館
住所　広島市中区中島町1-2
開館時間　3月～11月8:30～18:00（8月は19時閉館）
　　　　　12月～2月8:30～17:00
休館日　年末年始（12月29日～1月1日）
入場料　大人（大学生以上）50円（30人以上の団体は40円）　小・中・高生30円（20人以上の団体は無料）
連絡先　082-241-4004

国立広島原爆死没者追悼平和祈念館
住所　広島市中区中島町1番6号
開館時間　3月～11月8:30～18:00（8月は19時閉館）
　　　　　12月～2月8:30～17:00
休館日　12月29日～1月1日
入場料　無料
連絡先　082-543-6271

長崎原爆資料館
住所　長崎市平野町7番8号
開館時間　8:30～17:30（ただし、5月～8月は、18:30まで）
休館日　12月29日～12月31日
入場料　一般200円（160円）　小・中・高校生100円（80円）　小学生未満の方は無料。（　）は団体15名以上の場合。
連絡先　095-844-1231

広島平和公園。

千羽鶴をささげて平和を祈る、子供の像。広島平和公園。

原爆ドームと広島平和祈念資料館、長崎原爆資料館

　ピカッと光り、ドンと音がした。当時、原子爆弾を人々は、ピカドンと呼んだ。何が起こったのか、誰も何もわからなかった。

　影だけを残して、消えてしまった人。熱線をあびて、ずるりと皮膚が垂れ下がるほどに身体が焼けた人。性別も年齢もわからぬ、顔も身体も服もわからぬ、赤黒く膨れ上がって座り込む人々。火傷で顔も手も焦げた芋のような赤子を、抱きつづける母親。もはや、水を口にふくむ力もない幼女。直後を生き延びながら、白血球の激減によって、髪が抜け、全身に血斑が浮き上がった兵士。歯茎や内臓から血があふれ、ばたばたと息たえていく人々。原爆症と後で名づけられた広範囲の病状。有形無形の差別と戦い、いつか発症するかもしれない不安と戦う。自分の人生を、自分の意志で生き抜きたいと、最後の精魂を使い果たして自殺した人たち。

　1945年8月6日に広島、同9日に長崎。2つの原子爆弾投下によって、この年に失われた命は、22万に近い。長崎市民のほぼ3人に1人が亡くなっている。その後の今日までに、広島・長崎で原爆による被害で亡くなった人が、約12万人いる。34万を超える人たちが、たった2発の爆弾で殺された。

　母親が昼に食べるようにと作ったご飯が炭化してこびりついた、ひしゃげた弁当箱。幼子が大喜びでこいでいた三輪車。それは帰ってきてからね。後でね…。

　続くはずだった生活が、何の前触れもなく、いきなり根こそぎ消し飛んでしまった。

ようやくひとりひとりの姿が見えてきた

　原爆ドームは、原爆被害の世界的なイメージとなっている。1945年8月6日、原爆の投下により、ここは天井から火を吹いて全焼、中にいた人は全員死亡したと伝えられている。ほぼ爆心地直下だったことから、爆風が真上から来たことによって、壁の一部が残り、天井が鉄枠だけ残った。世界遺産ともなり、今日訪れている人の国籍も多様だった。

「広島平和祈念資料館」は、十数年前にリニューアルされており、中廊下の左右に分かれた展示室で、被爆時の街や人々の様子が、写真や多数の遺物をあわせて展示されている。実に多くの来館者がおり、どの展示も人が重なり合うようにして見ている。

　敷地内に「国立広島原爆死没者追悼平和祈念館」が新たにできていた。いつからあったのかは、よくわからない。階段を降りていくと、ベージュ系の色調で統一された、円形の静かな空間が広がっている。壁面には、爆心地付近から見た被爆直後の街並みが、1945年末までに亡くなった約14万人と同数のタイルを用いて描かれている。

　「国として、原爆死没者の尊い犠牲を銘記し追悼の意を現すと共に、永遠の平和を祈念するためのものです。あわせて、原爆の惨禍を全世界の人々に知らせ、その体験を後代に継承するための施設です」と、パンフレットには紹介されている。

　地下1階にある体験閲覧室は、PC画面をタッチすると、遺影や被爆証言映像などが自由に閲覧できるようになっている。

　資料映像の画面を開いていく。数々の遺影と、当時を綴った手記が出てくる。当時の生活が垣間見える遺影。数字に埋没していたひとりひとりの被爆体験。

　写真記念館で撮ったような、あでやかな晴れ姿、お宮参りらしき赤ん坊、元気に笑う子供たち、おめかししたお姉さん。髪をゆったおばあさん。「長崎原爆資料館」でも、個人体験の掘り起こしにスペースを広く取っていた。

　両展示館にある、爆弾投下直前の街の全景を再現したジオラマは、1発の爆弾の威力をよく表している。小さな子供からお年寄りまで、あの人たちが暮らしていた街だった。

いつの間にか日本も

　原子爆弾の殺傷能力は、こうしてアジアで「人体実験」され、その威力を世界中が知った。米国は原爆被害者のデータはとったが治療はしなかった、という声は今も残る。中国での日本軍による細菌兵器のデータも米国が持っていくことで、日本軍責任者は放免されている。

　原子爆弾の殺傷能力があまりに大きかったので、20世紀後半には、核弾頭

を誰より多く持つことで勝者になれると、大国ロシアと大国米国が競い、冷戦が続いた。

コインの表裏のように、そこには軍事費を捻出するための経済戦争が繰り広げられた。ロシアは経済戦争に負け、東西冷戦は1990年代に終焉していった。日本は、過労死、突然死、という殉職者を出しながら、平和憲法のもとで一億総企業戦士となって働き、経済復興した。

今日、戦争の様相はテロとの戦いだという。米国との共同歩調が不可欠という。米国は「日本はこれだけ経済大国になったのだから、もっと軍事力をつけて自分を守れ」と言う。

それに呼応するかのように、日本は「有事」に備えて、有事法制や個人情報保護法などによって地殻変動を起こしつつある。世界貢献のためにという名目で、自衛官は既に武器を携帯して国外へ出ている。輸送関係の民間人も既にラインに組み込まれつつある。

劣化ウラン弾

劣化ウラン弾のおそろしい影響が、アフガニスタンでもイラクでも言われている。劣化ウラン弾は潜伏期間が長く、吸い込むと肺などに付着したまま、微量の放射能を出しつづける。アフガンでは兵士の家に、奇形児の発生率が異常に高い。特に、生殖器異常が多い。種の保存のメカニズムを直撃するのである。世界規模で、再び、核兵器が牙を剥いている。

1995年から96年にかけて、米軍が鳥島の射撃場で劣化ウラン弾を使用していたことが判明している。沖縄で実験演習を積み重ねたものが、米国の戦地で実際に使われる。今後、ますます殺傷力のある兵器が開発され、それが日本各地の実弾演習場で試されるかもしれない。戦争をする前に、兵器による環境汚染の被害を、演習地のある国は受けることになる。

戦争をするかしないかの選択の余地は、もはやない。風が吹けば、化学兵器や細菌兵器の影響は地球上に広がる。武力によって目の前の敵を倒しても、その恨みは次の武力を生む。単に化学的な側面で見ても、兵器の悪影響を国境で断ち切ることは不可能だ。自分の国や、自分の家族だけを守れる、というのはもはや幻想である。

祈り

　広島の真夏の太陽に向かって、ほっそりとした女の子が、大きな折り鶴を天に掲げ続ける。平和を祈る子供の像だ。7月のある日、その脇で露天の仮設写真展をやっていた。原子爆弾が炸裂した後、数日間の広島・長崎。子供たちの壮絶な死にざま。怒る言葉を発することも、泣くことすらもできずに横たわる、累々とした小さな死。

　きのこ雲の上にいた国は、今、日本もテロとの戦いに邁進しろと言う。原子爆弾を使ったことを肯定して顧みない国の声。日本政府はかつて、広島・長崎への原爆投下作戦の指揮官に、勲一等旭日大綬章を授けている。

　日本は、きのこ雲の下の声を、同じ言語で直接聞ける世界で唯一の国である。核兵器開発実験、原子力発電などにより、世界中で核被害は深刻化している。しかし、当局の隠蔽により、その実態の把握は難しい。知らされずに広まる被害を食い止めるためにも、注意を喚起し、最終兵器を使った結果を世界中に伝え、武器を使うことのむごさを感じる心を伝えねば、と焦る。感じる心は、戦わずに解決するための無限の智恵を生むだろう。

　原爆ドームの横に、石碑があった。詩人の峠三吉を偲んだものだった。彼は言い残す。

ちちをかえせ
ははをかえせ
としよりをかえせ
こどもをかえせ
わたしをかえせ
わたしにつながる
にんげんをかえせ

にんげんの
にんげんのよにあるかぎり
くずれぬへいわを

へいわをかえせ

　戦争の本質は、昔から何も変わっていない。ひとたび戦争になれば、人は何でもする。人間をずたずたにする。そこには既に、勝者も敗者もいない。戦争を始める時、もはや人間は人間であることを止めるのだ。世界で初めて使われた核兵器と、命果てるまで戦い続けた人たちの、無数の魂がそれを教えている。

日本の概要

正式国名　日本国
面積　面積は約37.8万km^2（北方四島以外の千島列島、南樺太を除く）。4つの大きな島、北海道、本州、四国、九州と、千島列島、小笠原諸島、琉球列島など周辺の小島からなる列島。
人口　約1億2700万人。
首都　東京
政体　衆議院と参議院の二院制
民族構成　日本人
宗教　神道、仏教。他に、キリスト教、イスラム教、ユダヤ教徒。
言語　日本語
気候　大半の地域は温帯に属する。南方の諸島は亜熱帯、北方は亜寒帯的気候。海洋性気候だが、モンスーンの影響を受け、寒暖の差は大きい。また、比較的降水量の多い。四季がある。

日本の祝祭日

1月1日　元日
1月第2月曜日　成人の日
2月11日　建国記念日
3月20日　春分の日（年によって変わる）
4月29日　みどりの日
5月3日　憲法記念日
5月4日　国民の日
5月5日　こどもの日
7月第3月曜日　海の日
9月第3月曜日　敬老の日
9月23日　秋分の日（年によって変わる）
10月第2月曜日　体育の日
11月3日　文化の日
11月23日　勤労感謝の日
12月23日　天皇誕生日

日本の近・現代略史

1603年　江戸幕府の成立。
1853年　ペリーが浦賀に来る。
1854年　日米和親条約。
1858年　日米修好通商条約。
1864年　四国艦隊下関砲撃。
1867年　江戸幕府の滅亡。新政府の成立、富国強兵策の推進。
1869年　東京に都を移す。
1876年　日朝修好条規。
1877年　西南戦争。自由民権運動の発展。

1889年	大日本帝国憲法発布。
1894年	日清戦争。（〜95）
1895年	下関条約。
1895年	三国干渉を受ける。
1902年	日英同盟。
1904年	日露戦争。（〜05）
1905年	ポーツマス条約。
1910年	大逆事件。
1910年	韓国併合。
1914年	第一次世界大戦に参加。
1915年	中国に二十一か条の要求を出す。
1918年	シベリア出兵。（〜22）
1921年	ワシントン会議出席。
1923年	関東大震災。
1925年	治安維持法公布。
1931年	満州事変。
1932年	五・一五事件。
1933年	国際連盟を脱退。
1936年	二・二六事件。
1937年	日中戦争。（〜45）
1938年	国家総動員法公布。
1940年	日独伊三国同盟。
1941年	日ソ中立条約。
1941年	太平洋戦争。（〜45）
1945年	ソ連、日本に宣戦。
1945年	広島・長崎に原爆が投下される。
1945年	ポツダム宣言を受諾して降伏する。
1946年	日本国憲法公布。
1951年	サンフランシスコ平和条約・日米安全保障条約。
1954年	自衛隊法公布・施行。
1956年	ソ連と国交を回復。
1956年	国際連合に加盟。
1960年	日米新安保条約。
1968年	小笠原諸島が日本に復帰。
1972年	沖縄が日本に復帰。
1973年	石油危機。
1978年	日中平和友好条約。
1992年	カンボジアに自衛隊を派遣。
1995年	阪神・淡路大震災。
2004年	自衛隊がイラク支援に赴く。

あとがき

　事前の知識と、アジア各地で語られていることの間にあるギャップは、予想をはるかに超えていた。溝の大きさにたじろぎ、その原因について考え続けている。

知らない理由

　学生から時折「戦争報道で死体や酷い出来事を見るが、そういう写真やビデオを撮る人の気が知れない」という批判の意見を聞くことがある。日本の大手メディアが広告スポンサーや一部読者の顔色を気遣うあまり、自主的に消毒された映像や写真を使うようになったマスコミ環境の中で育った学生たちである。

　戦争に限らず、交通事故や病気、突発的な殺傷事件に巻き込まれるなどして、人は時として予想外の死に遭遇する。たとえ天寿をまっとうしたとしても、大切な人を失った哀しみは当事者にとって絶対的なものであり、誰かと比べてその深さを計れるようなものではない。死者や遺族に対するやさしい心遣いから、学生たちの批判が生まれていることはわかる。

　私は、突発的な殺傷事件に巻き込まれた死と、戦争に巻き込まれた死は、遺族にとってはいずれも代わりのきかない絶対的な死である一方、死に至る原因については全く異なる側面があり、分けて扱うべきだと考えている。戦争の惨事に対しては、全世界が総力をあげて監視し、注目し、出来事をできる限り複眼的・徹底的に伝えるべきだと思う。

　私にとって、戦争が人間を人間でなくすことを強く思い起こさせる2枚の写真がある。1枚は、中国大陸で撮られたもので、強姦後に殺害された女子供の、腹を切られ、足を広げさせられた遺体がいくつも並んでいる。全裸の少女や、もっと小さな子供もいる。はっきり数えられるだけで11体ある。撮影時の詳細はまだ、わかっていない。

　もう1枚は、ベトナムで撮られたもので、農村の土道の脇にうつぶせになっている幼い兄弟が写されている。幼児と見られる弟の体に覆いかぶさって、自

分の体でなんとか弟を守ろうとしている小学1年生くらいの兄の、見上げる必死のまなざし。撮影した従軍記者は、通り過ぎた後に銃声を聞いたと記録している。

そんなこと、見たくないし、聞きたくない。しかし、起こっていることは、なかったことにはできない。なかったことにできないならば、せめて、なぜ起きたのかを知り、二度と起こらないように努力を続けようと思う。出来事を伝える人が悪いのではない。そのような出来事を起こした原因に、問題があるのだ。

日本はこの半世紀、米国の経済的成功を人生の勝者と見なす価値観や、大量消費型の生活サイクルを共有し、武力を経済力に置き換えて、強くなろうと戦い続けて来た。その過程には、壮年の過労死や家庭崩壊、公害やアジア搾取など、戦時下の末端と同質の呻き声が至るところであがってきた。しかし、裕福になって優雅に遊ぶ、というゴールを目指す戦いは、それ以外のところにいる他者への関心を損なわせる。世界の出来事を自らのこととして深く考えようとする「社会的眼力」は、常に為政者にとってもわずらわしい。こうして、日本は戦後も自ら望んで、見ざる、聞かざる、言わざる、という「三猿」の道を歩んできたのかもしれない。そんなふうに解釈しないとつじつまが合わないほどのギャップが、海の向こうとこちら側の間にある。

アジアの戦争から見えてくること

兵器とは、なるべく確実に、なるべく多くの人間を殺傷するために、人間が、時間と資金と能力を結集して制作した道具である。こうはっきり考えるようになったのは、ベトナムで数々の地雷やしかけ爆弾の構造を実際に見てからである。米国の軍需産業は、兵士の喜怒哀楽をコントロールするために直接、脳そのものを操作する研究を進めている。現代の戦争は、ある意味で、各国が用意周到に準備してきた殺人兵器の試作実験場である。その性能の良し悪しは、戦地にいあわせた人間の傷つく度合いによって、計られる。

60年前の日本は、米国がドイツより先に作らねばと国力を結集して開発した原子爆弾の試験場となり、2発の爆弾は34万人以上の命を奪った。実験された側の日本は、今日、実験者の圧倒的な軍事力の脅威が骨身にしみており、

特に戦争を知らない世代に、米国の軍事力への依存傾向が見える。
　しかし、米国そのものが窮地に立てば、もちろん米国は自国の利益を最優先に政治判断を下す。それは、第二次世界大戦時のフィリピンを見ればわかる。米国を揺るがす脅威はテロだけではない。異常気象が引き起こす巨大な台風によって、万単位の被災者が出ている米国では、兵士たちがイラクにいて自国民の救済が遅れたとの批判が噴出し、ブッシュ政権の訴求力が急速に落ちている。どの国も、自国民を守るのに精一杯で、本当は他の国まで手が回らない。
　2005年秋、米軍は中東防衛の最重要拠点として日本を位置付け、極東の軍備再編成を急速に押し進めた。日本政府はそれを受け入れている。これまで「控えめ」に日本の末端にあった米軍基地は、神奈川県に中枢機能を移動させつつある。市民生活の日常に大きな影響があるのに、地元自治体に連絡があるのは再編の前日で、説明を聞き意見を言うチャンスすらない所もある。
　米軍の指令拠点があるということは、米国が敵と見なしたすべての国から、米国の主要出先機関として標的にされる可能性を意味する。米国本土から遠い日本が標的にされても、米国自体はその間に本土防衛を建て直せばいい。第二次世界大戦末期に日本軍が沖縄を利用したのと同じ構図で、日本そのものが米国の沖縄のような捨て石となる可能性も見え隠れする。
　力任せに戦い続ければ、カンボジアのように、国民の半分以上が20歳以下という異常事態にまで行き着いてしまう。カンボジアは貧困から立ち直る前に、今度はすさまじいエイズの蔓延により、さらに疲弊しつつある。
　アジアを旅していて、貧しさに目を覆うことがある。大都市北京の地下街に横たえられたまま、ものごいする小さな子供。両足の先がくずれたひき肉のようになっている。バンコクの繁華街の陸橋脇に、女児を抱いた母親がうずくまる。雨の中、既に子供の顔に生気がない。南京では、地方の少数民族の服を着た小さな男の子が、真冬の路上に横たわる父親の前で手を広げている。カンボジアには、勉強したいと小銭を必死でねだる子供たちがたくさんいた。
　ほんの60年前、戦争は日本に壮絶な貧困をもたらした。たまたま1950年に朝鮮戦争が起き、特需によって早いうちに経済復興の足がかりを得たこともあり、今の日本は戦争による苦しみを忘れつつある。忘れてしまったら、また繰り返してしまう。アジア全土において繰り広げられた20世紀の戦争がその後

にもたらしてきた苦しみを、けっして忘れてはいけない。

　米国流の力ずくの外交政策が、世界でこれから何世紀も通用するとは思えない。しかし戦争は、一部の人々に莫大な利権をもたらす。世界最大の軍事大国米国が、戦争や武力を自主的に放棄するとも思えない。その米国に対し、武力以外のソフトパワー構築の必要性をはっきり言い続けられるのは、最終兵器を体験したと世界中から認知され、戦争を放棄すると自国の法律で定め国際社会にも宣言した日本だけだ。私はアジア調査を経て、「戦争をしてはいけない」「戦争の行きつく先の無惨を私たちは知っている」と言い続けることこそ、日本にしかできない最大の国際貢献だと考えるようになった。

　今の国際社会では、「人道に対する罪」という考え方が、戦争に対して広まり、定着し始めている。戦争をしないと宣言している国を武力侵略すれば、必ず世界的な制裁を受ける。米国軍の一部に組み込まれつつある今、戦争をしないと宣言してきた日本をどうするのかは、1人1人が立ち止まって真剣に考え、責任を持って答えを出さねばならない。その判断が、自分よりあとの世代の人生の根本を作るからだ。

謝辞

　本書は、私にとって難しいテーマだった。自分の無知さに愕然とすることばかりだった。それでも努力する気持ちを維持できるのは、関わってくださる人たちがいるからだ。

　湯布院での数々の出会いによって、私は日本を大好きになった。それは、本書作成の大きな原動力になっている。日本の戦跡を撮りつづけている写真家の安島太佳由さんは、戦後世代だからこそできることもある、と話してくださった。実際の制作に入る以前のご助言をいただいた方は数知れない。本書の制作にあたっては、竹元恵さん、佐藤聖子さん、安部梨沙さん、宮崎佑子さん、桑原未帆さんのご助力をいただいた。別府ゼミの皆さんとの出会いは常に、良き羅針盤となっている。サイバーアーカイブス『戦跡情報館』(www.asian-mm-forum.org)の構築・運営では、ウィステリア・ウェブの後藤公一郎ディレクターに無理ばかり言っている。仕事仲間や友人、先輩。たくさんの方々が、それぞれの立場で語り、力を貸してくださった。

2002年の冬、最初の南京取材以来、ずっとこのプロジェクトを脇で支えてくださったのは、写真家の杜多洋一さんである。制作の現場で偶然お会いした。既にアジア各地で撮影されてきていた作品には、アジアを慈しむご本人の気持ちが焼きこまれていた。戦争の記憶を映像化するのは、文章化する以上に難しいだろうと思った。「生命をきれいに撮る仕事が好きだ」とおっしゃる杜多さんに、戦争の記憶を撮影していただくのはかなり気が引けた。快諾をいただいたものの、タイトなスケジュールや悪天候、段取り不備などで、ご迷惑のかけ通しだった。

　書籍にする段階で、めこんの桑原晨社長の存在はとても大きかった。「出す価値のある本ですね」と捉えてくださった。アジア通のベテラン出版人からのアドバイスは鋭く、「しっかりとした、いいものにしましょう」との変わらない姿勢でずっと支えてくださった。

　結局ここ数年、私はこのプロジェクトを動かすために、休みがとれる時は全く日本におらず、日本でも仕事ばかりだった。見守ってくれる家族や両親には頭があがらない。

　皆さま方に、心よりの御礼を申し上げます。

　駆け足の2年間半だった。見落としていること、わかっていないことが多々あると思う。お気づきのことがあればご叱責いただき、さらに内容を拡充していきたいと思う。

2006年初夏　別府三奈子

（本書に記載したデータは、2005年9月までのものである。アジアの交通事情や通貨レートは頻繁に変動するので、常に確認が必要である）

主な参考文献リスト

『拒絶された原爆展』マーティン・ハーウィット著、山岡清二監訳他、みすず書房、1997
『葬られた原爆展』フィリップ・ノビーレ著、諏訪幸男訳他、五月書房、1995
『癒される時を求めて』エリック・ローマクス著、喜多迅鷹約他、角川書店、1996
『クワイ河の虜』ミクール・ブルック著、小野木祥之訳、新風書房、1996
『泰緬鉄道』広池俊雄著、読売新聞社、1975
『泰緬鉄道の奴隷たち』レオ・ローリングズ著、永瀬隆訳、青山英語学院、1980
『メコンの国』第3版、旅行人編集室、旅行人、2002
『絶望の中のほほえみ』、後藤勝著、めこん、2005
『戦場カメラマン』石川文洋、朝日新聞社、1986
『戦後60年　写真が伝えた戦争』ニュースパーク、2005
『朝日新聞　報道写真集2005』朝日新聞社、2005
『世界写真全集　第7回配本　フォトジャーナリズム』集英社、1983
『図録　東京—ベルリン、ベルリン—東京展』森美術館、2006
『発掘された不滅の記録1954-1975、VIET NAM（ベトナム）図録』朝日新聞社、2006
『レクイエム』集英社、1997
『アキラの地雷博物館とこどもたち』アキラ著、三省堂、2005
『面白いほどよくわかる太平洋戦争』太平洋戦争研究会著、日本文芸社、2004
『面白いほどよくわかる世界の紛争地図』世界情勢を読む会著、日本文芸社、2004
『面白いほどよくわかる世界の戦争史』世界情勢を読む会著、日本文芸社、2005
『戦争の世界史』大澤正道他、日本文芸社、1995
『歴史と旅　臨時増刊号50　太平洋戦史総覧』鈴木亨編集、秋田書店、1991
『ガレオン歴史シリーズ　コレヒドール』改訂三版、アルフォンソ・アルイット著、Galleon、1995
『アジアの教科書に書かれた日本の戦争・東アジア編』（改訂版）、越田稜著、梨の木舎、1995
『アジアの傷　アジアの癒し』アジアプレス・インターナショナル著、風媒社、2000
『匿されしアジア』アジアプレス・インターナショナル著、風媒社、1998
『戦争遺跡から学ぶ』戦争遺跡保存全国ネットワーク著、岩波書店、2003
『ベトナム戦記』開高健著、朝日新聞社、1997
『オモニの歌』岩井好子著、筑摩書房、1998
『南京事件』笠原十九司著、岩波書店、1997
『ヒロシマ・ノート』大江健三郎著、岩波書店、1998
『保存版ガイド　日本の戦争遺跡』戦争遺跡保存全国ネットワーク著、平凡社、2004
『靖国問題』高橋哲哉著、筑摩書店、2005
『東京大空襲』早乙女勝元著、岩波書店、1988
『BC級戦犯裁判』林博文著、岩波書店、2005
『悪魔の兵器・地雷』文・名倉睦生　写真・小林正典、ポプラ社、1998
『ベトナム戦争の「戦後」』中野亜里編著、めこん、2005
『熱帯の闇市』篠沢純太著、太田出版、1989
『現代フィリピンを知るための60章』大野拓司他著、明石書店、2001
『マニラ不思議物語』松永努著、論創社、1995
『東アジアと日本』歴史教育者協議会著、青木書店、2004

『ひめゆり平和祈念資料館公式ガイドブック』財団法人　沖縄県女師・一高女ひめゆり同窓会、1989
『資料学習の手引き』沖縄県平和記念資料館、2001
『沖縄県平和記念資料館　総合案内』沖縄県平和記念資料館、2003
『糸数アブチラガマ』糸数アブチラガマ整備委員会、沖縄県玉城村字富里143番地、1995
『ひめゆり平和祈念資料館開館十周年イベント「沖縄戦の全生徒たち」展報告書』ひめゆり平和祈念資料館、2000
『シリーズいま伝えたい1　朝鮮侵略』映画「侵略」上映委員会著、明石書店，1997
『母と子でみる　ベトナムに春近く』早乙女勝元編、草の根出版社、1992
『悲傷　少年兵の戦歴』毎日新聞社、1970
『外地に残る日本の』毎日新聞社、1970
『日本の戦歴』毎日新聞社、1970
『日本植民地史2』毎日新聞社、1978
『一億人の昭和史　10　不許可写真史』毎日新聞社、1977
『旅行ガイドにないアジアを歩く韓国』君島和彦他著、梨の木舎、2003
『中国20世紀史、姫田光秀他』財団法人　東京大学出版会、1998
『戦略・戦術でわかる太平洋戦争』太平洋戦争研究会著、日本文芸社、2004
『歴史のなかの〈在日〉』藤原良雄著、藤原書店、2002
『南京への道』本多勝一著、朝日新聞社、1987
『戦争と疫病』松村高夫著、本の友社、1997
『アジア侵略の100年』、木本茂夫著、社会評論社、1994
『『世界は日本・アジアをどう伝えているか』千野境子著、連合出版、2003
『若い記者たちへ　松井やよりの「遺言」』有志記者の会著、星雲社、2003
『平和博物館・戦争資料館ガイドブック』歴史教育者協議会、青木書店、1995
『歴史学のなかの南京大虐殺』ジョシュア・A・フォーゲル著、柏書房、2000
『しらべる戦争遺跡の事典』十菱駿武他、柏書房、2002
『続しらべる戦争遺跡の事典』十菱駿武他、柏書房、2003
『戦争案内』高岩仁著、映像文化協会、2000
『大本営発表は生きている』保坂正康著、光文社、2004
『現代中国のマスメディア・IT革命』林暁光著、明石書店、2006
『ニューステージ世界史詳覧』浜島書店編集部著、浜島書店、2002
『別冊歴史読本第36(333)号太平洋戦闘地図』椎野八束著、新人物往来社、1996
『別冊歴史読本第98(494)号　太平洋慰霊総覧』椎野八束著、新人物往来社、1998
『魂の昭和史』福田和也著、PHAソフトウェア・グループ、1977
『幻の大戦果・大本営発表の真相』辻泰明他、日本放送出版会、2002
『記者たちの満州事変』池田一之著、人間の科学新社、2000
『世界に問われる日本の戦後処理』日本弁護士連合会、東方出版、1993
『アジアの新聞で読む』根津清他著、ダイヤモンド社、1995
『アジアを読む地図』大薗友和著、講談社、1995
『入門東南アジア研究』上智大学アジア文化研究所編、めこん、1993
『日本の侵略』アジア民衆法廷準備会著、大月書店、1955
『世界史年表・地図、亀井高孝他編』吉川弘文館、1998

『日本史年表・地図』児玉幸多編、吉川弘文館、1997
『ニューステージ世界史詳覧』浜島書店編集部、浜島書店、2004
『中国の歴史　第15巻　年表・歴史地図・索引』陳舜臣編、平凡社、1983
『原典中国現代史　別巻　中国研究ハンドブック』岡部達味他著、岩波書店、1996
『世界の教科書シリーズ1　初版　韓国の歴史第二版──国定韓国高等学校歴史教科書』大槻健他訳、明石書店、2000
『台湾の歴史』喜安幸夫著、原書房、1997
『世界現代史8　東南アジア現代史Ⅳ　ビルマ・タイ』荻原弘明他著、山川出版社、1983
『世界現代史6　東南アジア現代史Ⅱ　フィリピン・マレーシア・シンガポール』池端雪浦他著、山川出版社、1977
『近代日本総合年表』第四版、岩波書店編集部編、岩波書店、2001
『日本史総合年表』加藤友康他著、吉川弘文館、2001
『ベトナム戦争全史』ガブリエル・コルコ著、陸井三郎監訳、社会思想社、2001
『世界現代史7　東南アジア現代史Ⅲ　ヴェトナム・ラオス・カンボジア』桜井由躬雄他著、山川出版社、1977
『机上版　世界史年表』第二版、歴史学研究会編、岩波書店、2001
『東南アジア現代史』滝川勉他著、有斐閣、昭和57
『中国の歴史12　日本にとっての中国とは何か』尾形勇他著、講談社、2005
『南海諸島国際紛争史　研究・資料・年表』浦野起央編、刀水書房、1997
『世界年鑑2006』共同通信社、2006
CAMBODIA 1975-1978, KARL D. JACKSON, Princeton University Press, 1989

別府三奈子（べっぷ みなこ）
日本大学法学部新聞学科助教授。
東京都出身。上智大学大学院修了。博士（新聞学）。東京、ロサンゼルス、ニューヨークで、雑誌やテレビの記者・編集者として約11年間勤務。大分県立芸術文化短期大学助教授を経て、2005年より現職。専門は、米国ジャーナリズム史（プロフェッション論）。ここ数年、ビジュアル・ジャーナリズムの記録と、戦争の記憶のねじれに関する世界各地のフィールド調査と、その国際比較研究を続けている。
主な著作：『ジャーナリズムの起源』（世界思想社、2006年）、『現代ジャーナリズムを学ぶ人のために』（共著、世界思想社、2004年）、『論争　いま、ジャーナリスト教育』（共著、東京大学出版会、2003年）、『ジャーナリズムと写真　2006』（専門研究誌、発行：別府研究室）。
サイバーアーカイブス『アジア戦跡情報館』（www.asian-mm-forum.org）館主。

杜多洋一（とだ よういち）
大分県出身。日本広告写真家協会、正会員。

アジアでどんな戦争があったのか──戦跡をたどる旅

初版第1刷発行　2006年8月15日

定価2500円＋税

著者　別府三奈子
写真　杜多洋一
装丁　菊地信義
発行者　桑原晨
発行　株式会社めこん
〒113-0033　東京都文京区本郷3-7-1　電話03-3815-1688　FAX03-3815-1810
ホームページ　http://www.mekong-publishing.com
印刷・製本　太平印刷社
ISBN4-8396-0199-2　C0030　¥2500E
0030-0605199-8347

JPCA 日本出版著作権協会
http://www.e-jpca.com/

本書は日本出版著作権協会（JPCA）が委託管理する著作物です。本書の無断複写などは著作権法上での例外を除き禁じられています。複写（コピー）・複製、その他著作物の利用については事前に日本出版著作権協会（電話03-3812-9424　e-mail:info@e-jpca.com）の許諾を得てください。

ヤスクニとむきあう
中野晃一＋上智大学21世紀COEプログラム
定価2500円+税　四六判・320ページ

ヤスクニはなぜ重要な問題なのか。世界はヤスクニをどう見ているのか。日本、韓国、中国、アメリカ、イギリスの研究者が真摯に問いかけた多彩な論集。

チョプスイ
――シンガポールの日本兵たち
絵・劉抗　解説・中原道子
定価1800円+税　B6変形判・148ページ

1946年、シンガポールで発行された画集『チョプスイ』の復刻と詳細な解説。戦時中、日本軍はシンガポールでどんなひどいことをやったのか。

ブラザー・エネミー
――サイゴン陥落後のインドシナ
ナヤン・チャンダ　友田錫・滝上広水訳
定価4500円+税　四六判・710ページ

ベトナムはなぜカンボジアに侵攻したのか。中国はなぜポル・ポトを支援したのか。綿密な取材と卓越した構成力。世界のマスコミから絶賛を浴びた大著。

ベトナム戦争の「戦後」
中野亜里編
定価3500円+税　四六判・454ページ

日本とベトナムの「戦後世代」の研究者・ジャーナリストが力を結集して著した、ベトナムの戦後の実情と、ベトナム戦争が関係諸国に及ぼした影響の総括。

カンボジア
――僕の戦場日記
後藤勝
定価2500円+税　A5判・286ページ

戦場では実際に何が起きているのか。1977年、カンボジア内戦の最前線で恐怖に震えながら兵士たちと市民の極限の表情を撮ったフォトレポート。

ラオスは戦場だった
竹内正右
定価2500円+税　A5判・158ページ

1975年の革命を境にラオスはどのように変わったのか。最後までラオスに残ったフォトジャーナリストの衝撃的なスクープ写真を中心に再構成したラオス現代史。

緑色の野帖
――東南アジアの歴史を歩く
桜井由躬雄
定価2800円+税　四六判・444ページ

ドンソン文化、インド化、港市国家、イスラムの到来、商業の時代、高度成長、ドイ・モイ。各地を歩きながら3000年の歴史を学んでしまうという仕掛け。

入門東南アジア研究
上智大学アジア文化研究所編
定価2800円+税　A5判・318ページ

①東南アジア世界の成立　②社会と文化　③政治と経済　④日本とのかかわり。東南アジアを総合的に学ぶための基本書。

変容する東南アジア社会
――民族・宗教・文化の動態
加藤剛編・著
定価3800円+税　A5判・482ページ

ダイナミックに変容しつつある東南アジアの周辺地域の状況を気鋭の人類学者・社会学者・歴史学者がフィールドから熱を込めて報告。